S. FISCHER

Stephan Wackwitz

Geheimnis der Rückkehr

Sieben Weltreisen

S. FISCHER

Der S. Fischer Verlag hat sich zu einer nachhaltigen Buchproduktion verpflichtet. Gemeinsam mit unseren Partnern und Lieferanten setzen wir uns für eine klimaneutrale Buchproduktion ein, die den Erwerb von Klimazertifikaten zur Kompensation des CO_2-Ausstoßes einschließt. Weitere Informationen finden Sie unter *www.klimaneutralerverlag.de*

FSC
www.fsc.org
MIX
Papier aus verantwortungsvollen Quellen
FSC® C014496

Erschienen bei S. FISCHER

Satz: C.H.Beck.Media.Solutions, Nördlingen
Druck und Bindung: GGP Media GmbH, Pößneck
Printed in Germany
ISBN 978-3-10-397562-8

Inhaltsverzeichnis

Das Rätsel der Ankunft

Glühender belarussischer Sommer. Eine endgültige Heimkehr stand bevor. Sechsundzwanzig Jahre hatte ich außerhalb Deutschlands gelebt und gearbeitet. Der letzte Tag dieses Vierteljahrhunderts begann schon gegen fünf Uhr am Morgen. Die Sonne war aufgegangen über dem Fluss Svisloch, der den Altstadthügel von Minsk umfließt. Erste, schon fast heiße Lichtfelder lagen auf den weißen Barocktürmen der Heiliggeistkathedrale und strahlten wider von der goldglänzenden Türmchenlandschaft einer orthodoxen Kapelle, die Cyril-und-Methodius-Straße abwärts. Es hielt mich nicht mehr lang in dem schweren Holzbett meines Zimmers im Hotel Monarstyrski. Vor vier Jahren hatte ich – zum ersten Mal dienstlich zu Besuch in der Hauptstadt der Republik Belarus – ein paar dunkle und stürmische Winternächte in einer der ehemaligen Mönchszellen dort verbracht. Jetzt, im langen, heißen Sommer des Jahres 2018, war es die letzte Nacht vor meiner endgültigen Rückkehr nach Deutschland. Ich duschte, packte meine zwei Koffer und wanderte durch die langen Korridore und Treppenhäuser ins ebenerdige

Refektorium des säkularisierten Bernhardinerklosters hinunter. Gegen sechs schon waren dort, in schweren silberfarbenen Rechauds, die Bratenstücke, Klöße, Nudeln und Soßen aufgebahrt, die es dort seltsamerweise zum Frühstück gibt. Europa und Asien lagen seit Wochen unter wüstenheißen Luftmassen und Hochdruckgebieten, die eine leicht unheimliche Urlaubsstimmung verbreiteten. Er war nicht geheuer mit diesem Sommer, das fühlte ich, aber meine Euphorie angesichts der mir bevorstehenden Freiheit und Freizeit war trotzdem so überwältigend, dass ich mich eine halbe Frühstücksstunde lang fühlte wie mit sechzehn am ersten Tag der Sommerferien. Eine Existenz als *gentleman writer of independent, if modest means* – so hatte es eine Freundin formuliert, und so sah jetzt tatsächlich meine Zukunft aus. Ein mittelalterlich kleines Doppelfenster mit schweren Metallgriffen stand neben meinem Frühstückstisch offen. Klosterhofmorgenkühle drang herein. Und der Geruch weiter Grasländer, die sich ostwärts, wie ich fast körperlich zu fühlen glaubte, bis in unbegreifliche Entfernungen hinter meinem Rücken erstreckten, über Moskau, Kasan, Nowosibirsk, Krasnojarsk bis zum Ochotskischen Meer. Ich aber hatte mich innerlich nach Westen gewandt. Ich verabschiedete mich von der Welt, so empfand ich es. Und sah der »Heimat« entgegen, was immer dieses Wort nach so langer Zeit für mich bedeuten würde. Die Gefühle waren, wie man sagt, gemischt.

Meine Sehnsucht, im Ausland zu leben, ist früh aufgetaucht. Gegen Ende meiner zwanziger Jahre war sie so übermächtig geworden, dass ich mich auf kaum etwas anderes mehr konzentrieren konnte. Jede Regung meines inneren Lebens signalisierte: raus hier! Der Traum vom Auslandsleben öffnete sich, wann immer ich in meiner Geburts-, Kindheits- und Universitätsstadt Stuttgart Bücher aufschlug oder ins Kino ging. Dieser Lebenstraum war enthalten in den Erzählungen Peter Handkes, in die ich mich damals tagelang zu versenken pflegte. Sie spielten in Alaska, Kalifornien und New York; oder in Paris, wo der Dichter selbst inzwischen lebte. »Langsame Heimkehr«, »Die Lehre der Sainte Victoire« oder Handkes makellose »Kindergeschichte« haben in einer wenig besuchten Gegend meines Unbewussten Pate gestanden bei meinem Entschluss, 1982 eine Beamtenstellung am Waiblinger Staufer-Gymnasium auszuschlagen und als temporärer Universitätslektor ans Londoner King's College zu gehen. Wo sich wiederum meine Anstellung beim Goethe-Institut vorbereitete und die Lebensreise begann, die 2018 an jenem sonnigen Morgen in einem Minsker Hotel zu Ende ging. Die Filme Woody Allens und Martin Scorseses wiederum, eine andere Obsession jener Jahre, statteten mich mit einer imaginären Green Card aus: In meinen Phantasien war ich, wenn ich aus dem Kino kam, insgeheim ein Einwohner New Yorks. In John Updikes Autobiographie »Self-Consciousness« heißt es, der Schriftsteller habe während der sechziger Jahre, seiner damaligen kleinstädtischen Wirklichkeit zum Trotz, innerlich in New York gelebt, ungefähr so wie ein auf die Erde verbannter christlicher Heiliger eigentlich im Himmel wohnt. So stand es damals auch um mich. Ich ging in meiner Heimatstadt umher wie in einem Traum von fremden Ländern. Innerlich war ich längst woanders. Alles würde gut sein, wenn ich nur erst aus Deutschland herausgekommen wäre. Meine Vereidigung als baden-württembergischer Gymnasiallehrer auf Widerruf im Stuttgarter Hospitalhof 1981 sollte der Auftakt für eine abgesicherte Beamtenstellung sein. Ich aber hörte während der Zeremonie nicht auf, mir in stiller Panik auszumalen, wie schrecklich es war, dass ich ab jetzt möglicherweise lebenslang im Schwäbischen würde bleiben müssen. Dieses Daheimbleiben würde, so viel ahnte ich, sich dereinst als meine Lebenskatastrophe herausstellen. Es musste abgewendet werden. Ich musste raus. Ich musste etwas tun. Die Realität meiner Auslandsjahre ist dann allerdings nur ein Kompromiss gewesen zwischen meinem Freiheitsdurst und dem Sicherheitsstreben, das mich an jenem Vormittag überhaupt erst in den Hospitalhof geführt hatte. Ich verwirklichte meine Lebensreise nicht – wie in meinen Phantasien – durch eine heroische Auswanderer-Abreise. Der Traum wurde vielmehr wahr im Rahmen des Tarifvertrags für den öffentlichen Dienst, durch profanes Angestelltsein beim Goethe-Institut. Mein Auslandsleben war viel prosaischer als meine Träume von ihm. Und doch ist das Erlebnis, nach ein paar Jahren in irgendeiner Fremde mein bisheriges Leben in braunen Pappkartons und im Inneren eines Umzugswagens verschwinden zu sehen und mit zwei Koffern, eine wieder neue Fremde vor mir, ein Flugzeug zu besteigen, stets so überwältigend für mich gewesen, ein so poetischer Beginn eines neuen Lebens, dass mir all das, trotz der damit verbundenen Mühsal, immer viel mehr bedeutet hat als jede »Heimat« – die ja natürlich auch etwas sehr Schönes sein mag. Aber nicht für mich. Mir schien, mein Leben lang, nichts so schön wie die ersten Spaziergänge an einem neuen Dienstort. In den Straßen von Tokio zum Beispiel. In den Parks von London. Oder in Krakau, Bratislava, New York, Tiflis und Minsk. Das schockartige Zerfallen und das langsame Sich-wieder-Zusammensetzen meiner Person in einem unbekannten Land. Es ist ein mit nichts anderem vergleichbares Gefühl. Mein Leben wäre ein Irrtum gewesen ohne die Utopie dieser Abreisen und Ankünfte. »L'énigme de l'arrivée et de l'après-midi« heißt ein Gemälde von Giorgio de Chirico. Hinter einer Mauer, über der sich eine schwer zu deutende Phantasiearchitektur erhebt, wird im letzten Licht eines Herbstnachmittags das windgeblähte Segel eines Schiffes sichtbar. Auf der innenhofartigen Fläche im Vordergrund, wo zwei halbverhüllte Figuren in tragischer Ratlosigkeit herumstehen, rücken schon die Schatten vor. Das eigentliche Thema des Gemäldes aber ist das grünliche Frühabendlicht, das sich im Himmel über der Meeresunendlichkeit sammelt. In diesem Licht liegt das Geheimnis der Rückkehr. Und der Aufbrüche, die meinem jetzt hinter mir liegenden Leben in sieben fremden Ländern seinen Rhythmus gegeben haben.

Was hatte mir in Deutschland zu Beginn der achtziger Jahre so sehr gefehlt, dass ich derart dringend wegwollte? Vielleicht kann ich es erst heute zu verstehen beginnen. Nämlich indem ich bedenke, welche Erfahrungen ich aus meinem Vierteljahrhundert in England, Japan, Polen, der Slowakei, den USA, Georgien und Belarus nach Hause mitgebracht habe. Es gibt eine erfundene Korrespondenz von Hugo von Hofmannsthal aus dem Jahr 1907 – »Die Briefe des Zurückgekehrten« –, deren erste Sätze wie für mich vor meiner Heimkehr geschrieben sind: »April 1902. So bin ich (…) wieder in Deutschland (…) und weiß selbst nicht, wie mir zumut ist.« So reflektiert Hofmannsthals Briefschreiber, der jahrzehntelang als Kaufmann in verschiedenen fremden Ländern gewesen ist, sein Rätsel der Ankunft. »Auf dem Schiff machte ich mir Begriffe, ich machte mir Urteile im Voraus. Meine Begriffe sind mir über dem wirklichen Ansehen in diesen vier Monaten verlorengegangen, und ich weiß nicht, was an ihre Stelle getreten ist: ein zerspaltenes Gefühl von der Gegenwart, eine zerstreute Benommenheit, eine innere Unordnung, die nah an der Unzufriedenheit ist – und fast zum ersten Mal im Leben widerfährt mir, dass ein Gefühl von mir selbst sich mir aufdrängt.« Weggehen und Wiederkommen sind Bewegungen der Selbstreflexion. Auswanderer konservieren in sich die Zeit, zu der sie ihr Land verlassen haben. Ich habe, in London zum Beispiel, Menschen getroffen, deren Habitus das Deutschland der frühen dreißiger Jahre zitierte, und andere, die direkt aus den deutschen fünfziger Jahren zu kommen schienen. Wo bin ich meinerseits stehengeblieben?, frage ich mich heute. Welche in mir konservierten Vorformen des heutigen Deutschlands brachte ich 2018 in die Heimat zurück? »Fast zum ersten Mal in meinem Leben widerfährt mir, dass ein Gefühl von mir selbst sich mir aufdrängt.« Dabei ist mein Fall sogar noch komplizierter als der des »Zurückgekehrten« bei Hofmannsthal. Denn ich bin insgesamt dreimal weggegangen und dann wiedergekommen. 1982 ging ich dreißigjährig für zwei Jahre nach London, 1990 achtunddreißigjährig für vier nach Japan und 1999 dann nach einem fünfjährigen Münchner Intermezzo siebenundvierzigjährig nach Krakau, worauf ich sieben polnische, zwei slowakische, vier New Yorker, sechs georgische Jahre und ein belarussisches Jahr lang überhaupt nur noch zu Besuch in Deutschland gewesen bin. Meine »innere Unordnung, nah an der Unzufriedenheit«, mein »zerspaltenes Gefühl von der Gegenwart« und meine »zerstreute Benommenheit« verhalten sich zu den Gefühlen des Hofmannsthal'schen Zurückgekehrten wie ein dreifacher Salto zu einem Purzelbaum. Das Geheimnis der Rückkehr liegt darin, dass niemand als derselbe oder dieselbe irgendwohin zurückkehrt. Aber auch darin, dass alle Ursprünge, kaum hat man eine Weile nicht hingesehen, sich unwiederbringlich entfernt haben von ihrer Ursprünglichkeit. Weggang und Rückkehr machen die Welt unberechenbar. Wie lang und verschlungen meine Auslandsgeschichte gewesen ist, lässt sich an den inneren Wendungen und Wandlungen ablesen, von denen in diesen Kapiteln die Rede sein wird. Sie spiegeln die Veränderungen meines Lands von außen. Zwei innere Anhaltspunkte markieren das Spielfeld wie zwei auf eine Wiese geworfene Pullover ein Fußballtor im Sommer: Als ich 1982 nach London ausreiste, verstand ich mich als Marxist. Als ich 1990, nach dem internationalen Zusammenbruch des Kommunismus, nach Japan ging, hatte ich Richard Rorty gelesen. Das sagt sich leicht. Aber diese beiden Endpunkte von Lektüre enthalten eine Art Lebenskehre. Und einen U-Turn meines Lands.

Ich wüsste nicht zu sagen, wann ich den Namen Richard Rorty zum ersten Mal gehört habe. Manche Bildungserlebnisse, und gerade die folgenreichen, kommen wie ein Dieb in der Nacht. Es muss kurz vor dem Fall der Berliner Mauer gewesen sein. Jedenfalls waren Rortys Bücher und Aufsätze – und sogar sein Bild – um 1990 plötzlich allgegenwärtig in deutschen Verlagsprospekten, Feuilletons und Buchhandlungen. Es war in jenen Jahren ein allgemeines Bedürfnis nach Liberalismus und Pragmatismus entstanden, ein Bedürfnis nach Handlungs- und Bewertungsvorschlägen abseits letzter Gründe. Es waren nicht zufällig dieselben Jahre, in denen Jean-François Lyotards große Erzählung über das »Ende der Großen Erzählungen« bei jeder Gelegenheit zur Sprache kam. Ich wohnte damals, ein unglücklicher und für seine Rolle ungeeigneter junger Ehemann, mit meiner Frau in der Frankfurter Jordanstraße, die damals noch ins Areal der Goethe-Universität mündete. Jenseits einer mehrspurigen Straße stand das »Institut für Sozialforschung« Max Horkheimers und Theodor W. Adornos. Der Bau von 1951 glich einem auf Hausdimension vergrößerten amerikanischen Radioempfänger aus den fünfziger Jahren: Re-Education als steingewordene Idee. Aber auch in anderen Gebäuden dieser Gegend verkörperten sich folgenreiche Begriffe: im Neobarock des Senckenberg-Museums die naturhistorischen Forschermentalitäten des 19. Jahrhunderts, im rötlichen Sandstein des »Jügelhauses« die Ideen der bürgerlichen Stiftungsuniversität und Erinnerungen an das liberale Klima der Stadt zwischen den Kriegen. Aber auch der völkische Albtraum des nationalsozialistischen Pseudowissenschaftsbetriebs schien spürbar in diesen Gebäuden; und außerdem spukten um ihre rekonstruierten Fassaden die Atmosphären und Formgesinnungen des demokratischen Wiederaufbaus nach 1945. Eine kleine Verschiebung des inneren Blickwinkels, und die Arbeitsgruppen, Streiks und Tumulte der Gruppenuniversität der siebziger Jahre tauchten auf in meiner Vorstellung, wenn ich auf dem Weg zur Arbeit den Campus der Frankfurter Universität durchquerte. Der nahgelegene Nachkriegsmodernebau der Deutschen Bibliothek an der Zeppelinallee wiederum führte Erinnerungen an das erste deutsche Parlament herauf, das 1848 in der Paulskirche weiter stadteinwärts getagt hatte – unter den Delegierten dort war die Idee einer nationalen Gesamtbüchersammlung zuerst erörtert worden. Die Stadtlandschaft um die Jordanstraße war das Ruinenfeld großer Erzählungen. Der Nachklang Architektur gewordener und begehbarer Begrifflichkeiten auf engem Raum inspirierte und ernährte eine florierende Buchhandlungsvielfalt. Drei Häuser von unserem entfernt lag die Karl-Marx-Buchhandlung. Joschka Fischer – seit 1985 schon Hessischer Umweltminister – hatte sie in seinen noch nicht lang zurückliegenden Straßenkämpferjahren aufgebaut. Die linke Prominenz Frankfurts benutzte den Laden als ausgelagertes Wohnzimmer. An

Samstagen pflegte man dort dem späteren Frankfurter Stadtkämmerer Tom Königs zu begegnen, der dafür bekannt war, bei jedem seiner Besuche einen Armvoll Neuerscheinungen mitzunehmen und zwischen hundert und zweihundert Mark liegen zu lassen. Oft saß Daniel Cohn-Bendit in der »Karl Marx«, hofhaltend mit seiner hellen Stimme, seinen durchdringend intelligenten Augen und seinen raumgreifenden Gesten. Eher selten war es Joschka Fischer selbst, der die drei kleinen Ladenräume mit seinem Ministerruhm, seiner Korpulenz und seiner knarrenden *street credibility* erfüllte. Zwischen den Regalen dort – oder in der »Huss'schen Buchhandlung« zweihundert Meter entfernt in der Kiesstraße, in der Universitätsbuchhandlung auf dem Campus oder in einem der kleineren Buchläden, die damals auf diesen zwei Häuserblocks ein gutes Auskommen fanden – verbrachte ich als Deutschlehrkraft des Frankfurter Goethe-Instituts meine freien Nachmittage, mich in diesem oder jenem Band festlesend, mit den Buchhändlerinnen den neuesten Szeneklatsch austauschend, begierig nach Anregungen und einer gesellschaftstheoretischen Beschlagenheit, die ich während verfrüht bescheidwisserischer Stuttgarter Studienjahre im Bann einer leninistischen Studentensekte zu erwerben versäumt hatte. Im Hörsaal VI des Universitätsgebäudes hatten die Vorlesungen Adornos und die großen Teach-ins der sechziger Jahre stattgefunden. Aber noch 1989 konnte man, auch als nicht immatrikulierter Bürger, sich in eine der amphitheatralisch ansteigenden Klappstuhlreihen setzen. Denn praktisch wöchentlich hielten im Hörsaal VI prominente Gelehrte, Schriftsteller und Politiker öffentliche Vorträge.

Und dort passierte es, im April 1989. Das Gerücht Richard Rorty konkretisierte sich in zwei Sätzen als unvergessliche Gestalt. Die Universität hatte unter der Ägide Jürgen Habermas' einen Kongress zu Ehren des hundertsten Geburtstags von Ludwig Wittgenstein organisiert, den ich an einem jener freien Nachmittage eifrig verfolgte. Ob das nun zu Erzählende wirklich passiert ist oder nicht vielmehr eine Art Deckerinnerung darstellt, ist mir in den Jahren seither fast ein bisschen unklar geworden. Die in einem »suhrkamp taschenbuch wissenschaft« abgedruckten Kongressakten verzeichnen das Vorkommnis jedenfalls nicht. Was jedoch meiner Erinnerung nach geschah, ist das Folgende: Nach einem langen, philosophisch-technischen, mir fast völlig unverständlichen Vortrag Karl-Otto Apels, in dem alle Überlegungen so sicher wie das Amen in der Kirche auf die Letztbegründung in kommunikativer Vernunft zugelaufen waren, übergab der Zeremonienmeister Habermas mit den Worten »Audiatur et altera pars« zum Kick-off der Diskussion das Wort an niemand anderen als Richard Rorty. Der berühmte Mann nämlich saß – als dicker, freundlich und etwas schief lächelnder, konventionell gekleideter und insgesamt sehr amerikanisch wirkender Herr – auf dem Podium und gab jetzt in nölend-nerdiger Sprechweise zunächst den Satz von sich: »I think my friend Karl-Otto Apel wants to make absolutely sure that he is no Nazi.« Der vollbesetzte Hörsaal VI erstarrte. Apel war ja zumindest Wehrmachtssoldat gewesen. Man hielt den Atem an. Wo sollte das hinführen? Argumentationen ad personam wirken im akademischen Betrieb noch skandalöser als im wirklichen Leben. Aber dann fuhr Rorty fort: »But I do not think that is necessary.« Zusammen mit dem ganzen Hörsaal atmete ich aus. Uns war vor verblüffter Erleichterung zum Laut-Hinauslachen zumute. »Not necessary« – das hatte einen Doppelsinn. Einerseits bedeutete es: »Entspann dich, Karl-Otto, kämpf doch nicht so«, was im Grunde eine Unverschämtheit war, denn es führte das elaborierte Begriffsfeuerwerk Apels auf etwas so Banales wie eine autobiographische Motivation zurück. Aber zweitens und eigentlich zielte Rorty, wie sich nun aus seinem Diskussionsbeitrag ergab, auf eine philosophische Überflüssigkeit. Kein Nazi sein – dazu brauchte es, wie er jetzt ausführte, keine Letztbegründung, weder durch kommunikative Vernunft noch durch ein anderes »abschließendes Vokabular«. Es reichte aus, einfach keiner (oder keiner mehr) zu sein. »Der Vorrang der Demokratie vor der Philosophie«, wie ein grundlegender Rorty-Aufsatz heißt, war durch eine Jiu-Jitsu-hafte Intervention sinnfällig gemacht. Es war unglaublich.

Noch 1989 muss mir auch mein inzwischen sehr zerlesenes Exemplar von Rortys Hauptwerk »Contingency, Irony, and Solidarity« aus Amerika zugegangen sein. Dieses Buch beinhaltete eine Offenbarung, wurde mir klar, als ich am Tisch unserer kleinen Küche gleich nach Anlieferung und Auspacken mit der Lektüre begann. Nachdem ich mein Denken und Leben jahrzehntelang unter dem Bann von Letztbegründungen gefristet hatte – erst unter den Denkformen und Ängsten des schwäbischen Protestantismus, später des Marxismus –, ergab sich in diesem Lesemoment eine Art Fall der Berliner Mauer of the mind. Eine glaubwürdige Autorität führte mir in verständlicher, freundlicher, dialogisch-dramaturgischer – und dadurch sogar ausgesprochen unterhaltsamer – philosophischer Gedankenführung vor Augen: Es gab überhaupt keine Gesetze der Geschichte, die der Lebensführung Maximen auferlegen könnten; so wenig wie irgendwelche Gebote Gottes, des »Seins«, der »kommunikativen Vernunft« oder einer anderen allzuständigen Letztinstanz. Und die ästhetischen, sogar irrationalen Sprachen, in denen sich das individuelle Seelenleben, die Autopoiesis der eigenen Person, vollzog – »private perfection«, wie es Rorty nennt – mussten auch nicht vereinbar sein mit den Wörtern, in denen ich mich mit meinen Mitbürgern über »a more just and free human community« verständigte. Weder das, was ich als Privatperson sein wollte, noch das, was ich als Bürger einer Demokratie war (unter anderem nämlich »no Nazi«), musste sich durch religiöse oder politisch-soziale »abschließende Vokabulare« lizenzieren lassen. Mehr noch: Ich durfte mein Privatleben, solange ich damit niemandem schadete, von nichts anderem als von ganz idiosynkratischen Vorstellungen leiten lassen. Und noch mehr: Ich durfte diese Lebensvokabulare selbst erfinden. Eines schickte sich nicht für alle. Ich brauchte keine Fundamentalerlaubnis dafür, so zu sein, wie ich nun einmal war, und dorthin zu gehen, wohin ich nun einmal wollte. Letztbegründung all dessen war so wenig möglich und notwendig wie eine Zwangsvereinigung privater und gesellschaftlicher Vervollkommnungssprachen. Wohl gab es die Traditionen demokratischer Gesellschaften, die Forderungen des gesunden Menschenverstandes und der spontan einleuchtenden moralischen Intuition. Einzugestehen war aber auch, dass diese Traditionen und Anforderungen kontingent waren, zufällig entstanden in Europa und Amerika in den Jahrhunderten vor und nach 1789. Rortys Pointe bestand in einer verblüffenden und erleichternden philosophischen Wurstigkeit. Wer sich entschloss, den westlich-liberalen Maximen in seiner Lebensführung nach Kräften zu folgen – das hatte er uns im Hörsaal VI freundlich, unterhaltsam und sinnfällig nahegelegt –, war zuverlässig kein Nazi. Grundlegend begründungsfähig waren diese Maximen so wenig wie Gott oder die kommunikative Vernunft. Aber das war egal. Alle derartigen Grundlegungsbemühungen von Anselm von Canterbury bis Karl-Otto Apel waren »not necessary«. Am Küchentisch des Jahres 1989 wehte plötzlich ein Frühlingswind.

Vielleicht sind die abendländischen Letztbegründungsanforderungen, von denen Richard Rorty mich damals befreite, vielen Menschen vor und nach meiner Generation gar nicht aufgefallen oder zumindest für sie kein Problem gewesen. Aber für mich waren sie seit meiner Zeit als Zögling eines evangelisch-theologischen Internats und meiner Mitgliedschaft in der Studentenorganisation der Deutschen Kommunistischen Partei wie ein Bleisarg gewesen. Denn »die kommunistische Partei«, schreibt Thomas Neumann in seiner Herrschaftsgeschichte der SED, »fordert dem einzelnen unter allen Umständen und in allen Bereichen ständig die unumschränkte persönliche Haftung für sein Tun und Denken ab; im Namen der Sache« – der schwäbische Pietismus hatte genauso funktioniert. Das Gros meiner bis heute überallhin mitgeschleppten Rorty-Handbibliothek habe ich dann in Tokio gekauft, wohin ich 1990 übergesiedelt war. Aber über die neunziger Jahre des letzten Jahrhunderts setzte sich auch in der Heimat – so jedenfalls nahm ich es wahr – ein undeklarierter *American pragmatism* bis in höchste Regierungsämter durch. Und zum Jahreswechsel 1999, nach meinem zweiten Deutschland-Zwischenspiel, kam ich beruflich ins tief verschneite polnische Krakau aus einem Land, wo meine politische Generation die Regierung übernommen hatte – und dabei eine überraschend gute Figur machte. Der ehemalige Anarchist Joschka Fischer schwang nicht mehr große Reden in der Frankfurter Karl-Marx-Buchhandlung, sondern stand als drahtiger Anzugträger dem Auswärtigen Amt vor. »Wir«, schien mir, waren »angekommen«. Als ich vor zwei Jahrzehnten Deutschland verließ und nach Polen ging, war ich deshalb ein philosophisch wie politisch glücklicher Mensch – vollkommen einverstanden mit meinem Land. Es war eine Einverstandenheit, die mir in Polen bei jeder Begegnung bestätigt und zurückgespiegelt wurde. Für meine neuen Freunde und Freundinnen dort war ich von 1999 bis 2005 der personifizierte Westen. Wo ich herkam, wollten sie hin. Gerhard Schröder, Otto Schily, Joschka Fischer waren Identifikationsfiguren eines ökologischsozialdemokratischen Progressismus, der aber zugleich die pragmatische Umsicht besaß, wichtige und ernst gemeinte Versöhnungssignale und sogar Sympathiegrüße ans Konservative zu schicken. Der Umzug in die alte Hauptstadt; die Beteiligung an der kriegerischen Eindämmung des großserbischen Nationalismus; der Beschluss, das Berliner Hohenzollernstadtschloss wiederaufzubauen, und schließlich die umfassende Sozialreform der »Agenda«, die eine Rechtsregierung nie hätte erfolgreich ins Werk setzen können: Während der ersten Jahre der »Berliner Republik«, so erschien es dem Auswanderer, waren der deutsche Konservatismus und die deutsche Fortschrittlichkeit – da sie plötzlich irgendwie zusammenarbeiten mussten – nach langer, zeitweilig terroristisch und polizeistaatlich ins Erbitterte gesteigerter Feindschaft und Sprachlosigkeit in ein pragmatisches und fruchtbares Gespräch gekommen.

Dieses Gespräch war Hintergrund und Voraussetzung meines von Richard Rorty inspirierten Auswanderer-*liberalism*. Wenn es möglich war, dass ein vormals anarchistisch gesinnter *street fighter* nach seiner Realo-Läuterung jetzt das Auswärtige Amt leitete und ein ehemaliger Anwalt der »Rote Armee Fraktion« das Innenministerium, dann war der Beweis erbracht, dass, wie Rorty geschrieben hatte, »wir uns dazu durchringen könnten, die Tatsache zu akzeptieren, dass keine Theorie (…) je Nietzsche und Marx oder Heidegger und Habermas zur Synthese bringen wird«. Ich betrachtete die kognitive Dissonanz, die während der rot-grünen Jahre herrschte, vom postsozialistischen, liberalkatholischen, westorientierten Krakau aus. Und von diesem noch nicht lang befreiten Osten her gesehen, war das ideologische Zwielicht in der Heimat kein Grund zur Verzweiflung – wie diese Zeit vielen Menschen daheim im orthodox linken Lager erschien und wahrscheinlich auch im orthodox konservativen. Im Gegenteil. In Polen hatten progressive und katholisch-konservative Politikerinnen und Politiker schon ein Jahrzehnt zuvor intensiv zusammengearbeitet: bei dem gemeinsamen Projekt, das Land vom Kommunismus zu befreien. Eine solche Zusammenarbeit ideologischer Antipoden war dortzulande nichts Neues. Für den ausgewanderten ehemaligen Angehörigen des »Marxistischen Studentenbund Spartakus« aber bedeutete das produktive Gespräch der linksökologischen Bundesregierung mit ihren konservativen Opponenten in der Heimat ebenso wie die entspannte allseitige Gesprächsbereitschaft in meinem östlichen Gastland eine langersehnte Möglichkeit, befreit durchzuatmen. Mir schien, wir könnten jetzt alle endlich (wiederum Rorty) »anfangen, uns die Relation zwischen Schriftstellern, deren Thema Autonomie ist, und Autoren, die über Gerechtigkeit schreiben, so vorzustellen wie die Relation zwischen zwei Werkzeugen verschiedener Art – wir könnten denken, dass sie so wenig eine Synthese brauchen wie Malerpinsel und Brecheisen«. Der Untergang absoluter Wahrheit ließ eine Figur allein auf der Bühne des Gedankentheaters zurück, die Rorty als »liberale Ironikerin« einführt. Sie benutzt zwar das liberale Vokabular – und mit allen politischen und lebenspraktischen Konsequenzen. Aber sie benutzt es mit einer leisen –

vielleicht melancholisch gefärbten – Ambivalenz. Sie kann nicht anders: Die Ironikerin »hegt radikale und unaufhörliche Zweifel an dem abschließenden Vokabular, das sie gerade benutzt«. Und zwar nicht aufgrund bestimmter Erkenntnisse, sondern deshalb, weil sie bestimmte Erlebnisse hatte. Nämlich »weil sie schon durch andere Vokabulare beeindruckt war, Vokabulare, die Menschen oder Bücher, denen sie begegnet ist, für abschließend nahmen«. Die rot-grüne Bundesregierung war in den Jahren 1999 bis 2005 der politische Ausdruck einer Einwanderung meiner Generation in das eigene Land gewesen. Die politische Landnahme, an der wir teilhatten, konfrontierte uns mit der Kontingenz unserer eigenen Grundsätze und ließ uns kooperieren mit Menschen, die ganz andere hatten. Achtundsechziger-Pazifismus fand sich auf Seiten eines Kriegs gegen Serbien wieder. Ehemalige Sozialisten führten die Reformen der »Agenda 2010« durch. Und so weiter. Dass in Berlin und in Krakau zu Beginn des Jahrhunderts jeder mit jedem und jede mit jeder sprach – und zusammenzuarbeiten versuchte –, erschien mir nicht nur philosophisch, sondern auch lebenspraktisch, wirtschaftlich, verwaltungstechnisch – nicht zuletzt angesichts einer neuen kulturellen Blüte – als derjenige Fortschritt, auf den ich lang gewartet hatte. Philosophische Ironie, politischer Liberalismus, Lebenspragmatismus begründeten ein großes Aufatmen. Es begleitete mich ins Ausland. Wo neue Eindrücke von wieder anderen »abschließenden Vokabularen« auf mich warteten. Eine *éducation philosophique* konnte beginnen – die gleichzeitig aus Lehrjahren des Herzens bestehen würde. Ich verstand mein Leben in Japan, Osteuropa und Amerika seit Anfang des Jahrhunderts als Erprobung meines *pragmatist liberal ironism*. Dass es an meinen ausländischen Dienstorten politisch, mental, kulturell und atmosphärisch so völlig anders zuging als in der Heimat, bestätigte in der Praxis jene pluralistische Weltsicht, die ich mir theoretisch in meinen deutschen neunziger Jahren zurechtgelegt hatte. So ging es Jahre und sogar Jahrzehnte weiter mit mir. Bis in meine Tifliser Zeit nach 2011 hinein. Dann aber passierte, während ich mich, von meinen Auswanderermaximen inspiriert, weiter in der Welt umsah, daheim etwas mir Unverständliches – zunächst unmerklich, seit 2015 eklatant. Mein *ironist liberalism* kam mir, je weiter es auf meine Pensionierung und die »Langsame Heimkehr« zuging, bei Gesprächen mit meinem zwanzigjährigen Sohn oder mit Freunden, die aus Deutschland zu Besuch kamen, immer öfter in die Quere. Es wurde plötzlich von verschiedener Seite eine ähnliche Eindeutigkeit, Eigentlichkeit und Entschiedenheit eingefordert, wie ich sie in meinen marxistischen Jahren mir abringen zu müssen geglaubt hatte. Es schien in Deutschland plötzlich wieder um Letztbegründung zu gehen, um die Identität von Person und Idee. Auf derlei »Haltungen« – wie die neue Lieblingsvokabel lautete – mit guten philosophischen Gründen pfeifen zu können, war im April 1989 jenes Befreiungs- und Frühlingserlebnis an unserem Frankfurter Küchentisch gewesen. Jetzt aber kam es mir vor, als sei auf der rechten wie der linken Seite des politischen Spektrums etwas Ähnliches wie jene Achtundsechzigerunversöhnlichkeit wiedergekehrt, die ich bei meiner letzten Ausreise für endgültig beerdigt gehalten hatte. Der Verdacht keimte, mein Einverstandensein mit meinem Heimatland könnte auch mich möglicherweise überm Auslandsleben bei lebendigem Leib zu einer historischen Figur gemacht haben, ganz wie es dem Zurückgekehrten bei Hofmannsthal geschehen war oder den Ausgewanderten, die in London auf mich wie ein Echo der zwanziger Jahre gewirkt hatten, weil sie eben zu dieser Zeit aus Berlin weggegangen waren. Oder wie deutsche Damen, die seit den fünfziger Jahren in England lebten und die Atmosphäre der frühen Romane Heinrich Bölls wie eine unsichtbare Aura um sich trugen. War meine Zeitgenossenschaft vorzeitig beendet? Es war beunruhigend.

Die Berliner Wohnung, die ich bald beziehen wollte – ich hatte sie 2010 von New York aus gekauft, ohne sie gesehen zu haben – lag genau da, wo 1989 noch die Mauer gestanden hatte. Eine backsteinerne Kirche im »Rundbogenstil« akzentuiert dort eine städtebauliche Pointe und Peripetie: Der im 19. Jahrhundert schnurgerade herangeführte »Luisenstädtische Kanal« (der heute ein Park ist) biegt in einer anmutigen Kreisbewegung zur Spree hin ab. Theodor Fontane hatte das definitive Gebäude meiner neuen Wohngegend – vermutlich auch wegen seiner dramatisch dekorativen Lage – als die schönste Kirche Berlins bezeichnet. Vom hochgezogenen Eingangsgiebel der Michaelskirche herab sieht eine Statue des Erzengels nach Süden, über eine Wasserfläche hinweg, die deshalb das »Engelbecken« heißt. Als 1961 die Regierung der DDR beschloss, ihre Untertanen endgültig einzumauern, war auch das Engelbecken verfüllt worden. Die schwierig zu kontrollierende städtebauliche Situation zwischen dem Bezirk Mitte – der im Osten lag – und dem westlichen Kreuzberg bedingte eine Ausweitung des zwischen den beiden Grenzmauern gelegenen Todesstreifens auf die Fläche zweier Häuserblocks. Wo vor dem Krieg Parkanlagen, Cafés, Springbrunnen, Wasser und Bäume gewesen waren, hatte sich seit den sechziger Jahren eine halbkilometerweit klaffende Grenzödnis ausgebreitet: Minen, geharkte Sandstreifen, peitschenförmig gebogene Lichtmasten, Asbestbeton, Stacheldraht, Hundelaufanlagen, Wachtürme, Uniformen, Maschinenpistolen und Patrouille fahrende Militärfahrzeuge. Ich hatte, als ich nach meiner Londoner Zeit schon einmal eine Weile in Kreuzberg wohnte, den betongewordenen Offenbarungseid des deutschen Sozialismus oft besichtigt. Die westliche Grenzmauer verlief, von unzähligen Graffitis bedeckt, direkt auf den Bürgersteigen der Sebastian- und der Waldemarstraße. Im Schatten des Monsters spielten Kinder. Auf einer Brache hatte ein Hippie- oder Hausbesetzerbauernhof sich angesiedelt. Ich kann mich erinnern, dass ich 1983, wenn ich dort spazieren ging oder mit dem Rad an der Mauer entlangfuhr, zwar nicht blind war für das Monströse dieser Situation, aber geneigt, sie im Interesse eines deutschen Sozialismus für eine »objektive Notwendigkeit« zu halten – oder was der damals gängigen Worthülsen und Selbstbeschwichtigungsfloskeln mehr gewesen sein mögen. Seit ich 2018, aus meinem damaligen Dienstort Minsk eingeflogen, mit Hilfe eines Freundes die Bücherregale und Badezimmerschränke meiner zukünftigen Wohnung installiert hatte, schien mir das um einen weiten Innenhof auf dem ehemaligen Todesstreifen angelegte Neubauviertel, wo ich meine nächsten Jahre zu verbringen gedachte, als architektonischer Triumph über die hinter mir gelassene politische Dummheit und über eine historische Sackgassenzwangslage, deren Katastrophe vielleicht sogar den damals dort Herrschenden als Befreiung vorgekommen ist. Dass ich jetzt ausgerechnet aus dem belarussischen Minsk, einem der letzten Rückzugsorte stalinistischer Geschichtsverirrung, in die freundliche Gegend übersiedelte, wo noch drei Jahrzehnte zuvor der Wahnsinn des realexistierenden Sozialismus brutalen Ausdruck gefunden hatte, befriedigte mich tief. Ich war stolz darauf, ein Stück gerade von diesem Berlin zu besitzen. Wo 1983 die Mauer gestanden hatte, war jetzt der Eingang zu meinem Haus. Und vom Balkon sah ich in den ehemaligen Todesstreifen hinaus, wo in Hofgärten Kinder spielten, Vögel sangen, nachts das Laub der Bäume rauschte und meine Nachbarn sich zu Grillabenden trafen.

Aber die Verwandlung der klassenkämpferischen Todeszone in ein freundliches Allerweltsidyll war der Triumph einer gewaltsamen Systemauseinandersetzung, der außer dem Zurückgekehrten kaum mehr jemanden interessierte. Es ging inzwischen um ganz andere Dinge als um den Fall der Berliner Mauer und den Untergang des totalitären Sozialismus. Es ging nicht mehr um die Ereignisse, die ich als die historisch wichtigsten meiner Lebenszeit zu verstehen gelernt hatte. Nun stieß das großstadtbukolisch Geschichtsberuhigte meiner neuen Umgebung mit einer Gereiztheit des intellektuellen Klimas in Deutschland zusammen. Sie erinnerte mich an die Grabenkämpfe der siebziger Jahre, mal in vage beunruhigender, mal in offen beängstigender Weise. Meine »innere Unordnung, nah an der Unzufriedenheit« – und in schlaflosen Morgenstunden durchaus auch Angst – ging einerseits darauf zurück, dass die gespenstisch anmutende Radikalisierung der heimischen Diskussion nach 2015 in der georgischen und dann belarussischen Entfernung vor allem auf Twitter und Facebook auf mich zukam, wo Unversöhnlichkeit, Selbstgerechtigkeit und Enthemmung nahelagen und locker saßen. Vor allem aber stießen mir die neudeutschen Schuldzuweisungen, Abgrenzungsbedürfnisse, Rechtfertigungen und Anklagen in reflexartig bei jeder Gelegenheit ausbrechenden Streitgesprächen mit meinem Sohn zu, wo sie durch beiderseitige ödipale Rauflust gesteigert und ins Beängstigende verzerrt waren. Meine »Sprecherposition« verurteilte mich – statt dass mein Gegenüber erwogen hätte, was ich sagte oder nicht sagte. War zur Zeit meiner letzten Ausreise noch ein anarchisch-nonchalanter – oft genug auch spielerischer – Umgang mit letzten Wahrheiten en vogue gewesen, schien in den tonangebenden Milieus inzwischen wieder ein existenzialistisch-identifikatorischer gefordert. Sie schien wiederauferstanden, jene mir in tiefster Seele verhasste Sinnesart »unumschränkter persönlicher Haftung für Tun und Denken im Namen der Sache«, die das Prinzip des Pietismus darstellt und die dem ehemaligen

DKP-Mitglied Thomas Neumann an den Politsekten der siebziger Jahre aufgefallen war. Neumann wusste, wovon er sprach. Ich wusste es auch. Und jetzt fiel mir auf und bedrückte mich, dass sogar kluge Menschen in Deutschland unter der Hand offenbar eine Neigung entwickelt hatten, einander nicht im Interesse einer gemeinsamen Anstrengung gutwillig zuzuhören und »ein immer größeres Repertoire alternativer Beschreibungen anzusammeln«, wie Rorty das Bestreben der liberalen Ironikerin kennzeichnet. Sondern sie waren jetzt ihre Position. Es gab keine Lücke zwischen ihnen und ihren Ideen mehr. Unterm Bann einer neuen Eigentlichkeit verkörperten sie jetzt ihre Meinungen – und waren deshalb bereit, jene angeblich »einzig richtige Beschreibung« der Dinge bei jeder sich bietenden Gelegenheit als schweres Zeichen in ihren Argumentationsfluss hineinzustellen. Der dadurch erstarrte. Wenn es mit Letztbegründungen kollidiert, ist jedes Gespräch bald zu Ende. Die Gesprächsfähigkeit, die vor meinem letzten Weggang zwischen »meinem« Milieu und dem deutschen Konservatismus geherrscht hatte, war verflogen. Es schien nicht mehr möglich, im Sinn eines gemeinsamen Projekts Philosophien, Haltungen, Intuitionen, Ethiken und Politikstile als unterschiedliche Werkzeuge zu verstehen, mit denen man aus entgegengesetzten Richtungen an denselben Vorhaben arbeiten könnte. Ideen waren jetzt nicht mehr Werkzeuge, die »so wenig eine Synthese brauchen wie Malerpinsel und Brecheisen«. Jetzt gingen die Besitzer von Brecheisen und Malerpinsel einander nicht mehr zur Hand. Sie gingen stattdessen mit ihren unterschiedlichen Ideenwerkzeugen aufeinander los. Sie hatten kein gemeinsames Projekt mehr, in dem ihre gegensätzlichen Wahrheitsbehauptungen einen Anker und eine Begrenzung hätten finden können. »Achieving Our Country. Leftist Thought in Twentieth-Century America« war 1998 der Titel des letzten Buchs von Richard Rorty gewesen, eine amerikanische *recherche politique du temps perdu*. Rorty hatte in diesem Buch das gemeinsame Projekt angemahnt, das einmal The United States of America geheißen hatte. Wohin waren die United States of Germany verschwunden?, fragte ich mich. Wo war das Deutschland, das Linke, Liberale, Ökologen und Konservative gemeinsam hervorbringen wollten, das deutsche *achievement*, für das zusammenzuhalten sich gelohnt hätte? Ich konnte die dazu notwendigen Gemeinsamkeiten kaum mehr erkennen. Es würde bis zum Herbst 2021 dauern, bis mich das Gefühl einholte, es werde hierzulande wieder an einem fraktionsübergreifenden politischen Projekt gearbeitet. »Achieving Our Country« one more time – erst nach der Bildung einer sozialdemokratisch-grün-liberalen Bundesregierung keimte wieder ein gemeinsames Vorhaben von Denkstilgemeinschaften, die sich zuvor immer weiter voneinander entfernt hatten. Der politische Moment erleichterte mich und machte mich glücklich, auch wenn ich wusste, dass er für mich einen Abschied bedeutete. Ich freute mich, auch wenn mir klar war, dass jetzt die Generation meines Sohns – ihre wahlentscheidenden Fraktionen hatten grün und liberal gewählt – die Macht von meiner eigenen übernahm, so wie die meine

1998 die Macht von der meines Vaters übernommen hatte und im Jahr 1972 – als ich selber zum ersten Mal hatte wählen dürfen – die meines Vaters von der meines Großvaters. Ich wusste, dass die Sprachen, Solidaritäten, Stimmungen, Intuitionen, Bücher und Lieder meiner Altersgruppe jetzt unvermeidlich und notwendigerweise einen großen Schritt in den Hintergrund treten würden. In der Passacaglia der Generationen tanzten »wir« dem Ausgang zu. Aber das machte nichts. Es war der Lauf der politischen Welt. Und je länger ich wieder daheim war, desto genauer begann ich auch die hiesigen Nuancen zu verstehen, die strittigen Punkte in den Gesprächen mit meinem Sohn auszusparen, die versöhnlichen Noten in den rauen Tönen herauszuhören, das Gemeinsame zu betonen, *fellow liberals* wiederzutreffen oder zum ersten Mal kennenzulernen. Meine Ankunft begann sich zu enträtseln. Aber meine jahrzehntelange Abwesenheit hatte mich mit einer Hellhörigkeit ausgestattet, die mir geblieben ist und in vielen Momenten einen Abstand zu meinen Landsleuten herstellt.

Momentaufnahme September 2021: Im Licht Berliner Frühherbstnachmittage sitze ich auf meinem Balkon, habe meinen Laptop vor mir und sehe in Lese- oder Schreibpausen auf den ehemaligen Todesstreifen hinunter. Wachtürme, Betonsperren und Stacheldrahtrollen tauchen in und hinter den realen Gärten, Hecken, Bäumen und *townhouses* für geisterhafte Sekunden vor meinem inneren Auge auf. »In mir lag etwas«, hatte Hofmannsthal seinen Zurückgekehrten schreiben lassen, »ein Gewoge, ein Chaos, ein Ungeborenes, und daraus konnten Figuren aufsteigen, und das waren deutsche Figuren.« Der Himmel über Berlin nimmt an manchen Nachmittagen Farben an, die der italienische Maler de Chirico 1911 in Paris gesehen hat. »Warum schien mir«, fragte der Zurückgekehrte bei Hofmannsthal, »die Farbe dieser Dinge nicht nur die ganze Welt, sondern auch mein ganzes Leben zu enthalten?« Wahrscheinlich, denke ich an solchen Nachmittagen, weil die Reise, die auf diesem Balkon vorerst zu Ende geht, ein Selbstversuch gewesen ist. Diese Farben enthalten das Rätsel meiner Ankunft. Im Jahr 1981 hatte sich ein zwar nicht dummer oder unsensibler, aber linksradikaler und neurotisch verschüchterter junger Mann dringlich gesehnt nach einem ihm noch unbekannten »Repertoire alternativer Beschreibungen«. Den jungen Mann, der ich war, hatte es nach anderen *final vocabularies* verlangt, als Deutschland ihm für seine Selbsterzeugung zur Verfügung stellen konnte. Die damals denkbaren Versionen seiner selbst und dessen, was ihn umgab, reichten ihm nicht, das war seine Krankheit. Nur Weggehen konnte sie heilen. So kam er in Weltgegenden, wo er erfuhr, welche Reaktionen das Nachkriegsdeutsche in London, Krakau, New York oder Tiflis auslöste. Ich nahm mein Exemplar von Rortys »Contingency, Irony, and Solidarity« mitsamt der experimentellen Haltung meines nach 1989 erworbenen *liberal ironism* mit auf die Lebensreise. Ich bringe beides wieder mit mir zurück in ein Land, das sich zu dem Experiment entschlossen zu haben scheint, durch gemeinsame Arbeit an sich selbst noch einmal in die Zukunft aufzubrechen. »Das Recht, ein anderer zu werden« – ich hatte es mir durchs Weggehen genommen, und das Land, in das ich zurückkehre, nimmt es sich jetzt, indem es sein Schicksal einer neuen Generation anvertraut. Und ist nicht die literarische Form, die ich als Schreiber mit meinen in der Fremde entstandenden Büchern mir angeeignet zu haben glaube – die des *personal essay* – am besten geeignet, zu erzählen, wie man ein anderer wird? Leben und Land – »private perfection and public solidarity« – schreiben sich unentwegt selber fort als Essay. Ohne Anspruch auf Letztbegründung. Die Kohärenz (und deshalb Plausibilität) von Essays ist – wie die von Lebensläufen und Nationalgeschichten – eher poetischer als logischer Art. Gegenstand des Essays ist – einer Formulierung des jungen Georg Lukács zufolge – die »Begrifflichkeit als sentimentales Erlebnis«. Und die Begriffe sind von Land zu Land verschieden. Weggehen war ein Experiment gewesen. Aber meine Rückkehr ist auch eins. Das sentimentale Erlebnis einiger in der Fremde erfahrener Begriffe essayistisch zu erzählen, in einem Land, das sich seinerseits eine neue Geschichte über sich selbst erzählt – das ist mein Experiment des Nachhausekommens, das Rätsel meiner Ankunft – »Neue Briefe des Zurückgekehrten«.

Es gibt ein altmodisches Genre der Innenarchitektur: Jemand, der weite Reisen gemacht hat, umgibt sich mit Gegenständen, in denen sich Geschichten verkörpern – vergilbte Fotos und Landkarten, ausgestopfte Tiere. Möbel, Skulpturen und Teppiche aus fremden Ländern. Zerfledderte Skizzenbücher, Muscheln, Steine, Federn. Ich dagegen sammle in meiner Wohnung am Berliner Engelbecken Souvenirs von »Begrifflichkeiten als sentimentales Erlebnis« um mich. Erfahrene Sammler wissen: Das Entscheidende sind nicht die Gegenstände, denen sie ihr Leben gewidmet haben. Es geht letztlich nicht um jene Bilder, Bücher, Briefmarken und Bierdeckel. Das Entscheidende ist die Jagd nach ihnen. Mein Leben war die Jagd nach Begriffen als sentimentales Erlebnis, nach unbekannten und aufregenden Lebensvokabularen. Es ist ein seltsames, prekäres und nerdiges Unternehmen gewesen, das ich erst spät – als die Jagd schon fast zu Ende war – auch in den Büchern von Didier Eribon, David Shields und Emmanuel Carrère zu bewundern gelernt habe. Und beim späten Wiederlesen sind sie auf einmal auch sichtbar in den Erzählungen Peter Handkes, die meinen Weggang zu Beginn der achtziger Jahre begleitet hatten. Erst jetzt verstehe ich die Verwandtschaft dieser Bücher mit meinen eigenen. Ich bin Zeitgenosse gewesen, ohne es zu bemerken. Indem ich meinen Selbstversuch in der Welt vorantrieb, waren Gleichgesinnte unsichtbar neben mir hergegangen. Mein unmerkliches Hineinwachsen in experimentelle schriftstellerische Traditionen, die ich noch gar nicht begriff, als ich mich in sie einzuschreiben begann, lassen eine traumwandlerische Folgerichtigkeit erkennen. Aber erst im Rückblick. Der jetzt beginnen soll.

Traumzimmer

Ein kleiner Junge steigt an der Hand einer jungen Frau eine Wendeltreppe hinauf. Die beiden sind an Bord eines der transatlantischen Passagierschiffe, die zu Beginn der fünfziger Jahre linienmäßig zwischen Hamburg und New York verkehrten. Die heute üblichen Flugreisen nach Amerika dagegen sind 1954 noch etwas sehr Avantgardistisches, Teures, fast Undenkbares. Etwas für futuristisch experimentierfreudige reiche Leute. Zwischen den zwei Kontinenten liegen immer noch die Schiffspassagen, die seit dem 19. Jahrhundert Generationen von europäischen Auswanderern in die Vereinigten Staaten gebracht haben. Solche Ozeanüberquerungen sind in den fünfziger Jahren sicherer als hundert Jahre zuvor, und sie dauern nur noch ein paar Tage statt Wochen. Auch spektakuläre Untergänge wie die der Titanic sind auf der Nordatlantikroute um 1950 nicht mehr zu gewärtigen. Aber immer noch die Seekrankheit, immer noch die Langeweile, die enge Kabine, Ausblicke durch Bullaugen auf stürmisch tobende oder friedlich in der Sonne sich ausbreitende Wasserunendlichkeiten. Die Aufregung, das Bangen. Die Hoffnung. Die phantasierte Zukunft in einem fremden Land.

Die Frau auf der Wendeltreppe ist vierunddreißig Jahre alt. Sie ist meine Mutter. Der kleine Junge, dem sie die Treppe hinaufhilft, bin ich. Was will meine Mutter mit mir in Amerika, was erwartet sie dort? Der Krieg und die Hungerjahre im Nachkriegsdeutschland liegen hinter ihr. Meine Mutter trägt ein selbstgeschneidertes Kostüm, aus dessen rotbraunem Wollstoff sie vor unserer Amerikareise auch für mich eine Jacke genäht hat, meine »Fuchsjacke«. Wir sind auf dem obersten Absatz der Wendeltreppe angekommen. Wind wirft uns Regentropfen, Wellenschaum und Nebelfetzen ins Gesicht. Wir treten ein paar Schritte auf ein tennisfeldgroßes, sich langsam vor uns hebendes und senkendes Deck hinaus. Sie nimmt mich auf ihren Arm. Der fast schwarze Ozean schäumt in beängstigenden Wogen am Rand meines Gesichtsfelds. Aber mir kann nichts geschehen. Eine unsichtbare Zone der Enthobenheit umgibt mich. Sie ist zwar nur so groß wie der Realitätsausschnitt, den meine Mutter und ich einnehmen, aber unzerreißbar. Ich habe keine Angst, mir ist nicht kalt in meiner mutterfarbenen Jacke. »Es waren dunkle Flecken in mir«, schrieb Adalbert Stifter 1867 über seine frühesten Welteindrücke. »Die Erinnerung sagte mir später, daß es Wälder gewesen sind, die außerhalb mir waren.« Ich dagegen finde etwas Geschichtliches, auch Komplizierteres, in meinen Erinnerungen (oder Deckerinnerungen) aus dem Jahr 1954: Reisen in fremde Länder, Autonomie, Furchtlosigkeit, Hoffnung und die Nähe einer eleganten jungen Frau. Heute glaube ich zu wissen, dass es, in mir und außer mir, die transatlantischen Utopien der deutschen fünfziger Jahre gewesen sind. Ein Schiff wird kommen. Ein befahrenes Meer ist das Bild der Zukunft statt jenes sanften Gesetzes der Wälder. Lebensreisen kündigen sich an statt der Kriegszüge. Unbekannte Städte und Chancen tauchen dort auf, wo zuvor Vaterland und Heimat waren. Zwischen zwei Kontinenten zeigt sich Zukunft. In meinem Erinnerungsbild erscheint die Urgeschichte einer Nachkriegsmoderne, die meine Lebenszeit sein wird.

Das erste Buch, in dem ich mich selbst beschrieben fand, hat damals in Wirklichkeit mich gefunden. Ich war schon fast drei Jahre alt. Wir lebten inzwischen im Haus meiner Tante, die schon ein paar Jahre zuvor aus dem zerstörten Deutschland nach Amerika ausgewandert war. Das »Little Golden Book« mit dem Titel »Pierre Bear« ist von Patsy und Richard Scarry: Kinderbuchautorin und Kinderbuchillustrator, frühe und einflussreiche Stars der Branche. Die Reihe der »Little Golden Books« wurde von Simon & Schuster in New York verlegt und kinderpsychologisch beraten von Professor Mary Reed vom Teacher's College der New Yorker Columbia-Universität, wo die kulturrelativistische Ethnologin Margaret Mead und der sozialreformerische *pragmatist* John Dewey – Richard Rortys Lehrer und Vorbild – die definitiven Lehrpersonen gewesen sind. Die »Little Golden Books« sind Inkunabeln amerikanischer Nachkriegs-Sozialpädagogik der fünfziger Jahre, Bilderfibeln für Kinder, die demokratisch gesinnte Weltbürger werden sollten. »In a windswept cabin, away up north, lived brave Pierre Bear. He lived all by himself.« Meine Mutter hatte mir »Pierre Bear« von einer der Reisen mitgebracht, die sie damals in die amerikanischen Metropolen unternahm, wo sie sich bei Werbeagenturen und *fashion magazines* erfolglos um Jobs in ihrem – schon aussterbenden – Beruf als Modezeichnerin bewarb. »This Little Golden Book belongs to« ist in eine weiße Buchsilhouette auf der Innenseite des Umschlagkartons vorgedruckt. Mit ihrer girlandenhaft dekorativen Handschrift hat sie ergänzt: »Stephan von Mutti aus Chicago November 1954«.

Ich frage mich, ob meine Ideale vom richtigen Leben jemals die windumtoste Blockhütte im hohen Norden verlassen haben, wo seit 1954 Pierre Bear lebt. Eine Freundin, die mich über die Jahre in den verschiedenen Wohnungen besuchte, die ich während meiner beruflichen Aufenthalte in Japan, Polen, der Slowakei, in New York, Georgien und schließlich in Berlin eingerichtet habe, verglich diese Interieurs mit einem Ufo, das sich nach ein paar stationären Jahren in die Luft erhoben und in wieder einem neuen Land oder Kontinent unverändert für eine Weile am Boden festgemacht hat. Dieses Ufo ist in Wirklichkeit eine kanadische Blockhütte aus dem Jahr 1954. Der Kinderbuchbär hat einen großen, aus Feldsteinen gemauerten Kamin, vor dem er im ersten Bild ein Buch liest und eine Tonpfeife raucht. Noch fast siebzig Jahre später scheinen mir seine Einrichtung und sein Leben so perfekt, wie ich es als Dreijähriger empfunden haben muss. Pierre hat Jeans mit roten Hosenträgern, eine grüne Jacke aus schwerem Wollstoff im großkarierten Holzfällermuster der fünfziger Jahre, eine rote Pudelmütze, einen beneidenswert stilvollen rosa Morgenrock mit Ahornblattmuster und dunkelgrünen Aufschlägen. In seiner Hütte gibt es Kastenfenster, in deren Sprossenecken sich der Schnee poetisch sammelt, hölzerne Fußbodendielen, zyklopische Deckenbalken, silberne Kerzenhalter, eine himmelblau emaillene Kaffeekanne, große Bodenvasen mit Meissener Zwiebelmuster. Das niedrig und langgestreckt Rustikale bringt sich neben dem altmodisch Eleganten zur Anschauung: Frank Lloyd Wrights Prairie-Style hat Richard Scarry für dieses Interieur vorgeschwebt. Pierre Bear schläft auf dem Boden unter einem anheimelnden Berg von Fellen, während vor dem Fenster der Polarstern über einer verschneit schweigenden Ebene leuchtet. »Viele der Little Golden Books befassen sich mit der unmittelbaren Umgebung des Kindes und geben ihm ein Gefühl der Zugehörigkeit. Andere machen es mit dem Leben der Menschen in seiner Nähe bekannt und erweitern sein Gefühl für die Welt«, steht als literaturpädagogisches *mission statement* auf den Rückseiten dieser Buchreihe. Die Moral der Geschichte, die Patsy und Richard Scarry mit »Pierre Bear« – sozialphilosophisch abgesegnet durch Margaret Mead und John Dewey – ihrem jungen Leser nahebringen wollten, bestand darin, dass man in der Einsamkeit nur ein halber Mensch ist. Die Geschichte von Pierre Bear ist ein Familienroman. Die Scarrys idealisieren den Weg vom narzisstischen Ich zum familiären Wir.

Aber bei mir kam das Buch als das Gegenteil seiner manifesten Botschaft an. So dass ich gezwungen war, aus den erzählerischen, innenarchitektonischen und modischen Anregungen der Scarrys mein eigenes, eine Art Geheimbuch, herzustellen.

Pierre Bear verlässt seine Hütte, um in der entfernten Trapper-Handelsniederlassung seine Felle zu verkaufen. Auf dem Markt gesellschaftlicher Zwecke stößt ihm zu, was für den dreijährigen Betrachter seines Bilderbuchs dann gleich das entscheidende Ärgernis war: Pierre kommt als verheirateter Bär in seine Blockhütte zurück. Für mich, das weiß ich noch genau, war die Geschichte mit dieser Wendung der Dinge, kaum dass sie ihre pädagogische Pointe erreicht hatte, schon ruiniert. Es fing damit an, dass mir »the pleasant lady bear«, die jetzt in das Leben meiner Identifikationsfigur eingedrungen war, überhaupt nicht gefiel. Sie ist von Richard Scarry im *female american frontier style* aufgefasst: ein weites, bettjäckchenartig kurzes rosa Bustier, bodenlange dunkelblaue Petticoats, eine weiße Schürze. Eine großmutterhaft weiße Haube mit violettem Band saß auf dem Bärinnenkopf. Und sie strickte Wollstrümpfe vor dem Kamin, während Pierre Bear, statt wie zuvor heldenhaft Elche zu jagen oder in Ruhe sein Buch zu lesen, ihr jetzt zur Gitarre vorsingen musste. Sein Hüttenleben würde nie mehr dasselbe sein. Und überhaupt hatten für mich weibliche, speziell mütterliche Bezugspersonen, egal ob im Bilderbuch oder im wirklichen Leben, prinzipiell nicht auszusehen und zu sein wie der westernmatronenhaft gestylte »pleasant lady bear«. Sie sollten sein und aussehen wie meine Mutter, wenn sie zu ihren Reisen nach New York oder Chicago aufbrach oder aus diesen Fernen zu mir zurückkam: das rotbraune Kostüm, ihre goldenen Lieblingsohrringe, Make-up, frische Dauerwelle. Auch sollten Mütter mit einem neuen »Little Golden Book« zu mir zurückkommen. Und so außeralltäglich gut riechen. Mütter sollten, fand ich, um in dieser faszinierenden Weise wiederkommen zu können, überhaupt öfter mal weggehen. Sie mussten durchaus nicht immer da sein. Meine mit mir zu Haus verbliebene Tante war ein fast so gut riechender, mich durchaus ausreichend verwöhnender und glaubwürdig wundervoll findender Ersatz. Mit dieser wollstrumpfstrickenden Bärenlady dagegen war es wirklich nicht das Richtige, und wenn ich mir mein Lieblingsbuch nach dem Zu-Bett-Geh-Vorlesen während des Einschlafens noch einmal durch den Kopf gehen ließ, edierte ich die Bärengattin – mitsamt dem dann ein paar Seiten weiter unvermeidlich auf der Bildfläche erscheinenden »little baby bear« – aus meiner Version von »Pierre Bear« sorgfältig heraus. Dann schlief ich in meinem amerikanischen Kinderbett ein, in so vollkommener Unversehrtheit, Störungsfreiheit und Grandiosität wie mein Held zu Beginn des Buchs unter dem weiten, kalten Himmel der Polarnacht. Schon in meine ersten Erinnerungen ist ein Distanzbedürfnis eingesenkt, das mich bis heute nicht verlassen hat. Gerade die Menschen, die mir am nächsten sind, muss ich von mir entfernen, um sie festhalten zu können. Und da zu bleiben, wo ich zufällig geboren war, ist mir immer als eine Art Tod bei lebendigem Leib erschienen.

Noch Jahre später hatten die mir liebsten meiner Kinderbücher und Kindertagträume Geheimtüren zu Gegenden, in denen die Blockhütte Pierre Bears spukt. Es waren Landschaften, Zimmer und Häuser, wo ich zugleich fremd und allein war. Ein verlorengegangener, nur noch verschwommen in meiner Erinnerung aufbewahrter Roman für etwas ältere Kinder zum Beispiel schilderte, als ich neun oder zehn war, ein »Vergessenes Tal«, zu dem sich eine nur dem jungen Helden bekannte Lücke in der Wirklichkeit öffnete. Dieses Tal war eine halb unheimliche, halb paradiesische Unendlichkeit geheimnisvoller Abenteuer und kein Ende nehmender Landschaften. Die Lesewanderung drang dort abende-, tage-, wochenendenlang immer weiter vor. Eine Grenzenlosigkeit hatte sich aufgetan, aus der ich, scheint mir oft, bis heute nicht herausgefunden habe. Ein entscheidender Teil von mir wandert – jetzt noch und immer weiter – in ein verlorengegangenes Kinderbuch hinein, im Gespräch mit Gespenstern. Inzwischen spielen geträumte Unendlichkeitslandschaften und Einsamkeitsarchitekturen eine fast allnächtlich wiederkehrende Hauptrolle. Immer liegt ihr Eingang im Bekannten. Aber dann geht es, durch schwer zu findende, plötzlich sich öffnende Schleusen, in eine klandestine Version der Wirklichkeit hinein, von der ich im Traum dann plötzlich wieder weiß, dass sie ja immer schon da war. Wie hatte ich sie im Wachen so vollständig vergessen können? Manchmal gerate ich träumend in eine spiegelbildliche, aber ganz anders eingerichtete Kopie meiner Wohnung. Oder ich träume von Umzügen in ruinenhaft prekäre, dafür aber eine unbestimmte Freiheit versprechende Nebenräume, Keller und Scheunen, in denen ich bis zum Aufwachen umherirre. Dann wieder sind es poetisch verstaubte Dachböden, wo sich weite Ausblicke auf noch nie gesehene Viertel meiner Stadt eröffnen. Und mir fallen, wenn ich im Traum in Städte komme, wo ich früher einmal wirklich gelebt habe, dort altertümliche Paläste und sogar ganze Stadtviertel auf, die ich seinerzeit übersehen habe, die aber, wie mir jetzt klar wird, das Beste dort waren und der eigentliche, im Wachzustand verfehlte Zweck meines Aufenthalts in jener Fremde. Manchmal erfüllt mir der Traum alle manifesten Wünsche: eine Traumgeliebte fällt mir zu, der Ruhm kommt über mich. Und gerade in diesen Momenten geht der Träumer weg und hinein in Straßen, Interieurs und Landschaften, wo sich jene Parallelwelt morgenrotgleich verdichtet hat. Dann wache ich auf. Und scheine einen Vormittag lang zu wissen, dass die Wirklichkeit umgeben ist von Traumzimmern, in denen ich allein bin und wo sich eine Verklärung des Gewöhnlichen begibt. Meine wirkliche Person scheint in diesen geträumten Momenten auf die Höhe dessen gekommen, wie ich eigentlich gemeint war. Ich bin allein. Und wieder in der Blockhütte von Pierre Bear.

Wie spricht und schreibt eine oder ein *pragmatist liberal ironist*? Welcher Formen bedient sich sein oder ihr Bestreben, »ein immer größeres Repertoire alternativer Beschreibungen anzusammeln, nicht aber Die-eine-einzig-richtige Beschreibung zu finden«? Es scheint, dass solches Sprechen und Schreiben, sosehr es auf die Sphäre gesellschaftlichen

Zusammenlebens zielt, paradoxerweise eine Begabung zum Alleinsein voraussetzt. Etwas wie *connaisseurship* der Einsamkeit. Die Fähigkeit zum Nirgendwozuhausesein. Ein Talent für weite Reisen und die Bewahrung des Selbst zugleich. Standfestigkeit im »Nebendraußen« und zugleich Beheimatung in einem »inneren Bezirk«. Mit diesen Wörtern hat der schwäbische Schriftsteller Hermann Lenz den Ort bezeichnet, von dem aus manche Menschen die Welt sehen und wo sie ihre *private perfection* mit sich aushandeln. Ich kannte die innere Gegend, in der die Stimme meiner literarischen Schwestern und Brüder sich zu Hause fühlt – die Gegend, von der sie erzählen und aus der heraus sie ihre Begriffe entwickeln –, lang bevor ich die Bücher meiner Vorbilder gelesen hatte.

Vor etwa vierhundert Jahren kam an den Höfen Italiens und Frankreichs ein Raumtyp in Mode, der das Traumzimmer in die reale Architekturgeschichte eingeführt hat: das Studiolo. Diese halb geträumten – oder aus Träumen stammenden – Interieurs waren fern vom Hofzeremoniell gelegen, im Palastinneren oder in wenig beachteten Seitenflügeln, und sie waren angefüllt mit Gemälden, Skulpturen, Büchern, wissenschaftlichen Gerätschaften und naturgeschichtlichen Raritäten. Oft hatten sie keine Fenster. Der Blick richtete sich nicht in die Welt hinaus, sondern nach innen. Ins Studiolo zog sich der Principe zurück, wenn er allein sein wollte. Außerhalb dieses Traumzimmers hatte jeder seiner Schritte, Gesichtsausdrücke, Sätze und Blicke politische Konsequenzen. Gerade der Herrscher konnte als öffentliche Person keinen Gedanken fassen, der nur ihm gehörte. Niemand war so unfrei wie der Machthaber. Damit er – *liberal ironist avant la lettre* – sich beeindrucken lassen konnte von anderen *final vocabularies* als dem, das er zufällig selber verkörperte, brauchte er das Studiolo. Hier konnte er innerlich experimentieren. Er konnte Souvenirs und Erinnerungsstücke verschiedener »Begrifflichkeiten als inneres Erlebnis« zur Hand nehmen, ohne dass sie im öffentlichen Wirken seiner Person gleich politisch explodierten. Das Studiolo war der Raum einer inneren Bildung, die mit den Anforderungen des Herrschens nicht konform gehen musste. Hier wuchs dem Fürsten die Souveränität zu, die für unabhängige und deshalb weitsichtige öffentliche Wirksamkeit unabdingbar ist.

Zu Beginn unseres Jahrhunderts, als ich auf der New Yorker Fifth Avenue direkt auf der dem Metropolitan Museum gegenüberliegenden Straßenseite angestellt war, würde ich das tief im Inneren des Riesenmuseums wiederaufgebaute holzgetäfelte Studiolo des Federico da Montefeltro aus dem Palast im umbrischen Gubbio an langen einsamen Wochenenden immer wieder aufsuchen – als könnte ich dort etwas finden, das ich irgendwann verloren hatte. Das von Vasari gestaltete Studiolo des Francesco de' Medici im Palazzo Vecchio in Florenz wiederum war mir als vage imposanter Raumeindruck schon von meinen Autostopp-Italienreisen der siebziger Jahre in Erinnerung geblieben. Ich erkannte in diesen Räumen die Traumzimmer meiner Kindheit sofort wieder, 1974 in Florenz wie in New York zu Beginn des 21. Jahrhunderts.

Vor allem aber gibt es seit der Hochrenaissance eine literarische Gattung und Schreibtradition, die in Wirklichkeit ein Traumzimmer ist. Ein einzelner Schriftsteller hat dieses Genre erfunden, gegen Ende des 16. Jahrhunderts. Soweit man sehen kann, ist es damals zum ersten und letzten Mal in der Literaturgeschichte vorgekommen, dass eine Gattungstradition durch eine uns namentlich bekannte Person begründet worden ist. Im Jahr 1580 erschien das Traumzimmerbuch Michel de Montaignes, eines Diplomaten, Beraters der Krone und zeitweiligen Bürgermeisters von Bordeaux. Mit seinen »Essais« inaugurierte er die Schreibtradition und das Genre des *personal essay*. Es ist die Gattung des Studiolo: Literatur der Einsamkeit, des Abseitigen, des Persönlichen und der Freiheit. »Man muss ein Hinterstübchen für sich absondern, in welchem man seinen wahren Freiheitssitz und seine Einsiedelei aufschlagen kann. Hier müssen wir vernünftigen Umgang mit uns selbst unterhalten; und zwar so abgesondert, dass darin keine andre Bekanntschaft oder Mitteilung fremder Dinge stattfinde. Hier mache man ernsthafte Überlegungen, und hier lache man, als ob man weder Frau noch Kinder noch Verwandte noch Hausgesinde hätte.« Der *personal essay* war schon an seinem Ursprung eine Provokation. Er wurde erfunden in einer Zeit weltgeschichtlicher Umbrüche, historischer Gewalttätigkeiten und von einem Mann, dessen öffentliche Machtversion beträchtliche politische Wirkungen zeitigte. Aber wie der König selbst, der nicht nur eine Person, sondern auch ein Verfassungsorgan war, beanspruchte Montaigne, zwei Körper zu haben. Als

Bürgermeister, Landbesitzer, Hofmann hing viel von ihm ab, für seine direkten Untergebenen alles. Als Schriftsteller dagegen suchte er gleichzeitig Einsamkeit und die Freiheit, seine Privatperson ohne Konsequenzen in den Mittelpunkt allen Denkens, Lesens und Schreibens zu stellen. Er nahm sich heraus, zwar hohe Staatsämter in einer politisch interessanten Zeit zu bekleiden, aber trotzdem anlässlich geradezu provozierend nebensächlicher und persönlicher Dinge darüber zu schreiben, wie es ihm in seiner Epoche ergangen war. Montaigne wusste schon vierhundert Jahre vor Richard Rorty, dass die Sprachen der *private perfection* mit denen der *public solidarity* nicht viel zu tun haben. Er hatte die ersten seiner Aufzeichnungen 1572 niedergeschrieben, im Jahr des katholischen Massenmords an den Pariser Hugenotten in der Bartholomäusnacht. Dieses Horrorereignis war der entscheidende Kulminations- und ein dann jahrzehntelang weiterwirkender Eskalationspunkt der europäischen Religionskriege. Montaigne erwähnt es nirgends. Stattdessen interessiert er sich demonstrativ nur für seine persönlichen Erfahrungen, Idiosynkrasien, Obsessionen, Leseerlebnisse und Lebenssituationen. »Ich selber, Leser, bin also der Inhalt meines Buchs«, schreibt er. Montaigne machte Literatur aus »einem so unbedeutenden, so nichtigen Gegenstand« wie dem eigenen Selbst. Sein Buch, schreibt er, sei seinen »Angehörigen und Freunden zum persönlichen Gebrauch gewidmet, damit sie, wenn sie mich verloren haben werden (was bald der Fall sein wird), darin einige meiner Wesenszüge und Lebensumstände wiederfinden«. Aber man liest Montaignes Essays, seiner demonstrativen Bescheidenheitsfiktion zum Trotz, noch heute, und er hat unzählige Nachahmer gefunden. Es war die Tiefstapelei des Jahrhunderts.

Montaignes Erfindung reagierte auf eine traumatische Marginalisierungserfahrung. Seine Selbstversuche spiegeln die Entmachtung des europäischen Adels durch die Monarchien der frühen Neuzeit. Sowohl das Interesse an der eigenen Person als auch das provozierende Wichtignehmen des Nebensächlichen entstammt neustoischen »Verhaltenslehren der Kälte«, die im Zusammenhang mit der Kunst- und Kulturpolitik italienischer Renaissancehöfe entstanden sind. Die stoische Coolness der essayistischen Literaturtradition und Lebensauffassung seit Montaigne, ebenso wie ihre Obsession mit dem Selbst und dem Nebensächlichen, sind ein Erbteil des 16. Jahrhunderts. Sie setzen jene Begabung zur Einsamkeit voraus, und sie führen eine gewisse *wobbliness*, eine Brüchigkeit, des Selbst in die Weltliteratur ein. Wo zuvor und in anderen Literaturtraditionen religiöse und ideologische Gefestigtheiten, große Themen verkündigende Rhetorik, prägnante Gestalten das Selbst als stabiles Fundament hingestellt hatten, löst Montaigne alle Gewissheiten in ein radikales Selbstgespräch auf. Er benutzt sein abschließendes Vokabular mit dem von Richard Rorty zum Prinzip erhobenen »radikalen und unaufhörlichen Zweifel«. Er war in seinem 16. Jahrhundert – wie Rortys liberale Ironikerin in ihrem 20. – immer »schon durch andere Vokabulare beeindruckt«. Selbstreflexive Aufmerksamkeit für die *wobbliness* des Selbst, Begabung fürs Alleinsein, Sinn für das scheinbar

Unbedeutende, inneres Leben im Studiolo, universale Beeindruckbarkeit, Sammlerleidenschaft für denkbar verschiedene »Begrifflichkeiten als sentimentales Erlebnis« haben an der Wiege des *personal essay* gestanden. Damals begann die Urgeschichte einer neuen Form, eines neuen Denkens, einer neuen Coolness und eines neuen Understatements. »Zu vermeiden ist (...) Affektation«, schrieb Balthasare Castiglione, Verfasser eines Handbuchs adelig-höfischer Selbstbeschränkung und Selbstzivilisierung, als dessen literarische Umsetzung man Montaignes »Essais« lesen kann. »Wichtig ist, sich in allen Dingen zu üben in einer Art Sprezzatura, einer Art herablassender Nachlässigkeit und Sorglosigkeit, um die Kunstfertigkeit zu verbergen und alle seine Handlungen und Äußerungen mühelos aussehen zu lassen und fast so, als verschwende man keinen Gedanken an sie.«

1971 war ich neunzehn. Wir Internatszöglinge des »Evangelisch-Theologischen Seminars der Württembergischen Landeskirche Urach« verwirklichten unsere Mobilitätsträume vor allem per Autostopp – eine inzwischen mit Gründen ausgestorbene Sozialtechnik. Die Bundesstraße 28 zwischen Ulm und Tübingen war eine Art *songline*, auf der die Brennpunkte sozialer Attraktionen nacheinander in zwanzig oder dreißig Kilometer Entfernung aufgereiht waren: Cafés, Elternhäuser, Diskotheken, Flirts, Dorfkneipen, Plattenläden, feste Freundinnen, Kinos, das Tübinger Stift, die »Seminare« in Blaubeuren und Bad Urach. Wir hatten aus unserer beschränkten Wirklichkeit zwischen Elternhaus und Schlafsaal eine langgestreckte Bandwurmstadt oder Urbanitätslandschaft herausgeschnitten, zwischen deren Stationen Kartoffeläcker, Wälder, die windige Hochfläche der Schwäbischen Alb und schicksalhaft unterschiedlich lange Wartezeiten lagen (»Daumen im Wind«). Die wirklichen süddeutschen Metropolen München und Stuttgart waren noch außerhalb unseres Einzugsbereichs. Denn der war durch jene Entfernungen begrenzt, die man zwischen Mittagessen und Abendbrot-Sperrstunde als »Tramper« realistischerweise zurücklegen konnte.

Zu den glühendsten Sehnsuchtsorten der Anhalter-Traumzeit gehörten Buchhandlungen. Vor allem in Tübingen konzentrierte sich das intellektuelle Mana. Besonders dicht und vielfältig natürlich in den beiden Tempeln akademischer Hochkultur, der Buchhandlung »Gastl« und dem »Osiander«, dann aber zunehmend auch in irregulär-faszinierenden Pop-up-Shops, wo »Raubdrucke« marxistischer Theoretiker und illegale Mitschnitte von Popkonzerten feilgeboten wurden. Aber auch die Ulmer Altstadt bot Anziehendes. Und so lag auf dem runden Marmortischchen eines Cafés dort irgendwann im Jahr 1971, neben einem Glas Tee, ein weißer Band aus der »Bibliothek Suhrkamp« mit verkehrszeichenroter Banderole: Walter Benjamins »Einbahnstraße«. Dieses Buch, von dem ich zuvor noch nie etwas gehört, das aber eine halbe Stunde zuvor in der »Aegis-Buchhandlung« in der Breiten Gasse einen unerklärlichen Sog auf mich ausgeübt hatte, führte mich direkt in mein Inneres. Jeder Abschnitt war der Eingang zu einem »vergessenen Tal«, das Modell eines Studiolo. In jedem dieser miniaturhaft kurzen Abschnitte sah ich mich um wie in einem insgeheim lang schon vertrauten, endlich wiedergefundenen Trauminterieur. Worauf das Gelesene dann tagelang in glühend ehrgeizzerfressenen Phantasien über das eigene Schreiben in mir weiterrumorte und sich verzweigte. Es gab von nun an und für immer eine Art von Buch in meinem Leserleben, das sich von der Deutschlehrer- und Elternliteratur, von der – wie ich es empfand – Langweiligkeitsverschwörung von Autorinnen und Autoren wie Grass, Böll, Aichinger, Bachmann und Frisch radikal unterschied. Es war, obwohl ich es damals in meiner halbgebildeten schwäbischen Spätpubertät noch nicht wusste, der Montaigne-Moment. Wenn ich länger nachgedacht hätte, hätte mir auch das Blockhaus Pierre Bears in den Sinn kommen können. Oder das frühkindliche Geborgenheitsgefühl auf einem Transatlantikdampfer des Jahres 1954.

Es ging Benjamin, auch wo er unpersönlich zu sprechen schien, um sich selbst. »Im Traum sah ich ein ödes Gelände« teilte er mit. Oder: »Ich war in Riga, um eine Freundin zu besuchen, angekommen.« Oder: »Ich kenne eine, die geistesabwesend ist.« Die Themen und Gegenstände, denen er sich in seiner subjektiven Einsamkeit widmete, waren so unbedeutend und nichtig wie die eigene Person: »Papier- und Schreibwaren«, »Antiker Löffel«, »Kakteenblüte« oder »Verlorene Gegenstände«. Aber an der Kontaktstelle von Selbst und Nebensache entsprang Poesie. Wolken von Goldstaub stiegen auf. Er wurde hergewirbelt aus Gegenden, die so weit im Inneren des Schriftstellers und seiner Kindheit lagen, dass es genausogut mein eigenes Inneres oder meine eigene Kindheit hätte sein können, was sich in seinen Sätzen zeigte. Denn was »Benjamin sagte und schrieb« – würde ich später bei Theodor W. Adorno in einem jener Tübinger Raubdrucke lesen – »klang, als käme es aus dem Geheimnis. Seine Macht aber empfing es durch Evidenz.« Adorno schildert einen Typ von Lektüreerlebnis, von dem auch Generationen von Montaigne-Fans berichtet haben. »Es ist wohl schon jedem Montaigne-Leser passiert« – so formulierte es einer von ihnen –, »dass er irgendwann das Buch sinken ließ und sich ungläubig sagte: Wie kann er das über mich wissen? Die Antwort darauf liegt natürlich darin, dass er es weiß, weil er es über sich selber wusste.«

Dem jungen »Einbahnstraßen«-Aficionado schwebten derweil in seinen unberatenen siebziger Jahren Stücke vor, für die er keinen Namen hatte und die bis heute keinen deutschen haben. Sie existierten nicht im Horizont meiner Schule und meines Elternhauses. Meinem Deutschlehrer hätte ich die damals entstehenden Selbstversuche im Geist des *personal essay* nicht zeigen können. Sie wären in seiner Welt zerfallen wie modrige Pilze. Der Gattungsname einer mir noch ganz unbekannten Tradition haftete währenddessen an den sogenannten »Funkessays«, die mein Vater am Sonntagvormittag im Radio hörte und oft sogar auf Tonband aufnahm, um sie später noch mal abzuspielen: Überlange Leitartikel in prätentiöser Schmuckrhetorik über Dinge wie »Die geistige Situation der Zeit«. Ich aber konnte nur graben, wo ich stand. Beschämt, heimlich und aufgeregt erfand ich damals in einer schwäbischen Kleinstadt für mich eine Literaturgattung, von der ich nicht wusste, dass Benjamins »Einbahnstraße« nur eines ihrer Exemplare war – der momentlang aufgetauchte Gipfel eines in Deutschland untergegangenen Kontinents. Ich kannte die Bücher noch nicht, die mein Leben bestimmen würden. Ich war 1971 zwischen Tübingen, Bad Urach, Blaubeuren und Ulm, ohne zu wissen, was ich war, der einzige *personal essayist* auf der Welt. Ich schrieb »Einbahnstraßen«-Pastiches dann bis in die Zivildienstzeit hinein und noch in meinen ersten Stuttgarter Universitätssemestern. Unterdessen, ich sah kaum hin, baute sich der Ernst des Lebens um mich auf. Zuerst als ein Studium der Literaturwissenschaft, das ich, ohne es mir einzugestehen, nicht als Vorbereitung auf den Lehrerberuf betrieb, sondern als Ausbildungsgang für das ersehnte eigene Schreiben. »Wer die größte Plattensammlung hat, schreibt die besten Songs«, hatte Keith Richards gesagt. Es war das arkane Motto meiner Studienjahre. Dann die Zeit- und Energieverschwendung des marxistisch-leninistischen Jugendirreseins. Die Lehrerausbildung. Das erfolglose Zusammenleben mit einer jungen Frau. Der Entschluss, kein Lehrer zu werden. Der Aufbruch in eine große fremde Stadt. Bei einem der zahlreichen Umzüge im Jungerwachsenenalter gingen meine Manuskripte verloren. So wie ich mir selbst unterm Erwachsenwerden für lange Jahre verloren gegangen bin.

Aufbruch (Die Drachen der Kinder im Park)

Es war im September 1979. Ich war 27 und wanderte an einem dunklen Herbstabend auf der Stuttgarter Schlossstraße in Richtung Liederhalle. Erstes Laub fiel und verwehte. Gelbliches Laternenlicht warf windbewegte Baumschatten auf den Bürgersteig. Eine beunruhigende Begegnung mit einem ehemaligen Internatskameraden lag hinter mir. Eine verwahrloste Wohnung im Stuttgarter Westen, dämonisch inkohärentes Gerede, der Eindruck eines durch Drogen früh zerstörten Menschen. Der unvermeidliche Joint, an dem ich widerwillig partizipiert hatte. »Nach etwas bedrückt-reduzierter Zeit mit Absencen: auf der Schlossstraße, von einem Schritt auf den anderen, voll drauf«, verzeichnet mein Tagebuch. »Ich wehre mich dagegen, schreckliche Angst, trockener Mund. Bekämpfe die Panik; ich will nicht abfahren (verrückt werden), ich will mich behalten. Ich will der bleiben, der ich bin, aber ich weiß plötzlich nicht mehr, wer das ist. Furchtbare Angst, den Verstand verloren zu haben.«

Ich wusste es gleich. Es war mehr als eine cannabisinduzierte Panikattacke. Was mich jetzt in einem Moment mutwillig herbeigeführter innerer Hilflosigkeit heimsuchte, war immer schon eine Möglichkeit und eigentlich auch immer schon da gewesen. Körperlich ähnelte der Zustand, der mich in den folgenden Wochen in immer tiefere Ratlosigkeit stürzte, einem Schwindel oder einer Übelkeit. Seine untrennbar mit diesen unangenehmen, aber immerhin bekannten körperlichen Symptomen verbundene psychische Innenseite war aber noch viel unheimlicher: »Die Dinge, die man anschaut und erlebt, werden einem irgendwie fremd. Es gibt keine emotionale Verbundenheit mit ihnen, es scheint eine gewisse Unverständlichkeit und Absurdität an ihnen aufzufallen. Eine bisher unbekannte Lieblosigkeit meiner Umwelt mir gegenüber und eine Lieblosigkeit meiner selbst meiner Umwelt gegenüber tritt hervor. Die Gegenstände der Welt sind mir fremd geworden.« Auf halbem Weg zu meiner Wohnung flüchtete ich mich in ein Restaurant. Ich vermutete aufgrund meines Herzrasens, meiner Schweißausbrüche und meiner allgemeinen Geschwächtheit einen Unterzuckerungsanfall. Auch konnte ich vor Schwindel fast nicht mehr gehen. »In der Pizzeria am Schlossgarten bestelle ich eine Torte, zu der ich einen Kaffee mit zahllosen Löffeln Zucker trinke. Ganz schlecht drauf, kann kaum mehr sehen. Angst, ohnmächtig zu werden. Dazu die wellenartig anflutenden Angstschübe und Dissoziationsgefühle. ›Ich bin nicht mehr, der ich bin.‹ Der realen Situation ganz unangemessene Emotionen: Angst vor einem Löffel, so absurd es klingt. Alltagsdinge, banale Geprächssituationen nehmen eine unfassbare Grässlichkeit an, wie wenn man in einem Albtraum über ein einzelnes Ding oder Wort oder einen Satz in Panik gerät, weil er plötzlich ein namenloses Grauen verkörpert.« Und es war für lange Wochen nicht vorbei. Auch nach dem Abklingen der Intoxikation stieß es mir in den folgenden Tagen immer wieder ohne Vorwarnung oder erkennbaren Grund zu, dass die Welt sich in einen durch unüberbrückbare innere Distanzen von mir getrennten Ort verwandelte.

Der Psychotherapeut, dem ich mich schließlich anvertraute, residierte in einem winzigen, dabei nicht unluxuriösen ebenerdigen Kubikel, dessen bodentiefe Fenster in einen novemberlichen Garten hinausgingen. Der bald verschneit war, dann langsam frühlingsgrün wurde, sommerlich, dann wieder herbstlich und noch einmal winterweiß. Die ab jetzt zweiwöchentliche Trambahnfahrt zur Psychotherapie führte die lange, gewundene »Weinsteige« hinauf und endete in einer Allerweltseinfamilienhausgegend der Filderhochfläche. Der Blick aus dem gelben Straßenbahnwagen in den weiten Talkessel. Die dramatisch wechselnden Perspektiven in ausgedehnte historistische Bürgeranwesen und Gärten am Hang über und unter mir. Der Gang von der Endhaltestelle an einer Lebensbaumhecke entlang. Das Abreißen und Verreiben eines Zweigleins zwischen den Fingern wurde zu einem Ritual. Der ätherisch-würzige Geruch und die schwachgrüne Färbung meiner Finger begleiteten mich auf die Couch mit dem Blatt Küchenrolle auf dem Kopfkissen. Das fast nicht zu überwindende Bangen vor und das lang nicht abstellbare Körperzittern während der ersten Sitzungen. Das nahegelegene Hallenbad Möhringen, in dem ich nach Beendigung der Therapiestunden meine Bahnen zog. Mein Analytiker eröffnete die Behandlung mit einem Schachzug, der, wie man sagt, »schon die halbe Miete war« und der vor allem jene quälenden Depersonalisierungsanfälle schlagartig beendet hat. Er sagte nämlich trocken, sachlich und nicht besonders einfühlsam, wenn er mich für präpsychotisch halten würde, könnte er mich sowieso nicht in Behandlung nehmen. Das würde er »sich nicht zumuten wollen«. Wodurch meine Zweifel an der Verlässlichkeit und Funktionsfähigkeit meines Selbst durch eine Art »Outsourcing der Selbstgewissheit« beruhigt und mein Vertrauen in mich selbst fast über Nacht wiederhergestellt wurde. Aber ich hatte zum ersten Mal Bekanntschaft mit einer *wobbliness* meines Selbst gemacht, der ich durch Beschreiten der gebahnten Denkwege zuerst des Schwäbischen Pietismus und dann des Marxismus-Leninismus jahrzehntelang zu entfliehen versucht hatte.

Der düstere und zugleich vorfrühlingshaft warme Spätnachmittag im Oktober 1981, an dem mein ärztlicher Seelenlenker – wohltuend heterodox wie immer – die Analyse in das Fahrwasser einer realen Lebensveränderung lenkte, gehört zu meinen unverlierbaren Urszenen. Dem entscheidenden Moment vorausgegangen war eine lange Jeremiade des auf der Couch liegenden Klienten. Sie gipfelte in dem mit experimenteller Dringlichkeit geäußerten Wunsch, »alles hinzuschmeißen«: die Referendarsausbildung an einem schwäbischen Gymnasium, gerade anhängige erotische Plänkeleien, meine Studentenwohnung im »Bohnenviertel«, dem sich gerade heftig gentrifizierenden Stuttgarter Rotlichtbezirk. Es verlangte mich, die aus Modernität und Neurose eigentümlich gemischte Atmosphäre meiner Geburts- und Kindheitsstadt endgültig hinter mir zu lassen. Es war der Wunsch, etwas grundlegend Neues anzufangen. Die erste Reaktion meines Analytikers war realitätsgerecht abwiegelnd. Dann aber, plötzlich und fast piratenhaft, schwenkte er um. Er hatte intuitiv reale Möglichkeiten gesehen, die auf dem Grund meines Gemoseres schlummerten wie Riesen, deren Ansprüche mich, nicht anerkannt, zerstören, freigesetzt aber zu mächtigen Helfergestalten werden konnten. Er hatte begriffen, dass mich ein beherzter Selbstversuch jetzt ins Freie führen würde. Es war ein unkonventioneller, risikoreicher Zugriff, nach Begriffen regelgerechter Psychoanalyse vermutlich ein Kunstfehler. Aber ein wohltätiger. »Eine wunderschöne, utopisch-exzeptionelle Sitzung bei P. in der Dunkelheit, 18 Uhr«, steht im Tagebuch. »Ich erzähle von meinen Plänen. Nachdem er erst sagte, den Impulsen, alles hinzuschmeißen und wild auszubrechen, solle ich tunlichst gegensteuern wie ein Autofahrer auf vielleicht vereister Fahrbahn, bricht er plötzlich selber aus und verlässt die Abstinenz. Er sagt: ›Junge, gib dich jetzt nicht mit unrealistischem und selbstzerstörerischem Kleckerkram zufrieden, sondern versuch (jetzt oder nie) einen großen Wurf. Verbanne das Wort ›kriegen‹ (beschützt werden, versorgt sein, sich unterordnen, Gehalt beziehen) aus deinem Wortschatz und ersetze es durch die Wörter ›sich holen, besorgen, organisieren, Risiko, Angstaushalten, Geldausgabe, möglicherweise Erfolg, Experiment, Wagnis‹. Es ist eine unerwartete Spritze von positivem Narzissmus, und ich weiß plötzlich, dass jetzt eine neue Periode kommen könnte, in der ich die Träume und subjektiven Möglichkeiten, die ich in meinem chaotischen letzten Jahr (dem Jahr des wilden Agierens) erarbeitet und erlitten habe, in eine Realität umsetzen könnte, die tatsächlich eine haltbare und nicht nur geträumte oder experimentell ausagierte Realität wäre. So wären psychische Energien, die mich jetzt nur selbstquälerisch aufhalten und gegen mich kehren, in etwas Reales überführt. Zugleich viel Angst vor diesem Neuen und vor der Möglichkeit, dass ich versage und scheitere (von der Realität zurückgestoßen werde).«

So wurde es in den folgenden Wochen zum Beschluss, dass ich die Referendarsausbildung zwar möglichst gut zu Ende führen, mich aber gleichzeitig nach Möglichkeiten umsehen wollte, jenseits des mir bevorstehenden schwäbischen Gymnasiallehrerlebens eine berufliche Zukunft zu erobern, in der die Träume und Kräfte meines Selbst freieres Spiel bekommen könnten. Eine zunächst nur innere, dann aber überraschend schnell auch real werdende Reise begann. Sie stand unter dem Märchen- oder Aventiurenmotiv, dass ich mein verlorenes Selbst nicht in Stuttgart würde wieder- oder überhaupt erst finden können, sondern nur draußen in der Welt, in fremden Städten. Als sei mein ödipales »Selbstideal« (wie es der amerikanische Psychoanalytiker Heinz Kohut nennt) als eine Art Goldstaub über die ganze Erde verweht worden, würde mein Lebensglück darin bestehen müssen, es in den verschiedensten Weltgegenden wieder einzusammeln. Sogar ein Traum hatte in jenen Tagen den Weg ins Freie gewiesen: Ich war über eine weit verzweigte Flusslandschaft auf einen Ozean hinausgeflogen, wo tief unter mir altertümliche chinesische Dschunken kreuzten – ein Inbild des Glücks. »Geh mit uns nach Bremen, du verstehst dich doch auf die Nachtmusik, da kannst du ein Stadtmusikant werden«, sagten die Traumtiere, die mein Unbewusstes bevölkerten. Zunächst noch als vage Idee, hatte ein Experiment, das mich die nächsten dreißig Jahre lang beschäftigen sollte, unter der Hand schon begonnen.

»Kreativität«, schreibt Heinz Kohut, »kann scheinbar spontan in vielen Analysen narzisstischer Persönlichkeiten auftreten. Dies steht (…) in spezifischem Zusammenhang mit der Wiederbelebung vorher eingefrorener narzisstischer Besetzungen im Bereich des Größen-Selbst als auch der idealisierten Eltern-Imago.« Etwas herzustellen, in dem ich den ödipalen Goldstaub sammeln konnte, war der Glücksinhalt eines verlorenen Stuttgarter Kindheitsparadieses mit meiner Mutter gewesen. Sie arbeitete damals noch in ihrem Beruf als Modezeichnerin. Sie war, anders als ein paar Jahre später, noch sie selbst. Zeichnen, Malen, Märchenvorlesen war das unsichtbare Land unserer verlorenen Einheit gewesen. Vor allem aber sammelte sich das Mutterglück ödipaler Verliebtheit in den Bildern eleganter und erotischer Kleider, die sie in ihrem winzigen Arbeitszimmer als Druckvorlage für die Modeillustrierten zeichnete, von deren Honoraren wir lebten. Das Studiolo hatte sich in diesem Arbeitszimmer verweiblicht und in ein geheimnisvoll-erotisches Boudoir verwandelt. Am intensivsten manifestierte sich die Zauberkraft mütterlicher Kunst in den Kleidungsstücken, die sie für sich und für mich dort schneiderte. Die Fuchsjacke von 1954 spukte noch lang in meiner modischen Phantasie. Später, als ich mit zehn oder elf schon außerhalb des ödipalen Paradieses mir im Leben weiterhelfen musste, war eine Weile Radiobasteln Goldstaub geworden, im Anschluss daran wiederum die Texte und Melodien der Popsongs, die ich im Kopfhörer meiner Zigarrenkistenempfänger zuerst gehört hatte. Ein paar Jahre später dann war das Literaturstudium, der Ehrgeiz, »alles gelesen zu haben«, ein noch »erwachseneres« Derivat der Kinderträume, in dem die essayistische Schreibsehnsucht verdeckt und ödipal tabuisiert schon schlummerte. Das schwer beschreibbare Flug- oder Flow-Erlebnis beim Verfassen längerer Texte schließlich war mir über meiner Zulassungsarbeit zum Staatsexamen zwar schon zugestoßen (verblüfft-ungläubiges Wiedererkennen einer fast vergessenen Traumerfahrung), es war bei den damaligen Flügen und Flows bloß nicht viel Lesenswertes herausgekommen. Nicht nur deshalb nicht, weil ich mich, noch im Bann jener studentischen Politsekte, in einem ostdeutsch-marxistisch inspirierten Mattenklott / Metscher / Scherpe-Jargon bewegen zu müssen glaubte, sondern auch aufgrund schlichten Unvermögens. Während ich mir bei der letzten Überarbeitung zum ersten Mal im Leben stilistische Gedanken machte und schriftstellerische Mühe gab, wurde mir klar, wie viel ich in dieser Hinsicht noch zu lernen hatte und wie viel Disziplin anständig gearbeitete Texte einfordern. Wachsende Zweifel an der (immer schon sehr falschen) Idee, aus mir könne oder solle ein akademischer Literaturwissenschaftler werden, öffneten schließlich einen Ausweg von Stuttgart in die Welt. Eine Karriere an einer deutschen Universität zu erstreben – es wurde mir immer zweifelhafter, ob das für mich passend wäre und Erfolg haben würde; wohlmeinende Beobachter verstärkten meine Zweifel behutsam. Ob ich nicht eher darüber nachdenken sollte, nach dem Referendariat als DAAD-Lektor nach Großbritannien zu gehen? Selbsteinschätzungen und Wünsche, die ich mir selbst nur zögerlich eingestand, gingen in Suchbewegungen über. Auf der Zugfahrt nach Bonn zum Interview in der DAAD-Zentrale stellte sich dann mit Macht das oft beschriebene »gute Gefühl« ein, und nach erfolgreich absolviertem zweiten Staatsexamen stand ich schließlich vor der Entscheidung, ob ich auf zwei Jahre befristet in England als Universitätslektor arbeiten wolle oder für den Rest meines Lebens als Studienrat für Deutsch und Geschichte am Staufer-Gymnasium Waiblingen im Remstal. Soziale Sicherheit stand gegen Kinderträume. Trotz starker Angst war es in letzter Instanz nichts, worüber ich allzu lange hätte nachdenken müssen. Auch fügte sich der Zufall meinen Wünschen plötzlich auf seltsam nachgiebige Weise. Der Stuttgarter Metzler-Verlag bot mir gerade in jenen Wochen überraschend an, in seiner »Reihe Metzler« den Band über Friedrich Hölderlin neu zu schreiben (über dessen Elegienwerk ich gerade mit mäßigem Erfolg promoviert hatte). Ohne es zu wissen, ergriff ich mit meiner Zusage die Chance, nach all dem Marx und Murx tatsächlich schreiben zu lernen. Dann kam die Zusage einer Stelle als DAAD-Lektor am »King's College London«. Und überhaupt hatte ich in den Frühsommerwochen des Jahres 1982 das Gefühl, dass sich in meinem Seelenleben etwas verflüssigt hatte. Die Unzuverlässigkeit meines Selbst, die an jenem Herbstabend zerstörerisch auf sich aufmerksam gemacht hatte – das fühlte und ersehnte ich undeutlich –, würde sich paradoxerweise als zuverlässige Grundlage einer Lebensreise bewähren können. Was als Katastrophe in meinem Leben erschienen war, könnte Regression im Dienste des Ich gewesen sein, etwas Wohltätiges. Dass meine Selbstunsicherheit irgendwann sogar einem ernstzunehmenden literarischen Projekt zugutekommen könnte, lag noch außerhalb meiner Vorstellungsmöglichkeiten. Aber es waren im Frühling 1982 tatsächlich, ganz wie Kohut es beschrieben hat, lang »eingefrorene« psychische Energien abgeflossen von unbewussten Riesengestalten, die seit Jahrzehnten drohend, verbietend und anbetungsheischend in einer Zentralgegend meines Inneren herumgestanden hatten. Das Bild einer eisstarrend dunklen Einsamkeitsebene tauchte auf: »Diese Statuen waren schon immer da«, sagten die Eingeborenen meiner Seele. Jetzt begannen die Götzenbilder zu bröckeln, schnell fliegende Wolken wurden am Himmel über ihnen sichtbar. Akademisches und journalistisches Schreiben in London für zwei Jahre! Wie hätte ich dieser Perspektive widerstehen und als Lebenszeitlehrer ins Remstal gehen können. Dass mir damals plötzlich eine lang vermisste Energie zur Verfügung stand, erwies sich auch darin, dass ich Wolfgang Ignée, dem Chef des damals überregional wahrgenommenen Feuilletons der »Stuttgarter Zeitung«, meine Mitarbeit anzubieten wagte, was nach anfänglichen Missverständnissen zu dauerhafter Zusammenarbeit und gegenseitiger Sympathie führte. Ich hatte die Begabung entdeckt, Mentoren für mich zu gewinnen.

Die erste Ermutigungsfigur des in Fluss gekommenen Lebensaufbruchs war weiblich. In meinen letzten Stuttgarter Monaten vor der Übersiedlung nach England gab ich meine Wohnung auf und zog in die Dachkammer einer Psychoanalytikerin, die in ihrem stilvoll-gemütlich verschlampten Haus auf den Stuttgarter Villenhügeln in mütterlicher Schamanenhaftigkeit einer aus der Zeit gefallenen Hippie-Wohngemeinschaft Raum bot. Ich widmete meine Ersparnisse aus der Referendarszeit ein paar Monate lang einem sommerlichen Privatgelehrtenleben, das mich täglich ins Hölderlinarchiv der Württembergischen Landesbibliothek führte. Dort heimste ich Exzerpte ein, die ich in London in den Text meines ersten Buchs verwandeln wollte. Ausgedehnte Abende in der »Weinstube Fröhlich« im Keller der »Liederhalle« schlossen sich der nachmittäglichen Arbeit an. Oder gemeinsames Kochen mit den Wohngenossen. Stuttgart streichelte mich, bevor ich ging. »Schwere Koffer, man gibt mir schwäbisches Brot und eine Flasche Trollinger mit, worauf ich sie endgültig fast nicht mehr heben kann« – noch einmal das Tagebuch aus dieser Zeit. »D. sagt: ›Du hast die Fähigkeit, egal was du machst, instinktiv das Richtige zu tun. Lass dir nichts anderes einreden und mach dir keine Sorgen.‹ Ihre Überschätzung meiner Person ist wie ein Lessing'scher Ring, von dem man nicht weiß, ob er echt ist oder falsch. Aber man muss so handeln, als sei er echt, dann wird er echt. Ich werde mich auf alles einlassen. Letzte Abschiedstelefongespräche. F. küsst mich lange. Alle umarmen mich auf dem Bahnsteig. In einem holzgetäfelten Schlafwagen-Abteil 1. Klasse fahre ich einem neuen Lebensabschnitt entgegen.«

Die ersten Wochen in London waren ein Schock. Die Stadt war groß, großartig und über alle meine Erwartung einschüchternd. Die ersten Tage nach der Übersiedlung verbrachte ich bei Freunden meines Vaters. Sie besaßen in South Kensington eine ausgedehnte Dachwohnung in Straßenzügen von marmorweißer Pracht. Man sah aus ihren Fenstern auf poetische kleine Parks hinab, die nur Eigentümern und Schlüsselinhabern zugänglich waren. Nordwärts, jenseits der Untergrundstation South Kensington, erhoben sich die Paläste des »Natural History Museum«, des »Victoria and Albert« und des »Imperial College«. Ein weiteres Stück weiter nach Norden öffneten sich Wiesen, Baumgruppen, Denkmäler, Hügel und Pavillons: Kensington Gardens. Im Sommer fuhr ich mit dem Rad durch den Grünzug und das Regierungsviertel, am Parlament und der Admiralty vorbei zur Themse, wo sich am »Strand« unweit der Nelson-Säule die verschiedenen Immobilien des King's College in erhabener Düsternis zwischen dem Bush House der BBC und Somerset House am Fluss ausbreiteten. Ich hatte es geschafft. Ich war aus Stuttgart herausgekommen. Womit ich nicht gerechnet hatte: Ich hatte mich selbst mitgenommen. Als sei Stuttgart ein Exoskelett meiner Seele gewesen, das jetzt zerfiel, wurde ich inmitten der so lang und dringlich ersehnten ausländischen Stadtlandschaft von extremen Ängsten heimgesucht. Und ich hatte plötzlich keine Sprache mehr. Schon die Begegnung mit meinen zukünftigen Kollegen auf einem »Vorbereitungstreffen« in Bad Godesberg hatte mir vor Augen geführt, dass mich mein Schwabentum in den Augen der von mir ersehnten »Welt« zu einem Außenseiter machte. Hochdeutsch zu lernen war die erste Aufgabe. Zugleich war das Englische gefordert, in dem ich so wenig gewandt war, dass das Stottern meiner Kindheit wiederauferstand und ich in anspruchsvolleren sozialen Situationen bis auf ein paar seltsame Brocken ganz verstummte. »Die Drachen der Kinder im Park, dicht unter den schnellen Wolken! Lasst mich nicht allein.« Das schrieb ich auf einem einsamen Spaziergang durch den Hampstead Heath an meinem ersten Wochenende in der Fremde. Hinter meinem Rücken aber, noch ohne dass ich es wusste, hatten sich andere Geschichten über mich selbst – andere »Begrifflichkeiten als sentimentales Erlebnis« – zu konstellieren begonnen.

Im Bett mit der britischen Oberschicht

Die britische Oberschicht trat auf eigentümlich verzögerte Weise in mein Leben. Das heißt, eigentlich trat sie überhaupt nicht in mein Leben. Man könnte vielleicht eher sagen, dass ich in eins ihrer Schlafzimmer trat. Und nicht einmal darüber war ich mir, während es passierte, im Klaren.

Die Zweizimmerwohnung, von der hier zunächst die Rede sein soll, bildete die Beletage eines weißen, inzwischen – wir schreiben das Jahr 1982 – etwas heruntergekommenen viktorianischen Reihenhauses von ursprünglich wohl beträchtlicher Vornehmheit. Es lag in einem schlingenförmigen cul-de-sac, der neben »Panzer's Delicatessen« und dem »Mandarin Bookstore« unweit der Londoner Untergrundstation »Notting Hill Gate« von der gleichnamigen vielbefahrenen Durchgangsstraße zum Marble Arch und zum Oxford Circus abgeht. Diese in sich selbst mündende Sackgasse machte ihrem Namen – »Linden Gardens« – insofern Ehre, als ihre Bürgersteige zwar nicht mit Linden, aber mit sehr schönen, großen und alten Platanen bepflanzt waren. Im Sommer verdunkelten sie dem vor kaum einer Woche aus

Stuttgart nach London übergesiedelten Neumieter auf poetische Weise die Zimmer; im Herbst erfreuten sie ihn mit melancholischem Blätterflug; und im Winter schwankten ihre Zweige kahl, dämonisch und regennass vor dem Fenster hin und her. Im Treppenhaus wurde gebaut oder renoviert: ein unbestimmt lang andauerndes Projekt, das eine große Menge sehr feinen weißen Staubs produzierte, mit dem es aber ansonsten in keiner erkennbaren Weise vorwärtsging. Im Erdgeschoss lebten ein älterer Jamaikaner und eine junge Frau, deren Verwandtschafts- oder anderweitiges Verhältnis im Undurchschaubaren verblieb.

Die vornehme und entsprechend teure Maklerfirma, der ich zu Beginn der Woche meines Einzugs einen Scheck für die exorbitante Vermittlungscourtage und die ersten Wochenmieten überreicht hatte, versicherte mir, die Wohnung werde bei meinem Einzug *spotless* sein. Bei der Besichtigung hatte sie noch den Eindruck gemacht, als sei sie fluchtartig verlassen worden und seither nur noch eingestaubt. Der verregnete Samstag, an dem ich meine beiden Koffer im Flur meines neuen Heims abstellte und zum ersten Mal durch die Räume ging, wird mir für immer unvergesslich bleiben. Ein Gefühl äußerster Verlassenheit und Überforderung erfüllte mich. Und zugleich das Bewusstsein, dass hier das Leben begann, von dem ich immer geträumt hatte.

Natürlich war in der Wohnung von Emma Soames (denn so hieß die Vermieterin, deren Namen ich nur von der Unterschrift auf meinem Mietvertrag her kannte) alles genauso belassen worden, wie ich es bei der Erstbesichtigung gesehen hatte, vom verschimmelten Käsesandwich im abgeschalteten Kühlschrank über die eingetrocknete Zahnpastatube auf dem Glasbord über dem Waschbecken bis zu den Hautcremes, Parfüms und Tampons in den dazugehörigen Wandschränkchen. Es war entsetzlich. Im Maklerbüro, wo ich tags darauf empört noch einmal vorsprach (oder besser: vorstotterte), gab man sich erstaunt. Und bezahlte mir die Putzfrau, mit der zusammen ich die nächsten Tage in »Linden Gardens« damit verbrachte, zu schrubben, abzustauben und wegzuwerfen. Am Abend saßen wir zusammen in der Küche an einem großen Tisch aus Kiefernholz, tranken Bier und aßen Hamburger, die ich um die Ecke bei »Kentucky Fried Chicken« geholt hatte. Was meine für längere Zeit nach Ägypten oder eine vergleichbare Weltgegend, so die Gerüchte, verzogene Vermieterin anging, wusste ich nur, dass sie eben Emma Soames hieß. Der Jamaikaner im Erdgeschoss nannte sie grundsätzlich nur »Miss Soames Esquire« und pflegte knurrend hinzuzusetzen, dass sie sich ihm gegenüber immer so unerträglich *stuck-up* gegeben habe, könne nur daran liegen, dass sie Winston Churchills Enkelin sei. In einem tiefen Sofa vor dem platanenzweiggefüllten Wohnzimmerfenster – rechts neben mir ein Kamin, über dem ein goldgerahmter Spiegel hing – las ich mich während der nun folgenden Wochen und Monate bis tief in einsame Nächte hinein durch die mir noch ziemlich unbekannte englische Literatur, um meinen Wortschatz zu erweitern. Im Schlafzimmer machte ich es mir auf Miss Soames Esquires Bett aus extravagant gebogenen Messingstäben zum Fernsehen gemütlich. Vor dem Fenster hingen Spitzenvorhänge und Portieren. Dort genoss ich ganze Wochenenden lang Filme in englischer Originalfassung und die lustige britische Werbung, trank süßlich-starkes »Carlsberg Special Brew« aus großen silberfarbenen Dosen und wurde über alldem angenehm gleichgültig.

»Ja. Es war eine glückliche Zeit. So lange danach fühle ich ganz deutlich, daß sie glücklich war.« So beginnt Lars Gustafssons Erzählung »Die Tennisspieler«, die beste Geschichte unter anderem darüber, wie das Glück immer erst nach den Ereignissen entsteht, die wir mit ihm verbinden, und dass wir es in der Gegenwart eigentlich nie wirklich zu fassen bekommen. Erst »so lange danach« fühlen wir das Glück dann »ganz deutlich«. Glück ist offenbar etwas, das eher aus einer Dialektik der Zeiten entsteht als aus dem oft beschworenen »gelebten Augenblick«. Und so fühlte ich mich auch, während meine (im Rückblick: sehr glückliche) Londoner Zeit 1982 bis 1984 andauerte, oft einsam, manchmal fast verzweifelt, unterschwellig erfüllt von der unbestimmten Panik des dreißigjährigen Mannes. Nicht zuletzt die unverkennbare Zivilisationsfortgeschrittenheit meiner neuen Heimat im Vergleich zu Deutschland und vor allem Schwaben löste Panik aus: bei jeder Gelegenheit aufsteigende Minderwertigkeitsgefühle, Heimweh, verdrückte Gereiztheit gegen die arrogante Stadtmaschine, in die ich geraten war und die so gar nicht auf mich gewartet hatte. Ich war 1982 auf dem Höhepunkt der Regierungszeit Margaret Thatchers nach London gekommen. Der Falkland / Malwinas-Konflikt war triumphal beendet. Die neoliberale Gesellschaftsrevolution zeigte erste Resultate. Die Inflationsrate verringerte sich. An den Staatsausgaben, vor allem den sozialen, wurde schrittweise gespart. Der Reichtum wuchs und die Armut auch. Das Proletariat »kam nicht mehr mit«. Das soziale Ideal drehte sich von protosozialistischem Wohlfahrtsstaatsbürgertum in Richtung auf ein turbokapitalistisch modernisiertes, sehr selbstbewusstes Kleinbürgerwesen, dessen Inbild die Premierministerin selbst war. »Victorian values«, wie sie es nannte. Der Finanzsektor expandierte und bot jungen Leuten die glamourösen Berufslebenschancen. Die Studentinnen und (weniger zahlreichen) Studenten der Germanistik am King's College planten, nach ihrer kurzen Studienzeit fast ausnahmslos ein paar Kilometer weiter östlich zu arbeiten, als Banker, Brokerinnen oder Angestellte in der Londoner City. Unter der Hand bereitete sich das Kabinett Thatcher auf die kommende Auseinandersetzung mit den bisher unbesiegten Schocktruppen des britischen Sozialismus vor – auf den unvermeidlichen großen Streik der Minenarbeitergewerkschaft.

Die *free market*-Umwälzung hatte überall in Europa, besonders aber in London, einen neuen Typ junger Menschen begünstigt oder vielleicht überhaupt erst hervorgebracht. Mit verschiedenen Etiketten versuchte man, seine Eigenart zu erfassen. Die deutschen Protagonisten neoliberaler Jugendkultur hatte man Popper getauft, in Großbritannien hießen sie »Sloane Ranger«. Wenn sie etwas älter und schon berufstätig waren: »Yuppies«. Dieser bisher unbekannte Menschenschlag kam in London jetzt an die wirtschaftliche, politische und journalistische Macht. Ich bewunderte und beneidete ihn so widerwillig wie glühend. Meine Studenten kamen mir intelligenter, oberflächlicher, schöner, erfolgversprechender, besser angezogen, eloquenter und glücklicher vor, als ich als Student je gewesen und als untergeordnete akademische Lehrperson immer noch war. Die britische Oberschicht, deren Kinder ich im King's College unterrichtete und aus der meine Kollegen stammten, war meiner Herkunft, meiner Art, mich zu kleiden, meinen politischen Ansichten, meiner Art, zu sprechen, zu fühlen und zu denken, so fremd, als sei ich als Ethnologe zu Feldforschung und teilnehmender Beobachtung unter die Trobriander gekommen. Man hat in Deutschland ja keinen Begriff davon, wie fremd die auf den ersten Blick so vertraut aussehende britische Gesellschaft uns in Wirklichkeit ist, wie abgeschottet voneinander aber auch die verschiedenen Klassen des Inselreichs nebeneinanderher leben. Im Grunde bietet nur die Literatur einen Zugang zu den verschiedenen britischen Paralleluniversen.

Meine Arbeitsbelastung in London war von phantastischer Geringfügigkeit und bestand bloß darin, dass ich acht Stunden pro Woche eine kleine Gruppe recht sympathischer *undergraduates* mit Hilfe allerlei didaktisch-methodischer Tricks und möglichst altersgerechter Diskussionsanstöße in Gespräche auf Deutsch zu verwickeln hatte. Das war allerdings mühsam. So schnell und elegant sie sich in ihrer eigenen Sprache ausdrückten, so desinteressiert und maulfaul gaben sie sich in meiner. Ich hatte überhaupt den Eindruck, dass ihr Studium ihnen weitgehend egal war. Denn es war Formsache. Allen meinen Zöglingen stand, sofern sie am King's auch nur ein Minimum von Engagement zeigten, sowieso eine glänzende Karriere bevor. Das College galt, ob zu Recht oder zu Unrecht, als eine der besten Universitätseinrichtungen des Landes. Es war zwar nicht Oxford oder Cambridge, aber dafür lockte hier, direkt vor seinen Pforten, die Londoner City mit ihren exorbitanten Gewinn- und Verdienstchancen. Diese bildungssoziologische Lage verlieh meinen Studentinnen und Studenten Sicherheit, Grazie, Schlagfertigkeit und Übermut, während ich selbst weder im Hochdeutschen noch im Englischen glänzen konnte. Ich hatte das Gefühl, dass sie meine *tongue-tiedness*, literarische *nerdiness*, überhaupt mein provinzielles Deutschsein ein bisschen bemitleideten oder zumindest ulkig fanden. Zeitgenössisch neoliberale Schmissigkeit, verlötet mit traditioneller Upperclass-Sprezzatura, das war 1982 das Einschüchternde und zugleich Faszinierende. In der charmanten Ruchlosigkeit des konservativen Premierministers Boris Johnson erkenne ich heute wieder, was mir damals im King's begegnete. Aber auch im elegant stoischen Gleichmut des trotzkistischen Publizisten Christopher Hitchens angesichts seines Krebstods, dessen Näherrücken er in schonungslosen, treffenden und originellen Sätzen beschrieb. Es zeigte sich in alldem eine Haltung, die nichts wirklich ernst nimmt, sich selbst am wenigsten – und sich genau dadurch Erfolg in den Weltangelegenheiten sichert. Nur vordergründig war meine gereizte Londoner Einsamkeit also ein linguistisches Problem. Meine mich in London oft quälende Sprachlosigkeit war die Erscheinungsform eines *clash of civilisations*. Ich war aus der deutsch-württembergischen Tradition hierhergekommen und daran gewöhnt, »Sprachen des Ernsts« (wie es Karl Heinz Bohrer nennt) zu bewundern: schwerfällige Wörter und Sätze, in denen angeblich tiefe Objektivität zum Ausdruck kam. Hölderlin war mein akademisches Thema gewesen, Hegel der Ahnherr meines unterschwellig immer noch Einfluss ausübenden Marxismus. Jetzt aber lernte ich – als Leser englischer Bücher; als eingeschüchterter Hörer des Straßenenglisch, der Universitätskonversation, des weiblichen Englisch – die von Bohrer so genannten »Sprachen der Ironie« kennen: stilistische Landschaften, in denen sich interessante Subjektivität idiosynkratisch, witzig, schnell, hell und fesselnd darstellte. Zeitgenössisch zum Beispiel bei Kingsley Amis und Philip Larkin, die ich damals zum ersten Mal kennenlernte, oder aber – Jahrhunderte früher – in James Boswells Erinnerungsbuch und Persönlichkeitsstudie über den Philologen, Wörterbuchautor und Sprechliteraten Samuel Johnson. Amis' College-Roman »Lucky Jim«, den ich auf Emma Soames' Sofa vor dem frühherbstlich platanenverdunkelten Fenster in meinem ersten Londoner Semester las, bestand nur aus Dialog und Personenbeschreibung. Ein Studiolo aus komischer Sprache. Gestalten, die meine Lachlust anregten, traten aus idiosynkratischer Rede ans Licht. Boswells »Life of Samuel Johnson« las ich parallel und verstand intuitiv, dass ich in beiden Büchern etwas mir ganz Unbekanntes betrat: einen nur aus Eigensinn und Stil bestehenden Sprachraum. »Seele« und »Tiefe«, die ich bei Hölderlin und Hegel zu verehren gelernt hatte, waren Johnson und Boswell so egal, wie Kingsley Amis dreihundert Jahre später alle Weltbestandteile flüchtig und obenhin behandelte, aus denen nicht Sprachwitz zu erzeugen war. Die *augustan prose* der georgischen Ära im 18. Jahrhundert und Amis' und Larkins *middle brow modernism* der fünfziger Jahre zielten auf das Gleiche: prosaische Treffsicherheit und intellektuelle Kälte. Mich hatte man dreißig Jahre lang im Kräftefeld pietistischer »Kultur« erzogen und ausgebildet. Jetzt, schwante mir undeutlich, lernte ich »Zivilisation« kennen. Zwar war ich nicht in eine der *public schools* gegangen, die mich auf Oxford oder Cambridge vorbereitet hätten. Dort wäre ich vor drei Jahrhunderten Samuel Johnson begegnet, vor einem halben Kingsley Amis und während meiner Zeit am Londoner King's den zukünftigen Premierministern David Cameron und Boris Johnson. Die Klosterschulen in Schöntal und Urach, wo man mich auf das Studium im »Tübinger Stift« hinzuführen unternahm, waren zwar fast so alt wie Oxford und Cambridge und um 1530 von den württembergischen Herzögen sogar nach dem Vorbild der englischen Colleges organisiert worden. Es bestand also durchaus eine Ähnlichkeit der Schulkarrieren Samuel Johnsons und Kingsley Amis' mit denjenigen Hölderlins, Hegels, Hermann Hesses und schließlich dem Bildungsgang des verwirrten schwäbischen Linksradikalen, der sich jetzt in die britische Weltmetropole gewagt hatte. Und doch trennte ein historischer und kultureller Abgrund das Tübinger Stift von den

Colleges in Oxford und Cambridge. Ich wurde in den Straßen Londons und auf dem Fensterlesesofa von Emma Soames der Tradition der *wits* ansichtig. Ihre hierzulande seit Jahrhunderten ausdifferenzierte Tradition war mir fremd. »Witz« war in Deutschland nicht hochliteraturfähig, das Konzept kaum verständlich. Die Überlegenheit der britischen *wits* ging hervor aus einer prägnanten und originellen Sprache. Stil machte diese Schriftsteller unangreifbar. Komik verschaffte ihnen Weltabstand. Im Vorwort zu dem posthumen Buch seines Vaters über Sprache und Stil (»The King's English«) erzählt Martin Amis, Kingsley sei zwar ein »minimalistischer« Vater gewesen. Aber »immer wenn er mir einmal über den Weg lief (und bevor er wieder in seinem Arbeitszimmer verschwand), sagte er jedesmal etwas zu mir, das mich lachen oder wenigstens lächeln ließ. Das war schon sehr viel. Und der Humor dieser hingeworfenen Sätze ging für gewöhnlich aus der Originalität ihrer Formulierung hervor.«

Die Literatursprache, die ich jetzt kennenlernte, war nicht das Haus des Seins, sondern der sprachliche *room of one's own* unverwechselbar interessanter Individuen. In Großbritannien hatte das Studiolo, der Sprezzatura- und Dandy-Raum sich bis in die literarische Gegenwartssprache tradiert. Er war im Verlauf jahrhundertelanger Um- und Anbauten auf die Größe eines ausgedehnten Palasts angewachsen. Die subjektiven und komischen Sprachräume der Ironie, des *wit* und der Sprezzatura zeigten sich mir am verführerischsten in den kein Ende nehmenden Landschaften des englischsprachigen *personal essayism*. Auch der Einstieg in dieses »vergessene Tal« öffnete sich mir während jener abendlichen Leseorgien auf Emma Soames' Sofa. Ich sah es zeitgenössisch in der subjektiven Kunstkritik John Bergers oder in Susan Sontags Würdigungen Syberbergs, Benjamins, Roland Barthes'. In den Reportagen Joan Didions. Aber an meinen Abenden und Wochenenden in Linden Gardens drang ich bald auch in die frühere Geschichte dieser unbekanntlockenden Leselandschaften vor: Ich las zum ersten Mal, voller Bewunderung, William Hazlitts Reportage über das Boxen und sein haarsträubend ehrliches, die Peinlichkeit der Selbstentblößung unerschrocken riskierendes »Liber Amoris«. Chestertons Aufsätze folgten. Leigh Hunts »Getting up on Cold Mornings«. Charles Lambs »Essays of Elia«. Lytton Stracheys »Eminent Victorians«. Und die Essays von Max Beerbohm, eines Schriftstellers, den Viginia Woolf – selber in jenen subjektiv-essayistischen Gegenden weithin bewandert – als »the prince of minor writers« bezeichnet hatte. Sie alle hatten keine Angst, ihre alltäglichen oder abwegigen Empfindungen literarisch ernst zu nehmen. Ihre Bemühung um *private perfection* musste sich vor den Maximen der gesellschaftlich etablierten *solidarity* nicht rechtfertigen. Eleganz des Ausdrucks und Kühnheit der Gedankensprünge waren ihnen wichtiger als Prinzipien, Ableitungen, stringente Begründungen. Meine neuen literarischen Vorbilder scheuten sich nicht, eigenartig zu sein. Sie zeigten ihr Begehren, ihre Unsicherheit, ihre Eitelkeit, ihre Seltsamkeit. Sie gingen mit lächelnder Sprezzatura durch das Verachtungsspalier bürgerlicher Dezenz. Es war erleichternd und inspirierend. Ich atmete freier über diesen Büchern. Das Einbahnstraßengefühl bei meiner Benjamin-Lektüre von 1971 wurde spürbar. War es Zufall, dass auffallend viele dieser Schriftsteller ihre literarische Unbefangenheit, Sprunghaftigkeit, Angstlosigkeit und Eleganz ihrer persönlichen *weirdness* und Exzentrizität, sogar Sprachfehlern oder – wie Samuel Johnson – dem Tourettesyndrom abgerungen hatten? Der *wit* ließ Abgründe sehen; aber als bereits überwundene. Sprache und perfekter Stil schützten diese Menschen seit dem 16. Jahrhundert aber auch vor den Zumutungen der politischen Wirklichkeit. Da sie in den inneren Studiolos ihrer witzigen Tradition in Sicherheit waren, blieb ihnen sogar auf den einschüchterndsten Höhen staatlicher Verantwortung ein Abstand fast unbeschränkter Freiheit. Machthabende *wits* wie Palmerston oder Churchill waren für ihre komischen *quotes* und *quips* fast so berühmt wie für ihre politischen Entscheidungen und militärischen Siege. Aber der Sprezzatura-Abstand von der Realität, den sie stoisch-dandyistisch auch im Amt wahrten, gewährte ihnen zugleich die Übersicht, diejenigen Haltungen einzunehmen und Entscheidungen zu fällen, die das Leben von ihnen verlangte. Sie waren Essayisten der Wirklichkeit. Es war, als sei das Lachen, das seit Montaigne aus dem Studiolo dringt (»... als ob man weder Frau noch Kinder noch Verwandte noch Hausgesinde hätte ...«), seit der Epoche der europäischen Religionskriege auf der Insel und in ihrer Literatur keinen Augenblick lang verstummt. Die Sprachen der Ironie, die zugleich Sprachen der Souveränität sind – auch Sprachen der Wurstigkeit, der Albernheit, des zeitweiligen Durchstreichens sogar des Ernstesten –, haben noch Winston Churchill bei dem 1940 ganz unrealistisch – eigentlich verrückt – erscheinenden Wagnis beigestanden, das damals an allen Fronten unabsehbar siegende Nazireich zu zerstören. »Hess or no Hess, I'm going to watch the Marx Brothers now«, hatte er zum Beispiel gesagt, als Rudolf Hess, der »Stellvertreter des Führers«, am 10. Mai 1941 irgendwo in Schottland aus dem Flugzeug gesprungen und in britische Gefangenschaft geraten war. Die Entourage des Premiers rätselte und analysierte mit dem Ernst, der Politikberatern und Staatsbeamten geziemt, was der Englandflug des Hitlervertrauten weltpolitisch zu bedeuten haben mochte. Aber Churchill, der ihnen eine Weile zugehört hatte, machte geltend, dass im Kinosaal von Checkers gerade an diesem Abend eine Vorführung von »Duck Soup« auf dem Programm stand. Ich bewunderte die Kaltblütigkeit und Komik der britischen Tradition flammend und hoffnungslos. Ich drückte mir die Nase am Schaufenster dieser Art des Schreibens, Redens, Fühlens, Handelns und Denkens platt wie ein Kind armer Kleinbürger aus der Provinz, das auf die New Yorker Fifth Avenue geraten ist.

Im Frühling begann ich mit einer schönen, neurotischen, an mir nicht besonders interessierten Studentin auszugehen, die um die Ecke bei ihren reichen Eltern wohnte. Die Mitbewohnerin des Jamaikaners kam eines Abends mit einer Flasche Wein herauf, aber auch daraus entwickelte sich nichts

Substanzielles. In der Erinnerung aber, dem Modus unseres Lebens, in dem Lars Gustafsson zufolge das Glück erscheint, sind derweil ganz andere und viel erfreulichere Tage und Stimmungen meiner damaligen Zeit in den Vordergrund getreten. Spätnächtliche Fahrradfahrten durch London zum Beispiel, auf dem Rückweg von irgendwelchen *end-of-term-parties,* während die sommerlichen Bäume an den Kanälen, in den Parks und Alleen der nachtstillen Stadt rauschten. Poetisch-frühherbstliche Wochenenden in Cambridge und Oxford mit einem neugekauften Kaschmirpullover. Und schließlich der endlose Nachtspaziergang durch Bloomsbury, auf dem meine spätere Frau und ich – zum ersten Mal und bis der Morgen über der großen Stadt heraufkam – in unser Gespräch hineinwanderten wie in eine weite Landschaft. An Emma Soames' sehr damenhaftem weißem Schleiflackschreibtisch, der für meine Zwecke immer zu klein war, schrieb ich meine Kapitel über Hölderlins Lebensroman und Werk. Ich merkte, dass die Mühe, die ich mir bei der stilistischen Überarbeitung meiner Dissertation gegeben hatte, dieser zwar noch nicht zugutegekommen, aber trotzdem nicht umsonst gewesen war. Es ging mir mit meinem ersten Buch zwar noch nicht um die Art des Schreibens, von der ich insgeheim träumte, sondern vorerst noch um die Vermittlung akademischer Forschungsergebnisse an ein interessiertes Allgemeinpublikum. Aber es war nicht zu übersehen, dass die Sätze jetzt – anders als noch ein Jahr zuvor – gelangen. Etwas begann zu schwingen in den Zwischenräumen. Aus der Heimat kamen anerkennende Feedbacks zu meinen

Artikeln in der »Stuttgarter Zeitung«. Das Flugerlebnis beim Schreiben wurde etwas zuverlässig Herstellbares – und bald zu einem dringenden Bedürfnis. An Schreibtagen ging ich nach erfolgter Landung zum Mittagessen und auf ein *pint of lager* in immer dasselbe Pub am Rand des Holland Park. Während des anschließenden Spaziergangs durch die barocken Gärten, am japanischen Teich vorbei und um das backsteindunkle Herrenhaus, krähten Pfauen hässlich und schlugen zitternd ihre schönen Räder. Langsam, fast unmerklich, wurde mir klar, dass die mit dem Schreiben verbundenen Momente auch in Zukunft mein eigentliches Leben sein würden. Allein für diese Momente beschloss ich damals, eine möglichst gutbezahlte und möglichst viel Freiheit und Freizeit übrig lassende Berufstätigkeit auf mich zu nehmen. Denn ich wusste: Die Flugstrecken des Schreibens würden mir zwar immer das Wichtigste sein. Aber sie würden nicht mein ganzes Leben einnehmen müssen. Und sie sollten vor allem nicht zur Erwerbsquelle verkommen. Um meine zukünftige Einkommensbasis allerdings machte ich mir nicht grundlos Sorgen. Die Beamtenstelle im Schwäbischen war perdu, die gutbezahlte Lektorenstelle streng auf zwei Jahre befristet. Eine Weile lang sah es so aus, als solle ich meinen Unterhalt nach beendeter DAAD-Zeit als *lecturer* an einer britischen Provinzuniversität bestreiten; dann eröffnete (und schloss sich gleich wieder) die Aussicht auf eine Übersetzerstelle beim German Service der BBC. Ein paar Monate lang hielt sich die Hoffnung auf eine Anstellung bei der Hölderlin-Gesellschaft in Tübingen, wo ich dann aber, wie mir hintertragen wurde, von den zuständigen Chefs mit der Begründung abgelehnt wurde, ich sei ein »linker Ideologe«. Eine Bewerbung an der Freien Universität Berlin blieb ebenfalls erfolglos, und viele besorgniserregende Monate lang schien mir, es werde bloß aufs Taxifahren hinauslaufen. Schließlich wurde es das Goethe-Institut, wo man mich wahrscheinlich auch deshalb nahm, weil da schon mein Vater angestellt gewesen war – er seinerseits hatte das Leben und Arbeiten im Ausland von seinem Vater, einem protestantischen Pastor deutsch-polnischer und deutsch-südwestafrikanischer Gemeinden generationensoziologisch sozusagen geerbt. Einstweilen begann ich in London, die mir noch unbestimmt vorschwebende Existenzform des Angestelltenschriftstellers innerlich auszuarbeiten. Ohne dass ich es deutlich begriff, war aus dem Schreckensmoment auf der Stuttgarter Schlossstraße von 1979 und den anschließenden Verwirrungsjahren eine neue (wie sich zeigen würde: zukunftsfähige) Balance meines Selbst entstanden. Sie brachte lang verleugnete narzisstische Ideale in die Nähe wirklichen Lebens. Mit der Idee des angestellten Schreibens war ein realitätstauglicher Kompromiss zwischen Wirklichkeit und verlorenem Mütterlichkeitsparadies denkbar geworden. Von den beiden Fähigkeiten, die Freud zufolge psychische Gesundheit anzeigen – Lieben und Arbeiten – war mir zumindest die zweite zum Greifen nahgekommen.

Es hängt mit der erwähnten Dialektik der Lebenszeiten zusammen, dass die Anregungen, Ermutigungen und Perspektiven, die mir aus der englischen Literatur und in der britischen Wirklichkeit entgegenkamen, sich damals zwar in meinem Schreiben und Lesen, aber keineswegs in der Realität des postmarxistischen jungen Auswanderers durchsetzten. Fort- und Rückschritte sind im wirklichen Leben in der gleichen Weise durcheinandergemischt wie verschiedenfarbige Teige in bestimmten Rührkuchen, wo sie durch Kneten ihre Schichtordnung verloren haben und deshalb an überraschenden Stellen ominöse Figuren bilden. Das Leben ist ein eigenartiger Marmorkuchen. Angesichts von Traditionen, die mich zugleich faszinierten und überforderten, erstand in denselben Monaten, die mir Ausblicke in ein gelingendes Schreiben eröffneten, zugleich meine Siebziger-Jahre-Politisiertheit von den Untoten – sie war ja in Wirklichkeit schon immer ein Nachleben pietistischer »Kultur« gewesen. Das Schreiben blickte nach vorn, das Leben strebte nach rückwärts, in die *discomfort zone* langgewohnten Unglücks. Als Reaktion auf die Sprezzatura meiner neuen Umgebung wurde ich wieder »links« – nachdem ich jene Haltungen und Mentalitäten in Deutschland schon fast ganz hinter mir gelassen hatte. Ich fühlte das Bedürfnis, der widerwillig bewunderten Selbstsicherheit meiner Studentinnen und Kollegen – überhaupt der britischen Oberschicht und ihrer fremden Kultur – etwas Subversives entgegenzusetzen. Und so ging ich ein paarmal zu den Versammlungen der »Communist Party of Great Britain« in Ladbroke Grove – in Notting Hill, wo ich eigentlich wohnte, gab es keine Ortsgruppe. Es waren freundliche, mild-resignierte Menschen, auf die ich da traf, sehr weit entfernt von der hochfahrenden plebejischen Militanz, die ich im »Marxistischen Studentenbund Spartakus« und im Umgang mit Genossen der DKP kennengelernt hatte. Nachdem mir jedoch bewusst wurde, dass ich mich nicht noch einmal einer wie auch immer eurokommunistisch gemäßigten Parteidisziplin würde unterordnen wollen, verlagerte ich meine Aktivitäten auf die Treffen der »Campaign for Nuclear Disarmament« in Notting Hill. CND agitierte damals gegen die von der Thatcher-Regierung – wie auch von den bundesdeutschen Kabinetten Schmidt und Kohl – betriebene Aufstellung von Pershing-Mittelstreckenraketen und Cruise Missiles in Westeuropa, mit denen die Bedrohung durch sowjetische SS-20-Mittelstreckenraketen ausbalanciert werden sollte. Die Aktivitäten der CND bestanden, außer im exzessiven Tragen von Buttons mit dem Kampagnenlogo und gelegentlichen Massendemonstrationen, vor allem in *canvassing*: Sammeln von Unterschriften gegen die Nachrüstung an der Haustür. Dass die CND-Gruppe mich, den Deutschen, ausgerechnet mit einem großen, dicken Russen durch die gentrifizierten Straßen von Notting Hill zum Unterschriftensammeln zu schicken pflegte, mag auf den weltberühmten britischen Humor zurückzuführen gewesen sein. Jedenfalls eröffnete mein Partner beim politischen Klinkenputzen, das *canvassing*-Gespräch stets mit unerschütterlicher Selbstüberzeugtheit und einem russischen Akzent, der einer Monty-Python-Szene würdig gewesen wäre. Auf die Rückfrage der Hausbesitzer und Wohnungsinhaber, woher wir seltsamen Helden denn eigentlich kämen, erfolgte der Bescheid »Frrrrom the Sofiet

Union and Gerrrrmany«. Worauf die meisten Türen gleich wieder zugingen. Kommentare wie »You're doing this country a great disservice« waren unser allabendlich Brot. Ich erinnere mich an meinen sehnsuchtsvoll-neidischen Blick durch die halbgeöffnete Haustür in ein stilvolles Interieur: Antiquitäten, orientalische Teppiche, Gemälde. Im Hintergrund hantierte eine mir sehr glamourös vorkommende junge Frau in einer aus Edelstahlflächen bestehenden Küche, bevor uns ihr Mann die Tür vor der Nase zuschlug. Noch während wir an diesem Abend in einem örtlichen Pub unsere spärliche Unterschriften-Ausbeute sichteten, ging mir die Szene nicht aus dem Kopf. So wie dieses Paar wollte ich doch eigentlich leben! Warum konnte ich es mir nicht eingestehen und die durchaus vorhandenen Chancen nutzen, die mich in die Nähe eines solchen Lebens würden führen können? Aber im Bann meiner pietistisch-pseudopolitischen *weirdness* war ich sozial und intellektuell gelähmt. Der »große Wurf«, den mir mein Analytiker an jenem warmen Stuttgarter Spätnachmittag im Oktober 1981 prophetisch vor Augen gestellt hatte, war als Möglichkeit nah. Aber ich nicht entschlossen genug, wirksam nach dem Glück zu greifen.

Wie die Rohre eines Fernrohrs oder eines Mikroskops stecken die Zeiten ineinander, und erst wenn man sie verschiebt, ergibt sich ein Bild davon, wie sie eigentlich gemeint waren. So funktioniert die dialektische Optomechanik der Zeiten. Das schreiben die Rezepte des Lebensalter-Marmorkuchens vor. Und so ist es zugegangen, dass ich erst zwanzig Jahre nach dem unfreiwillig komischen *CND-canvassing* in

Notting Hill der Großbritannien-Erfahrung meiner jungen Jahre wirklich und wirksam nähergekommen bin.

Erst mit knapp fünfzig haben mich die Leseerlebnisse des achtundzwanzigjährigen DAAD-Lektors am King's College endlich eingeholt. Mein Interesse an Kingsley Amis setzte zu Beginn des 21. Jahrhunderts noch einmal ein, und jetzt erst im Ernst. Im Jahr 2000 kam die Autobiographie seines Sohns Martin Amis heraus: »Experience«. Das Buch fiel mir in einem der englischsprachigen Buchläden des polnischen Krakau in die Hände, wo ich inzwischen Leiter des Goethe-Instituts geworden war. Es gefiel mir so gut, löste so viele Erinnerungen an meine Londoner Leseabende aus und schien mir so viel von der dort verbrachten Zeit zum ersten Mal schlüssig zu erklären, dass ich es an einem Wochenende ganz ausgelesen habe. Zwei Sommertage fuhr ich auf dem Fahrrad durch das glühend heiße, außerweltlich verlassene galizische Beskidenvorland. In Radelpausen saß ich stundenlang auf wackeligen weißen Plastikstühlen unter verblassten Sonnenschirmen vor Lebensmittelgeschäften mit improvisiertem Getränkeausschank und befand mich lektüreweise wieder in der Londoner literarischen Welt der frühen achtziger Jahre – dem Paralleluniversum, dessen Zeitgenosse ich in meinen zwei Londoner Jahren, ohne dazuzugehören und unwissentlich, gewesen war. Unwissentlich: Denn dass meine Linden-Gardens-Vermieterin Emma Soames damals Martin Amis' Geliebte und Kingsleys prospektive Fast-Schwiegertochter gewesen war, sprang mir in einem Heureka-Moment aus einer der Fußnoten entgegen, die »Experience« fast zur

Hälfte ausfüllen. Das Buch des Sohnes machte mir Kingsley Amis so interessant, dass ich »Lucky Jim« noch einmal vornahm und kurz danach während eines Leipzig-Aufenthalts im Obergeschoss der Connewitzer Buchhandlung seinen Roman »Stanley and The Women« kaufte, wonach Amis senior unwiderruflich ein paar Jahre lang zu den Autoren gehörte, von denen ich schlechterdings alles lesen wollte. Warum interessierte mich damals ausgerechnet in Krakau plötzlich so gut wie alles von und über Kingsley Amis? War es sein vorbildlich kreativer *devil-may-care*-Umgang mit seinem Alkoholismus, der einen Drogen-Hypochonder wie mich so anzog? War es das Renegatentum des entlaufenen Ex-Linken (das mit zunehmendem Alter freilich arg ins Reaktionäre ausfranste)? Muss ich als Grund meiner *infatuation* erwähnen, dass man über seinen Büchern wirkliche Lachkrämpfe bekommen kann? Es war alles zusammen – und vor allem jene *englishness*, die mich 1982 und '83 außen vorgelassen hatte und mich mit Kingsley Amis' Werk jetzt doch noch einholte: Sprezzatura, *wit*, Souveränität, Komik, Sprachen der Ironie. »Wir waren Mitte zwanzig und lebten in London«, schrieb Emma Soames 2009 im Rückblick auf die Jahre kurz bevor ich ihre Wohnung mietete, »und unsere Clique bestand unter anderem aus dem Essayisten Christopher Hitchens, der heutigen Chefin der amerikanischen ›Vogue‹ Anna Wintour und dem Lyriker James Fenton.« Die imaginäre Mitgliedschaft in dieser Clique habe ich im sommerlichen Krakau, lesend und auf dem Fahrrad vor mich hinträumend, nachgeholt. So habe ich meine eigentliche und dann erst lebensgeschichtlich gültige (weil weiterwirkende) britische Phase in Polen erlebt, zwanzig Jahre nachdem ich physisch in Großbritannien gewesen war. Erst jetzt kam ich dort an. Die London-Prophetie meines Analytikers erfüllte sich mit zwanzigjähriger Verspätung. Im Krakau der Jahrtausendwende, wo die Fremdsprachen des deutschen und russischen Ernsts verlernt wurden und man sich jetzt den ironischen Muttersprachen der Freiheit öffnete, schien ich plötzlich so sein zu können, wie ich immer schon hätte sein sollen und eigentlich gemeint war. Auch daheim waren »meine Leute« an der Staatsmacht, so wie damals Polen ein paar Jahre lang ganz und für immer in Europa angekommen schien. Ich war im Einklang mit den Vorgängen und Perspektiven meines eigenen und des östlichen Nachbarlands. Vor allem aber schien meine Schriftstellerei, an der ich so oft und mit Grund gezweifelt hatte, endgültig in die richtigen Bahnen gekommen. Dem ersten Buch, das ungefähr so geriet, wie ich mir die Ergebnisse meines Schreibens insgeheim schon in London vorgestellt hatte, kam plötzlich Resonanz entgegen. Es war ganz außerhalb von Deutschland entstanden, und man merkte es ihm an. Unvergesslich ist die Frühlingsautoreise 2003 zu einem Arbeitstermin in Budapest, wo ich am frühen Morgen auf einem der Boulevards den »Spiegel« kaufte und über einer Tasse Kaffee vor Dienstbeginn in Volker Hages Rezension »Die Enkel wollen es wissen« – überrascht und glücklich – zur Kenntnis nahm, wie mein Buch »Ein unsichtbares Land« in einem Beachtungsraum, der mir gerade für mein Schreiben immer ganz besonders verschlossen erschienen war, plötzlich eine Rolle spielte. Das Gefühl, als sei heute mein Geburtstag, einen ganzen unerheblichen Arbeitstag über. Am nächsten Tag die Rezension in der FAZ, am übernächsten die Fahrt nach Norden, zur Leipziger Buchmesse. Die Übernachtung bei Bratislava. Frühstück irgendwo in Böhmen, Nescafé und Wurstbrote. Vorbei an eierschalenfarbenen Barockkirchen, zwischen aufplatzenden Kastanienknospen, im Frühlingsfahrtwind entstand das Gefühl, in meinem Leben sei endgültig etwas in Fahrt gekommen.

Meine dreieinhalb Minuten des Ruhms verlängerten sich zu einem Sommer der Einverstandenheit. Mai, Juni, Juli glühten und strahlten, wie diese Monate nur in Krakau vorkommen. Innerlich aber war ich wieder in Linden Gardens. London lag damals für mich an der Weichsel. Der Stil in den Büchern von Martin und Kingsley Amis wurde zum Soundtrack eines geglückten Lebensmoments. Eigensinn, *wit, personal essayism, irony* und *serendipity* schwebten mir vor als Berührungspunkte zwischen dem, was ich mit dem »Unsichtbaren Land« versucht hatte, und dem Stil der britischen Autoren, die ich, Jahrzehnte zuvor, auf Emma Soames' Sofa zum ersten Mal gelesen hatte. In ihrem Studiolo aus Sprache und in all den ähnlichen Geisterräumen der britischen und amerikanischen Literatur, das fühlte ich, würde ich von jetzt an immer willkommen sein. Denn ich hatte die Art von Schreiben, die mir seit 1971 vorschwebte, zumindest einen Sommer lang in eine deutsche Aufmerksamkeitsarena eingeführt. Ich war jetzt – unwiderruflich, auch in den Augen der

Welt – ein *personal essayist*. Ich begriff damals, dass die Gattung des Selbsterlebens, der ich in Benjamins »Einbahnstraße« zum ersten Mal begegnet war, mich als Schreiber und Leser in einen unzerrissenen Zusammenhang mit früheren literarischen Jahrhunderten eintreten ließ. Es war ein Bewusstsein und Selbstbewusstsein, das ich in Deutschland und über der Lektüre der deutschen Gegenwartsliteratur nicht hatte erwerben können. Ich hatte, um mein Selbst und seine Stimme zu finden, als junger Mann nach London gehen müssen – und als fast schon alter nach Krakau.

Während einer anderen Buchmesse drei Jahre später schließlich – Frankfurt 2006 – ist es gewesen, dass im Berliner »Tagesspiegel« der seltsamste und berührendste Text über eines meiner Bücher erschien, den ich je gelesen habe. Der Artikel von Gregor Dotzauer war eine Doppelrezension der deutschen Übersetzung von Martin Amis' »Experience« und meines Buchs »Neue Menschen«. Der Text berührte und berührt mich heute noch in Gegenden meines Lebens und Lesens, die ich zwanzig Jahre lang vergessen hatte und die mir erst zu Beginn des Jahrhunderts langsam und bruchstückhaft wieder einfielen – das vorliegende Kapitel ist eine Kartenskizze dieser inneren Gegend. »Wenn sich zwei Bücher miteinander unterhalten«, schrieb Dotzauer, »können ihre Autoren einander noch so wesensfremd sein – oder gar spinnefeind. Obwohl im Fall von Martin Amis und Stephan Wackwitz ein gemeinsames Abendessen weder sprachlos beginnen noch glücklos enden bräuchte, ja sie sich fragen müssten, warum sie einander zu Wackwitz' Zeit am King's

College nicht längst in der Londoner Tube oder im Kino begegnet sind, würden die beiden von alleine doch vermutlich niemals auf die Idee kommen, ein Treffen zu arrangieren. Sollte Wackwitz anrufen und sagen: ›Hör zu, Amis, weißt du, dass ich auch so ein Buch über meinen Vater geschrieben habe?‹ Oder sollte Amis anrufen und sagen: ›Hör zu, Wackwitz, ist es nicht ein Wunder, dass wir beide, nach all dem Wahnsinn, den wir durchgemacht haben, ohne größeren Schaden fünfzig Jahre alt geworden sind?‹.« Dotzauer hatte etwas an meinem Buch gesehen, das hinter meinem Rücken zwischen Martin Amis und mir passiert ist, ohne dass ich hingesehen, es bezweckt oder auch nur gewusst hätte.

Ein Literaturkritiker hatte mir meine Zeit in London erklärt – ohne wissen zu können, wie recht er hatte. Ein Vierteljahrhundert nach meinen Jahren in Linden Gardens war die subjektive Bedeutung des mich heute fast parapsychologisch anmutenden Umstands entstanden, dass Martin Amis und Emma Soames, die Besitzerin meiner damaligen Mietwohnung, vor meinem Einzug dort ein Paar gewesen sind. Ich aber denke an einem Berliner Sommermorgen des Jahres 2021 – während Rasenmähergeräusch, Taubengurren und Spatzengeschrei durchs offene Balkonfenster zu mir heraufdringen – an das altdamenhaft dekorative Messingstäbebett meiner nie gesehenen Vermieterin. Sie war die Enkelin Churchills – eines Literaturnobelpreisträgers, der 1940 zum bedeutendsten Politiker der demokratischen Welt wurde. Und ihr Bett, vor einem halben Jahrhundert, das Interface zweier Geschichten, die es damals noch gar nicht gab.

Der Weg nach Liptovský Mikuláš

Auch die nun zu erzählende Geschichte beginnt – wie eigentlich alle Geschichten –, lange bevor man annimmt oder sich bewusst wäre, dass gerade eine Geschichte beginnt. Es war 1982. Das King's College war ein düsterer Betonbau am Londoner »Strand«. Seine Flure, Hörsäle und Büros strahlten einen grimmigen Stolz auf ihre Armseligkeit und Verwahrlosung aus. Das *staff restaurant* hatte Fenster nach hinten, zur Themse. Man erreichte es über eine labyrinthische Folge schwach beleuchteter Korridore, gusseiserner Wendeltreppen, nach Durchquerung von allerlei Schwingtüren und Foyers. »D' y' want custard, luv?«, pflegten die älteren, immer ein bisschen krankenschwesternartig wirkenden Aufwärterinnen mich freundschaftlich anzuschnauzen, wenn ich den – wie immer viel zu kalorienreichen – Lunch dort mit *lemon pie, rhubarb crumble* oder einer ähnlichen Unzuträglichkeit zu krönen pflegte. Dann, zum Kaffee, starrte ich, depressiv vollgefressen, durch ungeputzte Scheiben auf das graue Strömen der Themse, nachgrübelnd über meine Einsamkeit in der großen Stadt und eine berufliche Perspektivlosigkeit, die mich nach dem stark absehbaren Ende meines sehr befristeten Vertrags als DAAD-Lektor im German Department unweigerlich erwartete.

Irgendwann in meinem ersten Londoner Herbst setzte sich während dieser trüben frühnachmittäglichen Après-Lunch-Betrachtungen ein zartgliedriger älterer Herr zu mir, der mir in den Wochen zuvor im Speisesaal des King's schon verschiedentlich durch eine etwas unheimliche Ähnlichkeit mit dem marxistischen Philosophen Herbert Marcuse aufgefallen war. Er stellte sich – auf Deutsch – als Ulrich Simon vor: emeritierter Professor für christliche Literatur. Und befragte mich jetzt in der freundlichsten, neugierigsten, menschlichsten Weise über meine Herkunft, Bewandtnisse, Interessen und Aussichten. An diesem Nachmittag begann eine der Mentorenbeziehungen, in die ich während meiner frühen Dreißiger sozusagen zielstrebig hineinstolperte. Ulrich Simon, stellte sich heraus, war ein Exilprinz des deutsch-jüdischen Bildungshochadels der Berliner zwanziger Jahre. Die elterliche Villa im Grunewald, die Bekanntschaft der Familie mit Thomas Mann und Dietrich Bonhoeffer, die Sandkastenfreundschaft mit Samuel Fischers Tochter Brigitte, die später mit ihrem Mann den Verlag ihres Vaters im Exil weiterführen würde. Simons »Berliner Stil« konzentrierte sich in seiner Stimme, die etwas Metallisches hatte und klang, wie von einem historischen Wind in die Gegenwart hineingeweht. Diese Stimme kam aus den zwanziger Jahren. »Mein Herr«, war Ulrich Simon zum Beispiel imstande zu sagen. »Hören Sie, mein Lieber«, »Sehen Sie,

Stephan«. Zugleich altmodisch und frisch auf mich wirkende Wendungen rhythmisierten sein Parlando. Viel später, nach 2011 im georgischen Tiflis, habe ich diesen Tonfall in der Stimme und Sprechweise des damals schon hoch in seinen Achtzigern stehenden deutsch-georgischen Schriftstellerphilosophen Giwi Margwelaschwili wiedererkannt – auch er war im Berliner Vorkriegswesten aufgewachsen. So hatten die jungen Deutschen um 1925 in der Umgebung des Kurfürstendamms gesprochen, wurde mir bewusst. Ich sah und hörte einen untergegangenen deutschen Metropolenstil.

Ich kann nicht behaupten, dass ich mit Ulrich Simon, während ich mich nun mit ihm zu befreunden begann, intellektuell belangvolle Gespräche geführt hätte. Sein geistiger Lebensraum lag in einem Spannungsterrain zwischen alttestamentlicher Philologie, Thomas Mann, Nietzsche, Kierkegaard, Hans Urs von Balthasar, Thomas von Aquin und war viel zu weit entfernt von meinen postmarxistischen Absatz- und Suchbewegungen, als dass sich ein gleichberechtigter Austausch hätte ergeben können. Ulrich Simon ist mir damals eher durch eine gewisse Haltung vorbildlich geworden als durch den Inhalt seiner Bücher. Diese Haltung war durchaus auch politisch. »Mein Lieber, da kannst du nicht hingehen«, war zum Beispiel sein telefonischer Kommentar, als mich der damalige *Head of Department* am King's – wohlmeinend genug – auf eine Professorenstelle im damals noch durch die Apartheid verunstalteten südafrikanischen Johannesburg empfehlen wollte. Womit die Sache für mich, aller Zukunftsangst ungeachtet, erledigt war. Ulrich Simon wirkte lebensstilbildend. Als ich zum Beispiel ein andermal damit haderte, dass mich Charakter, Schicksal und Lebensgefühl zwischen alle Stühle des Orthodoxen, Sicheren und Etablierten gesetzt hatten, sagte er leichthin: »Me, I like to be an outsider« – mit dem händeausbreitenden Berliner Zwanziger-Jahre-Gestus des »Was willst du denn, mein Lieber? Es steht doch alles vortrefflich mit dir!«. Die Erinnerung an diesen Satz, diesen Tonfall, diese Geste tröstet mich noch heute mindestens einmal wöchentlich. Ulrich konnte Probleme mit einem Satz abschließend auf den Punkt bringen, in meinem Fall für ein ganzes Leben. Es waren gleichsam familiäre Interventionen, die moralische Unhintergehbarkeiten achselzuckend sehen ließen, worauf man sich wieder etwas Anderem zuwenden konnte. Es ging nicht um Ideologie, im Kern ging es Ulrich Simon nicht einmal um die religiösen Entscheidungen, die seinem Glauben und seiner theologischen Gedankenwelt zugrunde lagen. Es ging um etwas Lebendiges. Ulrich Simon vermittelte mir durch das Vorbild seiner Sprezzatura Momente innerer Sicherheit, die mir weder meine Familie noch meine Schullehrer hatten vermitteln können. Sie kamen aus dem Grunewald um 1925. Ich hatte nach London und in die Berliner zwanziger Jahre reisen müssen, um mich mit ihnen in Verbindung zu setzen.

Mein Mentor hatte Deutschland 1933 unter Lebensgefahr verlassen, zwanzigjährig – denn er war Jude und Mitglied im Kommunistischen Jugendverband. Fast seine ganze Familie ist von den Nazis ermordet worden. Seinen Vater, den Komponisten James Simon, soll man zuletzt in Auschwitz gesehen haben, auf seinem Koffer sitzend, in Notizen auf Notenpapier vertieft. Sein älterer Bruder Jörn Martin Simon dagegen, Kommunist wie Ulrich, emigrierte nach Moskau, wo sich seine Spur im Jahr 1937, während der »Moskauer Prozesse« unauffindbar verliert. In England, dem Land seiner Rettung und seines Außenseitertums, konvertierte Ulrich Simon zum anglikanischen Christentum. Er wurde Geistlicher und machte Karriere am King's. Pensioniert wurde er als Dekan der Theologischen Fakultät, die – dem Motto des Colleges »Sancte et Sapienter« entsprechend – allen Gasthörern offenstand. Mit diesem theologischen Studium Generale, mit seinen Büchern über Jesaja, über den christlichen Himmel, über die theologische Sicht auf Auschwitz, mit einer Autobiographie und nicht zuletzt seinem entwaffnenden pädagogischen Charme war er in London ein einflussreicher konservativer Mandarin geworden. Trotzdem zelebrierte er sein allseitiges Nicht-Hineinpassen so fröhlich und anarchisch, dass für mich die lange gesuchte Ermutigung, Beglaubigung und Vorbildgestalt meiner eigenen *weirdness* und *wobbliness* zwischen Linkssein, Provinzialismushorror, Literaturkonservativismus und Auslandssehnsucht gefunden war.

Eines Tages schenkte er mir ein dtv-Taschenbuch mit dem Titel »Sie schrieben mir« von Brigitte Bermann Fischer, mit dem beiläufigen Hinweis, das seien in Deutschland seine Nachbarn gewesen. Er hatte im Grunewald neben der mit dem Firmensignet verzierten Muthesius-Villa des großen Verlegers gewohnt und war mit Brigitte zur Schule gegangen. Ich las ihr Erinnerungsbuch nach meiner Londoner Zeit in Berlin, arbeitslos in einer kleinen Hinterhofwohnung am Kreuzberger Paul-Lincke-Ufer. Es stattete mich mit einer phantasierten Großfamilie von Vettern, Cousinen, Tanten, Vätern und Großvätern aus. Der Kreis imaginärer Verwandter, in den ich mich damals verschämt hineinträumte, war die Verdichtung und Verschiebung von Gesprächszusammenhängen, Karrieremöglichkeiten, Personen und Idealen, die mir im Gespräch mit Ulrich Simon erschienen waren – in seinen skizzenhaften Schilderungen literarischer Bekannter, Erlebnisse und Stimmungen aus dem Berliner Zwischenkriegsjahrzehnt. Das Milieu, aus dem Ulrich Simon stammte und dessen Habitus er noch in den achtziger Jahren verkörperte, hatte sich um deutsch-jüdische Familien, Freundeskreise und Institutionen kristallisiert. Zum Beispiel eben um den S. Fischer Verlag. Oder um das Frankfurter Institut für Sozialforschung, den Hamburger (später Londoner) Kreis Aby Warburgs, überhaupt um die Salons, Villen und Bibliotheken eines Bildungsbürgertums, das ins Exil zu treiben und in Konzentrationslagern zu ermorden die dringendste Sehnsucht der Nazis in ihrer Aufstiegsphase und ihr vordringlichster Programmpunkt nach der Machtergreifung gewesen ist.

Mein Phantasma aus geträumter Familie und intellektuellem Ideal kam aus der Zeit vor dem deutschen Mord an den europäischen Juden. Es gehört zu den wenig bedachten Bedingungen des bundesrepublikanischen Intellektuellenmilieus meiner Generation, dass sich seine jungen Adepten – sie stammten fast alle, wie ich, aus Familien mit Nazigroßvätern – ihre intellektuellen Vorfahren zusammenphantasieren mussten: Marx, Freud, Reich, Marcuse, Benjamin, Bloch, Adorno. Die Achtundsechziger-Bewegung kann man als eine massenhaft phantasierte Selbstadoption verstehen, mit der wir unsere realen Familien verleugneten und uns – nicht ohne eine gewisse naive Zudringlichkeit – gleichsam unter den Schutz jüdischer Ermordeter und Vertriebener zu stellen wünschten. Die literarischen Klassiker dieser generationspsychologischen Familienneurose sind übrigens erst Jahrzehnte nach ihrem realen Abklingen erschienen – in den zwar stilistisch vorbildlichen, aber aufgrund der erwähnten Zudringlichkeitsnaivität dann doch wieder fragwürdigen Büchern W. G. Sebalds.

Ulrich Simon und seine Frau jedenfalls besuchten mich sogar wenig später in jener Kreuzberger Wohnung. Wahrscheinlich hatten die beiden einen theologischen Kongress oder etwas Ähnliches zu einem *trip down memory lane* in Ulrichs Kindheitsstadt benutzt. »Hier könnte ich sofort leben«, sagte er, indem er hinaussah in den zugemüllten Hinterhof mit der vernachlässigten Birke – mir dagegen verdunkelte damals dieser Anblick Selbstgefühl und Zukunftsvertrauen täglich. Noch so ein Ulrich-Simon-Satz. Er zerstreute mit ihm meine Verarmungs- und Verwahrlosungsängste, die er als Mitglied meiner phantasierten Großfamilie deutlich gespürt hatte, für fast immer. Ulrich Simons Haltung und Beispiel blieben während der achtziger und neunziger Jahre, noch lang nach meinem Auszug aus der niederdrückenden Wohnung am Paul-Lincke-Ufer, ein Sehnsuchts- und Vorbildshorizont. Und als ich 2001, schon von Krakau aus, nach einer ziemlich ratlosen Autoren-Odyssee durch drei Verlage, die nicht das Richtige für mich gewesen waren, dringend nach einer tragfähigen Basis für meine Bücher suchte, ergab sich ein Funkenüberschlag zwischen dem Ulrich-Simon-Phantasma und wirklichem Leben. Der Literaturwissenschaftler und Schriftsteller Jörg Bong, der damals gerade, als noch bestürzend junger Mann, die Leitung des S. Fischer Verlags übernommen hatte, machte mir eins der Angebote, die im Leben nicht öfter an einen herankommen, als man Finger an einer Hand hat. Er konnte nicht wissen, welche Bedeutung es für mich hatte. Zwei lang offengebliebene Kreise schlossen sich in diesem Moment. Die marmorkuchenhafte Verschlungenheit der Lebensmotive durch Zeit und Raum wurde einen Lidschlag lang sichtbar. Mein Agent Matthias Landwehr hatte Bong und mich während der Frankfurter Buchmesse zusammengebracht, und ich entwickelte ihm an einem verkaterten Messemorgen in einem Café irgendwo in Sachsenhausen die Grundidee meines gerade entstehenden Buchs »Ein unsichtbares Land«. Das plötzliche Einklicken von Verständnis und Sympathie in seinem enthusiastischen Bubengesicht. Ein mir bis heute präsenter Augenblick gegenseitigen Erkennens über einer folgenreichen Tasse Cappuccino. »Das macht mich jetzt irgendwie richtig aufgeregt«, sagte er. Ein paar Tage später saß ich wieder an meinem Schreibtisch in Krakau. Eine Mail von Bong erschien auf dem Bildschirm, und ich las den Satz

»Ihre Arbeiten werden im S. Fischer Verlag immer eine Heimat haben«. Ein einziger Satz stellte einen lebensgeschichtlichen Stromkontakt her. Die Phantasie wurde, wie sich in den nun folgenden Jahren zeigen würde, eine Art Wirklichkeit. Das Phantasma wurde, auf die uneigentlich-verquere Weise, die das Leben offenbar bevorzugt, irgendwie wahr. Ich spüre meine damalige Bewegtheit beim Hinschreiben noch heute.

Aber auch die zweite Botengestalt einer besseren Vergangenheit hatte in London Kontakt zu mir aufgenommen. Es war die Begegnung mit meinem zukünftigen literarischen Lehrer John Berger, wenn auch zunächst nur in Gestalt seiner Bücher. Auch dieses Zusammentreffen war, bevor es in einem Londoner Wiedererkennensmoment in meinem Leben auftauchte und aus ihm plötzlich nicht mehr wegzudenken war, seit Jahren durch die Zeit gereist. Vorbereitet hatte es sich 1974, im Stuttgarter Kommunalen Kino. Lang bevor ich wissen würde, dass es einen Menschen namens John Berger gab, gewann ich an einem Stuttgarter Allerweltsfrühsommerabend das Gefühl für die unverwechselbare stilistisch-intellektuelle Geste eines Schriftstellers, ohne dessen Werk und Person ich mir mein Leben und Schreiben bis heute nicht vorstellen kann. Ohne allzu große Erwartungen hatten meine Freundin und ich in dem nichtssagenden, an einer Stadtautobahn gelegenen Siebziger-Jahre-Pavillon unweit des Bahnhofs, wo das Stuttgarter Programmkino damals untergebracht war, Karten für Alain Tanners Film »Le Milieu du Monde« gekauft und waren vor der Acht-Uhr-

Vorstellung noch in eine nahegelegene Pizzeria gegangen. Dann saßen wir im Dunkel, und ich sah die ersten Einstellungen des Films: rapsgelb blühende, in der nächsten Einstellung winterlich beschneite und nach dem nächsten Schnitt wieder frühlingsgrüne Felder. Ich hörte nachdenklich-avantgardistische Musik und eine meditative Stimme aus dem Off, die seltsame, originelle Sätze über eine »Zeit der Normalisierung« sprach. Schon die ersten Minuten des Films schlossen Gegenden meines Innern auf, durch die ich bis in die Zeiten der Benjamin-Lektüre von 1971 und noch weiter in meine Kindheit zurücksehen konnte. Ich spürte, dass etwas Grundlegendes geschah. Damals hätte ich es nicht in Worte zu fassen gewagt, aber heute kann ich es mir ungefähr zurechtlegen. Es muss so gewesen sein, dass die Leibfeindlichkeit meiner pietistisch-marxistischen Erziehung in Kontakt mit etwas bis dahin Unerhörtem geriet: Gedanken, die einen Körper hatten. Diese Körperlichkeit verdankte sich lebendiger, weil idiosynkratischer Erfahrung. Eine durchaus nicht besonders kunstvolle oder stilbewusste Sprache bewahrte sie auf und ermöglichte mir meinerseits, Lebenserfahrung in diesen Sätzen unterzubringen.

Die Geschichte, die sich vor meinem atemlos hingerissenen Starren in der Dunkelheit entfaltete, war von einer rätselhaften und existenzialistischen Wucht. Ein Provinzpolitiker der französischen Schweiz verliebt sich in eine italienische Arbeitsmigrantin, die ihn verlässt, nachdem sie versteht, dass sie in der Verbindung zu diesem Mann nie mehr sie selbst sein könnte. Sie ist zwar nur Kellnerin gewesen und wird am

Ende des Films nur in irgendeiner Fabrik ausgebeutet werden. Aber sie wird in diesen prekären und schlechtbezahlten Lebensverhältnissen bleiben können, wer sie ist, statt dem nachkommen zu müssen, was ihr Geliebter in sie hineinsieht. Die bittere Süße des ödipalen Trennungsschmerzes zugleich mit der Bewunderung für eine kompromisslose Treue zum Eigenen, die meinem Leben damals fehlte, ist seit diesen anderthalb Stunden im Stuttgarter Programmkino für immer verbunden mit dem Gesicht der Hauptdarstellerin Olimpia Carlisi und mit der Sprachmusik John Bergers.

Ich saß während der folgenden Tage in meinen Seminaren und Vorlesungen wie in einem Traum von diesem Film. Ich erkundigte mich nach dem Drehbuchautor und erfuhr, er sei ein marxistischer Kunstkritiker aus London, der in Frankreich lebte. Ein Jahr darauf, als ich den zweiten Film Bergers und Tanners – »Jonas, der im Jahr 2000 25 Jahre alt sein wird« – gleich dreimal hintereinander im Kommunalen Kino anschaute, war der Eindruck, dass mir mit John Bergers Schreiben etwas ebenso Unbekanntes wie mich zentral Betreffendes zugestoßen war, längst eine Gewissheit. Und zugleich war der Berger-Tanner-Eindruck so unvereinbar mit der Banalität meiner Politaktivitäten im MSB Spartakus, mit der klebrigen Provinzialität meiner Kindheitsstadt, meinem Studium an der kleinen, intellektuell wenig perspektivenreichen Universität Stuttgart, war der Berger-Schock so inkompatibel mit meiner unbefriedigenden »Beziehung« und mit der allseitigen Misslungenheit meiner damaligen Existenz, dass ich das Erlebnis dieser beiden Filme während der nun folgenden Jahre gleichsam in mir verkapselte. Das Nachbild von »Jonas« und »Le Milieu du Monde« kreiste folgenlos und exterritorial in meinem Innern, ohne Ausgang zu weiterer Lektüre, vertieftem Nachdenken oder Konsequenzen in meinem Leben. Das linksexistenzielle Pathos beider Filme hatte eine »unbestimmte Verpflichtung« in meinem Inneren aufgerichtet, der ich nicht nachzukommen wusste und die ich deshalb verdrängte. Die Größe der Verlockung hatte die Lähmung vertieft.

Erst ein halbes Jahrzehnt später, in London, habe ich mir ein Herz gefasst. In Linden Gardens kaufte und las ich nach und nach alles von John Berger, was ich in den Buchhandlungen und Antiquariaten der Stadt bekommen konnte. Ich entdeckte, dass der Seelenaufschließungsmoment im Stuttgarter Kommunalen Kino 1974 seine Basis in einem ausgedehnten Lebenswerk hatte. Seit der ersten Lektüre von Benjamins »Einbahnstraße« hatte ich nichts Geschriebenes glühender bewundert, als ich jetzt »Pig Earth« bewunderte – den ersten Band von Bergers Erzählungen über seine französische Bergbauernwahlheimat. Oder »A Fortunate Man«, Bergers Porträt eines englischen Landarztes. Oder »Ways of Seeing«, das Buch zu der BBC-Serie über die westliche Kunsttradition, die den Kunstkritiker Berger in den sechziger Jahren bekannt gemacht hatte. Ich war auf eine Goldmine gestoßen. Zurückgekehrt nach Deutschland, in der armseligen Hinterhofwohnung am Paul-Lincke-Ufer, bemühte ich mich darum, eine Radiosendung über den damals hierzulande so gut wie unbekannten John Berger machen zu dürfen. Und Karl Corino, bei dem ich im Frankfurter Büro des Hessischen Rundfunks zur Auftragsakquise vorsprach, sagte: »Dann müssen Sie aber auch hinfahren und ihn interviewen.« Ich brach von Stuttgart aus auf, mit dem weißen Golf jener schamanistisch-mütterlichen Psychotherapeutin, in deren Wohngemeinschaft ich wieder einmal gastiert hatte – im sommerlichen Morgengrauen, Juni 1985. Über deutsche und Schweizer Autobahnen fuhr ich einem Treffen entgegen, das mich unwiderruflich verändern würde.

Hinter Genf überquerte ich die französische Grenze. Die von Kilometer zu Kilometer enger und steiler werdenden Kurven durch die Voralpenlandschaft führten in die Hochweidezone. Meine Nervosität, geradezu Angst vor der Begegnung, baute sich mit jeder Straßenbiegung weiter auf. Ein paar Minuten lang überlegte ich ernsthaft, ob ich nicht einfach lieber umkehren sollte. An einer Tankstelle kaufte ich zwei Schachteln Marlboro auf Vorrat. Ich ahnte, dass ich sie brauchen würde. Ein Haus aus Feldstein und altersgrauem Holz stand unweit der Einfahrt in das französische Bergbauerndorf Quincy. John Berger saß an einem Holztisch in einer großen ebenerdigen Küche, dem Eingangs- und zugleich Aufenthaltsraum. Er hatte ein ärmelloses Unterhemd und weite Arbeitshosen an. Er war damals 59.

Der erste Eindruck von John Berger war seine jeden Raum lückenlos füllende körperliche Präsenz. Der großzügige Mund, dessen volle Lippen die leicht elongierten Zähne nicht immer ganz bedeckten, wodurch, wenn er engagiert sprach, ein anmutiges, fast unmerkliches Lispeln zustande kam, das »Dominic-West-Subliminallispeln«. Ein ansteckendes, seine ganze Physis erschütterndes Lachen. Der kompakte, muskulöse Oberkörper. Die Arbeiterhände, eine tief aus dem Körperinneren kommende Stimme. Sie klang trotz ihrer Naturereignishaftigkeit seltsam geschult oder zumindest kultiviert. Überhaupt war an dem überwältigenden Eindruck, den Berger auf mich vom ersten Moment an machte, trotz aller Authentizität durchaus auch etwas Theatralisches. Er war sich seiner Wirkung bewusst. Der Bauer hatte sich in dieser Wirkung mit dem Geistesfürsten verbunden, das französisch Erdnahe mit dem britisch Aristokratischen. Zusammen hatten die westeuropäischen Habitustraditionen eine geistvoll faunische Männerschönheit hervorgebracht. Es war mir klar, dass ich an diesem Küchentisch dem bedeutendsten Menschen gegenübersaß, dem ich in meinem bisherigen Leben begegnet war.

Ein Aschenbecher, eine Tasse Kaffee, eine Brioche, ein Glas selbstgebrannte *gnôle* erschienen. Ich war so nervös, als hielte ich in jeder Hand fünf angezündete Marlboros gleichzeitig. Eine riskante Übersprungshandlung folgte: Ich überreichte ihm fünf Gedichte, die ich in London auf Englisch geschrieben hatte. Er las sie gleich, rauchte dabei mit leicht zugekniffenen Augen, sah schließlich auf und sagte: »They are very beautiful, you know that, right?« Es war der Auftakt einer ungleichen Freundschaft, die von seiner fast unbegrenzten Bereitschaft geprägt war, sich als Mentor zu verausgaben, von einer verschwenderischen Väterlichkeit. Er spürte, dass ich gekommen war, eine Art Segen oder zumindest ein Gesehenwerden zu erbitten. Meine so unbestimmte wie unmissverständliche Bedürftigkeit mag für ihn ähnlich eindrucksvoll gewesen sein, wie es seine prägnante Seinsfülle für mich war. Eine paradoxe Verführungskraft könnte gerade von meiner jungmannhaften Ehrgeiznot ausgegangen sein. Ich glich im Jahr 1985 vor ziellosem literarischem Geltungsdrang einem offenen Messer. Auch war Bergers Renommee in Frankreich damals auf einem Tiefpunkt, und in seiner britischen Heimat war er vergessen. »In Paris and London, they see me as a belligerent loser«, sagte er später an diesem Abend irgendwann, und es ist denkbar, dass die Bewunderung eines jungen Deutschen für einen britischen Juden ihn auch vor diesem Hintergrund rührte und zu so etwas wie Freundschaft verführen konnte. Ein paar Jahre später würde er mir schreiben, von allen europäischen Ländern habe sich nur Deutschland seit 1945 grundlegend geändert, und er habe immer gewusst, dass sein Werk in seiner Gesamtheit zuerst dort anerkannt werden würde. »And now it's happening.« Ich meinerseits hatte intellektuelle und künstlerische Autorität, die ich würde anerkennen können, immer als drohende Vernichtung phantasiert. Dass ich gerade von dem Schriftsteller, den ich am meisten bewunderte, mit Freundschaftsbereitschaft aufgenommen wurde, verblüffte mich tief.

»Yes. Yes. Yes. Yes«, begleitete er mein Stottern, als wir aus irgendeinem Grund über Benjamins »Geschichtsphilosophische Thesen« sprachen und ich eine Argumentation über die zugleich anarchistische und messianische Zeitvorstellung entwickelte, die meiner Ansicht zufolge Bergers wie Benjamins Denken präge. Statt horizontal zu fließen, sagte ich, explodiere die Benjamin-Berger-Geschichtszeit vertikal ins Metaphysische, *getting blasted* in einer Folge epiphanischer Detonationen. Wir saßen im Garten. Sein kleiner Sohn Yves kletterte über uns im Baum herum. Nach dem Essen, am Küchentisch, las er mir die Geschichte »Play Me Something« vor, und ich nahm es auf meinem »Sony Professional« auf, um für meine Sendung einen O-Ton zu haben. Der verführerisch und verschwörerisch postkoital geflüsterte Satz »Come to Mestre, and I will find you work« der weiblichen Hauptperson lebt in Bergers Tonfall nach so langer Zeit noch in meiner Erinnerung. Als sei mein erster Abend in Quincy noch längst nicht vorbei. John Berger war neben all dem anderen, was er war, eben auch ein großartiger Schauspieler. Spät zeigte er mir mein Gästebett in seinem Arbeitszimmer im Obergeschoss des Bauernhauses, suchte endlos nach einem Buch, das er mir noch geben wollte, fand es nicht, sagte etwas wie »Ach was!« und umarmte mich zur guten Nacht. Am nächsten Morgen die Rückreise, ein Abend in der Stuttgarter Wohngemeinschaft und die Zugfahrt am nächsten Tag zum sommerlich grünen Paul-Lincke-Ufer in Berlin. Berger hatte mir eine Taschenbuchausgabe seines Romans »G.« geschenkt und auf das Vorsatzblatt geschrieben: »For Stephan – and for four poems like hinges between dark and light. In friendship, John.«

Obwohl noch nichts Entsprechendes irgendwo auf dem Papier stand oder gar gedruckt worden war, wagte ich es von nun an so zu sehen (wenn auch nicht zu sagen), dass ich seit diesem Nachmittag, Abend und Morgen ein Schriftsteller war. Sommerliche Fahrten nach Quincy, zum Heumachen, Reden, Essen und Trinken, waren im nächsten Jahrzehnt ein fester Termin. John stellte den Kontakt zu Antonín Liehm her, dem Herausgeber des damals noch nur auf Französisch existierenden »Lettre International«, wo bald danach mein erster *personal essay* erschien: »Selbstportrait mit Pete Townshend«. Er verschaffte mir auch meinen ersten Verlag, Ammann in Zürich, wo damals sein deutscher Übersetzer Hans Jürgen Balmes Lektor war – auch er würde später zu S. Fischer stoßen. Die inzwischen erfolgte Anstellung als Sprachlehrer beim Goethe-Institut in Frankfurt und dann als Kulturprogrammreferent in Japan gab mir – statt mein Schreiben zu ersticken – die Freiheit, es in seinen eigenen Gesetzen ernst zu nehmen, und das Selbstbewusstsein, mich energisch um Publikationsmöglichkeiten zu kümmern.

Je stabiler ich die Existenzform des Angestelltenschriftstellers zu meiner eigenen zu machen lernte, desto lockerer allerdings wurde der Kontakt zu John Berger – was vermutlich im Wesen solcher Mentorenverhältnisse liegt. Schon nach meiner Zeit in Japan, von München aus, wo ich inzwischen in der Institutszentrale arbeitete, fuhr ich – es muss 1995 gewesen sein – nach Zürich, um John zu treffen und seine Erzählung »The Three Lives of Lucie Cabrol« in der Theateradaptation durch Simon McBurneys »Théâtre de la Complicité« anzuschauen. Ich hatte eine schwarze Breitcordjacke von Yamamoto an, weiße Jeans und braune

Brogues, die ich am Morgen sorgfältig geputzt hatte. John, gekleidet nicht viel anders als am Küchentisch von Quincy, sagte lachend zu mir: »You look like a rich dentist or a society surgeon. You have something of a successful doctor about you.« Und er lachte in jener seinen ganzen Körper erschütternden Weise. Es war ein freundschaftlich rempelndes Kompliment unter Männern, aber er drückte mit ihm auch aus, dass es jetzt einen Abstand zwischen uns gab.

Zum letzten Mal gesehen habe ich ihn in Krakau, im Jahr 2000. Das Institut hatte ihn, zusammen mit dem amerikanischen Kunsthistoriker Douglas Crimp, dem Künstler Allan Sekula, mit meinem Freund Michael Rutschky, mit Ian Jeffrey vom Londoner Goldsmith College und dem deutschen Schriftsteller und Kunsthistoriker Ulf Erdmann Ziegler, zu einem Kongress eingeladen (»Why Pictures Now?«). Es war wider Erwarten ein Abschiedsmoment. Johns Vortrag war der letzte eines langen, von Eindrücken und Anregungen dicht angefüllten Kongresstags. Es war schon dunkel im Planty-Park vor dem Krakauer »Bunkier Sztuki«. Bergers Auftritt beschäftigte sich mit dem brasilianischen Fotografen Sebastião Salgado, dessen Bilder seiner Ansicht nach den Unheilszusammenhang des globalen Kapitalismus einerseits anprangerten, ihn andererseits in eine sozialistische Erlösung von sich selbst hineintranszendierten. Und so weiter. Irgendwie. Die Rezitation von Gedichten eines palästinensischen Lyrikers überbrückte diejenigen Stellen des Vortrags, wo es mulmig wurde und wirklich etwas zu beweisen gewesen wäre. Der Charme des schönen alten Mannes erfüllte den Raum, und das jugendlich-weibliche Publikum war hingerissen. Aber für mich war sein Vortrag eine Qual. Der Traum von der Überwindung des Kapitalismus, dachte ich, ist jetzt doch wirklich ausgeträumt. Mir schien es zu Beginn des Jahrhunderts und nachdem ich schon anderthalb Jahre in einem Land des ehemaligen Realsozialismus verbracht hatte endgültig unredlich, das welthistorische Scheitern des Sozialismus und die ebenso welthistorische Unvermeidlichkeit einer – wie immer eingehegten, gesteuerten und demokratisch kontrollierten – Marktwirtschaft nicht zur Kenntnis zu nehmen. Zum ersten Mal, seit ich John Berger 1985 kennengelernt hatte, erlebte ich sein Charisma, als sei zwischen ihm und mir eine Glasscheibe hochgegangen. Ich liebte und bewunderte diesen Menschen noch immer wie wenige andere auf der Welt. Aber Johns *performance lecture* hatte nicht mehr die geringste Überzeugungskraft für mich. Seine Verwandlung des Marxismus aus einer gescheiterten Wissenschaft in eine Art Kunstreligion hatte im Polen des Jahres 2000 etwas Frivoles angenommen. Ich stand hinter der letzten Stuhlreihe des Vortragssaals. Er war nur schwach beleuchtet, denn es wurden Dias gezeigt. Das Halbdunkel begünstigte einen emotionalen Moment. Michael Rutschky drehte sich um zu mir und suchte meinen Blick. Wir wussten, dass wir beide gerade genau das Gleiche dachten.

Die Szene bringt mich, gerade in ihrem schwer ausschöpfbar Traurigen, zu dem eigenartigen Umstand, dass meine Früherwachsenen-Prägung durch Ulrich Simon und John

Berger so etwas wie eine Adresse hat. Die beiden Lebensbegegnungen kreisen um eine Bedeutsamkeits-Zusammenballung von der Art, wie sie der Schriftsteller Paul Heyse als Dingsymbol in die Erzähltheorie eingeführt hat. In manchen Gegenständen, man weiß es, konzentrieren sich komplizierte Zusammenhänge, die man anders als in diesem Gegenstand gar nicht als Einheit zu fassen bekäme. »Ein Zusammenhang ist da, nicht erklärbar, doch zu erzählen«, heißt es bei Peter Handke irgendwo über diese Art von Lebensmarmorkuchenproblem.

Mein Sinnkonzentrationsgegenstand verkörpert einen Nullpunkt. Er ist eine Gegend, von der aus das Denken in jede Richtung gehen kann. Das Falkensymbol meiner Bildungsgeschichte mit Ulrich und John ist der historische und geographische Gleichgewichtspunkt des alten Kontinents. Der eurotaoistische Ort, den ich mit diesem Bericht über meine beiden Lehrer umkreise, hat viele Erscheinungsformen. Aber so viel lässt sich sagen: nämlich dass meine frühen Vorbilder, Lebensveränderer und Mentoren insgeheim Bürger eines europäischen Ground Zero gewesen sind. Eines Punkts, dem ich hier zwar einen bestimmten Namen geben werde, der aber auch viele andere haben könnte. Es ist eher ein lebensgeschichtlicher Zufall, wie er nun im Einzelnen heißt. Manche nennen diesen trigonometrischen Zentralpunkt des letzten Jahrhunderts Wien. Anderen ist er in Lemberg, Krakau, Bratislava oder Budapest erschienen. Meine eigene Inkarnation der Leerstelle hat die GPS-Koordinaten eines slowakischen Landstädtchens, und ich bin im September 2006 in Begleitung ebenjenes Michael Rutschky dorthin gekommen, der im Jahr 2000 Zeuge des beschriebenen Abschieds von John Berger war.

Meine Version der Leerstelle heißt Liptovský Mikuláš. Sie liegt südlich der Tatra. Seit dem Trianon-Vertrag von 1920 gehörte dieser ursprünglich ungarische Flecken zur Tschechoslowakei, und seit 1993 liegt er in einem wieder neuen Staat, der selbständig gewordenen Slowakei. Und vor allem: Liptovský Mikuláš ist der Geburtsort des Verlegers Samuel Fischer gewesen. Für ihn, der schon 1874 von dort weggegangen und in Wien Buchhandelsgehilfe geworden war, hat sein Geburtsort nie mehr dargestellt als den Schauplatz der bald vergessenen Vorgeschichte seines triumphalen und eigentlich märchenhaften Aufstiegs zum Impresario und heimlichen König jenes deutsch-jüdischen Geisterreichs, dessen letzte Generation sich irgendwann in den frühen achtziger Jahren in Gestalt Ulrich Simons im *staff restaurant* des Londoner King's College an meinen Tisch gesetzt hat. Samuel Fischer ist nach seinem Weggang nur einmal noch, im Jahr 1900, als schon sehr berühmter Mann in seine Kindheitsstadt zurückgekehrt. »Die Schönheiten der Miklóser Umgebung sind mir erst heute ganz zum Bewußtsein gekommen«, schrieb er damals nach Berlin. »Miklós ist vollständig – allerdings im weiten Umkreis – von den herrlichsten schneebedeckten Karpaten umschlossen. Vom tiefsten Stahlblau bis zum zartesten Violett sind heute diese, in mächtige Schneekappen gehüllten Berge umflossen gewesen. Du weißt, wie gerade solche Lichtstimmungen auf mich wirken: ich habe meine Heimat neu entdeckt und lieben gelernt.« Aber mehr als Besuche bei Verwandten und Gräbern konnte er dort nicht unternehmen. Samuel Fischer reiste bald zum zweiten Mal ab und ist nie mehr wiedergekommen.

Dabei ist Liptovský Mikuláš beileibe kein kulturelles Kuhdorf. Die Heimatstadt des slowakischen Nationalhelden, Dichters und Sprachreformers Janko Kráľ ist ein wichtiger Schauplatz der slowakischen Nationalbewegung. Es gibt das älteste slowakische Theater dort, eine beachtenswerte gotische Nikolauskirche, einen schönen Marktplatz, eine klassizistische Synagoge. Der Landpfarrer und pater patriae Ľudovít Štúr, der die nationale, sprachliche und literarische Eigenständigkeit namens »Slowakei« im frühen 19. Jahrhundert sozusagen eigenhändig konstruiert und politisch durchgesetzt hat, proklamierte hier 1848 die Forderungen der Nationalbewegung in Form einer Art Thesenanschlag. Der später nationalromantisch verklärte Räuberhauptmann Juraj Jánošík wurde hier im frühen 18. Jahrhundert gefangen genommen und auf eine unaussprechliche, noch ganz mittelalterliche Weise öffentlich hingerichtet. Heute ist die Stadt ein bekanntes Urlaubs- und Wintersportzentrum und die Heimat international erfolgreicher slowakischer Models und Eishockeyspieler. Michael Rutschky und ich sind in jenem September von Bratislava aus hingekommen, wo ich inzwischen lebte und arbeitete. Der weite, von Karpatengipfeln umgebene Kessel, in dessen Mittelpunkt das Städtchen in feiertäglicher Flanierbelebtheit dalag, ist heute halb angefüllt von einem Stausee, der das Bergpanorama noch eindrucksvoller macht, als es Samuel Fischer im Jahr 1900 gesehen hat. Wieso angesichts all dessen dann eigentlich Leerstelle? Liptovský Mikuláš ist doch ein ganz solider, zwar kleiner und im Westen unbekannter, aber doch durchaus substanzieller, geschichtlich, kulturell und ökonomisch vielfach ausgewiesener Ort. Wieso soll er leer sein? Was sind die Kräfte, die an diesem Weltmittelpunkt ausbalanciert sind?

Ich muss noch einmal anfangen. Ich muss mich dem Geheimnis der Leerstelle von einer noch mal anderen Seite nähern. Das Falkensymbol dieser Geschichte bekommt man nicht in Frontalansicht, sondern nur kaleidoskopisch-kubistisch in den Blick. Irgendwann in den frühen Nullerjahren – ich wohnte und arbeitete schon in Krakau – bin ich auf einer Autoheimreise nach Polen durchs sommerliche Mähren nach Příbor geraten. Der Stadtname auf dem Schild an der Autobahnausfahrt sagte mir etwa so viel wie der von Liptovský Mikuláš, bevor ich dort gewesen war, nämlich gar nichts. Die Stadt schien an jenem Abend nur aus vernachlässigten niedrigen Plattenbauten und ein paar schwach beleuchteten Imbissbuden zu bestehen. Meine Fahrt hatte sich weit in den Sommerabend hinein ausgedehnt. Ich merkte, wie müde ich geworden war, konnte mich nicht mehr aufs Autofahren konzentrieren und beschloss, auf der Strecke zu übernachten.

In dem Hotel, dessen Neonreklame mir von der Straße aus aufgefallen war, wies man mir ein intensiv nach Desinfektionsmittel und altmodischem Bohnerwachs riechendes Zimmer zu. Die damenstrumpfdünnen Nylonvorhänge

Osteuropas hingen vor dem Fenster und auf dem kleinen Resopaltisch davor lag ein Informationsprospekt über Příbor. Das Städtchen hatte, wie ich aus ihm erfuhr, in der Habsburgerzeit Freiberg geheißen. Und war der Geburtsort von Sigmund Freud. Ich sah auf. Über dem schmalen, unbequemen Bett hing eine Schwarz-Weiß-Fotografie der New Yorker Skyline. Eine Art Epiphanie begab sich: Ich verstand plötzlich, dass aus solchen psychogeographischen Nullpunkten des alten Mitteleuropa die Moderne in die Welt aufgebrochen war. Die Psychoanalyse, schreibt der Stuttgarter Literaturwissenschaftler Heinz Schlaffer in seiner »Kurzen Geschichte der deutschen Literatur« ebenso überraschend wie treffend geschrieben, »ist eine Variante der modernen deutschen Literatur«. Die vorwiegend von Juden getragene literarisch-wissenschaftliche Kreativitätsexplosion am Ende des Habsburgerreichs hatte ihren Ursprung in Kleinstädten und dörflichen Landstrichen, die vor dieser Eruption unauffindbar gewesen und in den *unmarked space* dieser Gegenden inzwischen längst wieder zurückgefallen waren. Aber irgendwann zu Beginn des 20. Jahrhunderts, am Rand der orthodoxreligiösen Lebenswelt – die Aufstiegsmöglichkeiten und Lebenschancen Wiens, Prags, Warschaus, Preßburgs, Krakaus, Budapests und Lembergs nur eine Eisenbahnreise entfernt –, waren diese Dörfer und Landstädte – niemand weiß so recht, wie – ein paar Jahrzehnte lang zu artesischen Quellpunkten einer neuen Welt geworden. Ich war zu Beginn unseres Jahrhunderts in Mähren, Böhmen, Südpolen und der Slowakei – ohne es gewollt zu haben oder auch nur recht zu wissen, wie mir geschah – an den Koordinatenursprung der europäischen Moderne geraten.

Denn aus Hunderten von Landstädten wie dem slowakischen Liptovský Mikuláš oder dem tschechischen Příbor brachen damals junge, sehr oft jüdische, Männer – und auch überraschend viele Frauen – in die Metropolen des Habsburgerreichs auf, und wenn auch nicht aus allen von ihnen ein Sigmund Freud oder Samuel Fischer, eine Rosa Luxemburg oder eine Marie Curie geworden ist, so brachten sie alle doch eine unverwechselbare bildungssoziologische Disposition mit, die nirgendwo als in dieser mitteleuropäischen Leerstelle hätte entstehen können und die zum innersten Kernbestand der Moderne überall auf der Welt geworden ist. Bildung, Aufstiegswillen, *pragmatism*, Liberalität, unvoreingenommenes Denken waren die Leitsterne ihrer Mentalität. Und zugleich wussten diese Menschen, dass die moderne Vernunft auch einen Gegenpol hat, aus dem ihr Energie zuwächst. Denn Vernunft ist, wenn sie nicht verdorren will, auf ein »Säftesteigen« aus den dynamischen Reichen der Unvernunft angewiesen, wie es der Kunsthistoriker Aby Warburg ausgedrückt hat – auch er war, seines hanseatischen Bildungshintergrunds und großbürgerlichen Lebenszuschnitts ungeachtet, in Wirklichkeit ein Bürger der Leerstelle. Auf jeden Fall war er ihr Theoretiker.

Der osteuropäische Aufbruch zu Beginn des 20. Jahrhunderts verdankte sich – wie einst zur Zeit Goethes jetzt zur Zeit Kafkas – eines am vulkanischen Abgrund der jüdischen (wie zuvor der christlichen) Orthodoxie Entlangwanderns junger Intellektueller. Ehrgeizige junge Menschen spürten noch den heißen Atem der Religion und ließen sich gleichzeitig schon den befreienden Wind radikaler Aufklärung um die Nase wehen. Aus dieser riskanten Lage, diesem prekären Gleichgewichtspunkt gingen, wie Heinz Schlaffer in seiner Literaturgeschichte ebenfalls gezeigt hat, die beiden Blütezeiten eines spezifisch deutschsprachigen Beitrags zur literarischen Weltkultur hervor, die Zeit Goethes, Schillers, Herders und Hölderlins im 18. Jahrhundert und die Freuds, Kafkas, Wittgensteins, des Wiener Kreises, des S. Fischer Verlags und der Psychoanalyse im frühen 20. Jahrhundert. Als Analysepatient, als Schüler John Bergers, als Zögling Ulrich Simons, als Autor meines Verlags war ich zu Beginn des 21. Jahrhunderts schon längst – aber ohne es zu wissen – Bürger der Leerstelle Liptovský Mikuláš / Příbor gewesen. In ihr sind die Kräfte der Vormoderne und der Moderne, der Traum und das Realitätsprinzip, Religion und Vernunft einen historischen Moment lang im Gleichgewicht, bevor sich die Pole in mörderischen Irrationalismus und sterile Rationalität zerlegen. In der Leerstelle verschlingen sich – zum letzten Mal – Moderne und Vormoderne, bevor die Moderne ihre Vorformen für immer verschlingt.

Das Intuitionsgenie John Berger, der mit einer russischstämmigen Übersetzerin zwei Kinder hatte und seine letzten Lebensjahre mit der ukrainischen Schriftstellerin und Schauspielerin Nella Bielski zusammenlebte, hat seine innere Verwandtschaft zur osteuropäischen Leerstellenlandschaft deutlich gespürt und geschildert. Sie spielt eine verborgene Hauptrolle in seinem Werk, von seinem Debütroman über den ungarischen Maler Janos Lavin bis zu dem Buch »Hier wo wir uns begegnen«, einer memoirenhaften Essaysammlung, in der er Krakau – wahrscheinlich in den Jahren unmittelbar nach seinem Besuch dort im Jahr 2000 – zum Schauplatz eines geisterhaften Rendezvous mit seinem eigenen lang verstorbenen Kindheitsmentor gemacht hat. »Obwohl ich kein Polnisch spreche, gibt es in ganz Europa kein Land, in dem ich mich so sehr zu Hause fühle«, schreibt er. »Die Polen und ich, wir haben die gleichen Prioritäten. Macht kann sie meistens nicht weiter beeindrucken, denn sie mussten diesen Mist in fast jeder erdenklichen Form über sich ergehen lassen. Sie sind Experten in der Kunst, Hindernisse zu umgehen. Um zu überleben, erfinden sie dauernd neue Kniffe. Sie respektieren Geheimnisse. Sie haben ein gutes Gedächtnis. Sie machen aus wilden Kräutern Sauerampfersuppe. Sie haben es gern lustig.«

Während meiner beruflichen Aufenthalte in der Leerstelle ereignete sich von 1998, als ich zum ersten Mal nach Polen reiste, bis 2007, als ich von Bratislava nach New York versetzt wurde, eine langsame Heimkehr und ein jahrelang andauernder Moment staunenden Wiedererkennens. Denn ich kannte diese Gegend meines Inneren im Grunde schon längst. Ich hatte nur jahrzehntelang nicht hingesehen. Die österreichisch-ungarische Leerstelle war durch meine Familiengeschichte in mich eingebürgert worden. Wien, das New York des Habsburgerimperiums, war zeitlebens der ultimative Sehnsuchtsort meiner Mutter gewesen. Ikonisch die immer wieder erzählte Geschichte, wie sie bei einem Besuch dort in den dreißiger Jahren in der Straßenbahn einem älteren Herrn versehentlich auf den Fuß getreten war. Sie hatte sich schon auf ein Schimpfdonnerwetter gefasst gemacht, wie es in Deutschland zu erwarten gewesen wäre, aber der malträtierte österreichische Gentleman beantwortete ihre erschrockene Entschuldigung mit einem galant lächelnden »Küss die Hand, gnä's Fräulein«. Entspannte Courtoisie in der österreichischen Metropole bildete den Unterschied ums Ganze zu der Kampf- und Krampfstimmung in der Heimat. Bevor mein Vater ihr 1951 auf einem Spaziergang über die Höhenzüge des Esslinger Zollbergs einen Heiratsantrag machte, hatte sie geplant, eine langgehegte persönliche Utopie wahrzumachen und ihre künstlerische Ausbildung durch ein paar Semester an der Wiener »Angewandten« zu komplettieren. Die Ehe hatte einen Selbständigkeitstraum zunichtegemacht. Meine Mutter hatte ihn geträumt, als sie so alt war wie ich bei meinem Weggang aus Stuttgart nach London. Aber wenigstens hatten die ersten Reisen des jungen Paars, auf Drängen meiner Mutter, in die Wachau und dann weiter donauabwärts in die Sehnsuchtsmetropole geführt. Und so weiter. Einer der Elternträume, die erst eine Generation später ganz in die Wirklichkeit hinaustreten.

Jetzt aber sind meine Lehrer tot. Ich muss mich inzwischen selbst belehren. Aber vielleicht ist die bedeutungsvoll vereinsamte Weltgegend, nach der sich meine Mutter sehnte, aus der meine Vorbilder hervorgetreten sind und mit der sie in einer unterirdischen Verbindung standen, sowieso zeitlebens meine eigentliche Lehrmeisterin gewesen. Jedenfalls markiert die Leerstelle Liptovský Mikuláš den inneren Raum, der seither in meinem Leben und Schreiben in Tokio, Krakau, Bratislava, New York, Tiflis und Minsk als Tröstung, Arbeitsprogramm und Inspiration immer wieder aufgetaucht und in mir weiter gewachsen ist. Das Studiolo als Landschaft. Der europäische Nullpunkt. Der Ort, an dem die Vernunft noch von der Kraft vormoderner Traditionen berührt wird und deren Enge und Angst doch schon besiegt hat. Irgendwann um die Jahrtausendwende war ich tatsächlich eine Zeitlang dort. Und über die Jahre seither hat sich mein *Liptovský Mikuláš of the mind* mit weiteren Geschichten angefüllt, die in dieser unter der Hand längst begonnen haben.

Mynheer Peeperkorn am Strand von Shin-Zushi

Meine Mutter war durch den Krebs schon bis zur Auflösung geschwächt bei meinem letzten Besuch vor der Ausreise nach Japan. Sie konnte und mochte das Bett nicht mehr verlassen; meist lag sie, schweigend zur Wand gedreht, einfach nur noch da. Trotzdem hielten wir bei unseren – wenigen und mühsamen – Gesprächen bis zur letzten gemeinsamen Minute die Fiktion aufrecht, wir würden uns noch einmal wiedersehen. Aber schon als die Tür der elterlichen Wohnung hinter mir ins Schloss fiel, wusste ich, dass der Tod bei unserem Abschied im Zimmer gestanden hatte.

Es war der August des Jahres 1990. Vor mir lag ein neuer Abschied von Deutschland. Am Tag nach dem Krankenbesuch daheim kamen die Möbelpacker und stellten unsere Frankfurter Wohnung auf den Kopf. Eine letzte Nacht bei Freunden. Umfangreiche Einschiffungs- und Zollprozeduren am Flughafen. Aus dem Panoramafenster der Abflughalle hatte ich über einem Weizenbier die Starts amerikanischer »Galaxy«-Transporter auf der »Rhein-Main Air Base« beobachtet. Sie flogen Material und Truppen in die Bereitstellungsräume des Zweiten Golfkriegs. Tief unter uns zogen dann, während eines Tages, der kein Ende nahm, die Flusstäler, Bergketten, Plateaus, Ebenen und Wasserflächen Asiens dahin. Übermüdet und verwirrt traten wir aus der klimatisierten Abfertigungshalle in die feuchte, nach Blumen und Autoabgas riechende Bruthitze eines japanischen Augustspätnachmittags hinaus. Schließlich die Busreise vom Flugplatz in die Innenstadt. »Viel größer, als ich es mir vorstellen konnte«, steht im Tagebuch. »Gewalttätiges Nebeneinander verschiedenster Stile und Raumformen. Chaos, in das sich einzusehen Mühe kostet oder unmöglich ist. Die oberirdisch sich verknäulenden Elektroleitungen, die der Erdbeben wegen nicht im Boden verlegt werden können. ›Indische‹ Gassen in Akasaka. Mauern, über die üppige Vegetation sich hinlagert und hinausquillt. Bäume, Autos, vereinzelte Luxusarchitekturen der dreißiger Jahre. Die Autobahnbrücken, die ohne Rücksicht auf irgendwelche Gebäude oder städtebauliche Situationen durcheinander und übereinander in den Stadtraum gestellt sind. Unter ihnen das Gefühl, am Grund eines Aquariums dahinzufahren. Neben den modernen Gebäuderiesen spielzeughaft klein wirkende, in Wirklichkeit haushohe Mauern um die wenigen historischen Parks. Dort verstecken sich die feudalen Paläste, unweit des Goethe-Instituts der des Kaisers selbst. Die Üppigkeit der subtropischen Vegetation ist schockierend. Blick von der in großer Höhe über die Straßen hinweg geführten Stadtautobahn in überfüllte Büros, wo um sieben noch intensiv gearbeitet wird, im Neonglast, der durch die überraschend schnell einbrechende Dämmerung herausdringt. Im Zentrum wirkt die Stadt so hoch wie ausgedehnt. Sie erobert den Luftraum, ist ein Kubus, keine Fläche (»Blade Runner«). Hubschrauber könnten in die Büros hineinfliegen.«

Schon die ersten Spaziergänge durch das dreidimensionale Labyrinth von Tokio setzten uns unter einen Beschleunigungsschock. Das ineinander Verschachteltsein von mittelalterlich engen Gassen und hypermodernen Stahl-Glas-Betonarchitekturen, das strapaziöse Tempo und die in westlichen Städten unerhörte Lautstärke dieser Stadtlandschaft, der in Deutschland nie gesehene Überfluss und Luxus der Waren, Schaufenster, weiblichen Garderoben, Restaurantinterieurs, Prunkarchitekturen schüchterte uns ein und erzeugte in uns, als Kompensation, intensives gesellschaftskritisches Räsonieren im Geist der Postmoderne. Mein jahrzehntelang eingefleischter Marxismus hatte zwar schon lang tiefe Risse bekommen. Aber zugleich war mir, als würde hier erst anschaulich, was Marx im Blick gehabt hatte. »Die fortwährende Umwälzung der Produktion, die ununterbrochene Erschütterung aller gesellschaftlichen Zustände, die ewige Unsicherheit und Bewegung zeichnet die Bourgeois-Epoche vor allen früheren aus«, heißt es in seinem Manifest. Wie konnte es zugehen, dass Marx und Engels in ihrem europäischen 19. Jahrhundert in Wirklichkeit das japanische 20. beschrieben hatten? In mir konstellierten sich die um 1990 allgemein geläufigen postmodernen Theorieversatzstücke um diese kognitive Dissonanz. Fortwährend und unwillkürlich gingen mir Erinnerungen an halbverdaute

Zitate Paul Virilios, Jean-François Lyotards und Michel Foucaults, Technoutopien und chiliastische Endzeitszenarien im Kopf herum, als wir an unserem ersten Wochenende – immer noch schwer gejetlagt – mitten in der Nacht aufstanden und unser wenig gastliches Zimmer verließen, um durch die Gassen des zentralen Villenviertels Akasaka zu den auch zu nachtschlafender Zeit partyhaft belebten Boulevards von Omotesando zu wandern. Tokio war auf diesem ersten Nachtspaziergang die Hauptstadt der Postmoderne. Als verstünden wir jetzt erst, was mit diesem Begriff gemeint ist. An einer stillen Straßenecke stand vor einer tief im Grün verborgenen Dreißiger-Jahre-Villa ein von innen heraus hell strahlender Getränkeautomat, fast überwuchert von den Ranken des über eine hohe Mauer schwellenden Gartens, von großen Nachtfaltern ratlos beflogen. Uns dort eine handwärmende Dose heißen Pfirsichtees herauszulassen, wurde zur Tradition unserer ersten Nächte in Tokio. Warmer Wind wehte, und die Leuchtreklamen am Horizont blinkten manisch.

Die japanische Stadtlandschaft erzeugte in mir vom ersten Augenblick an eine Art verzweifelter Beschreibungsgier. Die sandsturmartig auf mich zufliegenden Eindruckspartikel in geeignete Worte und Sätze zu verwandeln, schien plötzlich ein Akt der Notwehr. Mein erstes »richtiges« Buch begann zu entstehen. »Beim Näherkommen durch die Straßen« würde sein Untertitel heißen, und es würde seine Verfahrensweise im Ineinander von Theorie-Bruchstück-Erinnerung und möglichst genauem Hinsehen finden: Begrifflichkeit als sentimentales Erlebnis. »Nachts gehe ich mit meiner Frau in Tokio spazieren. Ich versuche mir zu merken, was ich gesehen habe«, lauteten dann seine ersten Sätze. Die Stadt machte die westliche Besucherin und ihren Ehemann zu spazierengehender Poetin und dazugehörigem Theoretiker. Wir wanderten an unseren ersten Wochenenden bis zur Erschöpfung durch die Stadt und redeten ununterbrochen. Näher als in unserer ersten Zeit in Tokio sind wir einander nie gewesen. Erinnerungsszenarien: im Gras sitzen an einem Hafenbecken, in das ein Kanal mündet. Gigantisch aus dem Wasser ragender Industrieschrott im Mittelgrund. Kormorane fliegen aufs offene Meer hinaus, das so unsichtbar und gleichzeitig so spürbar ist wie auf jenem Gemälde de Chiricos über das Enigma der Ankunft. Dann wieder Einkehr aus der Frühherbsthitze in gekühlte Coffeeshops, wo wir uns fühlen konnten wie in London oder New York. Lunch in Bistros, die direkt aus Paris in das japanische Stadtchaos verpflanzt schienen. Diese Stadt war alle Städte der Welt. Wir lösten uns auf in ihr. Wir erzählten einander unser Leben, um uns zu vergewissern, dass es uns noch gab. Abends sahen wir uns, in einem kahlen Klassenzimmer des nach Dienstschluss verwaisten Goethe-Instituts, Filme von Woody Allen an, die wir in einer nahen Videothek ausgeliehen hatten und die uns in jenen ersten Tagen einen Halt zu geben schienen. Wir führten uns die inneren Kontinente des Westens vor Augen, wir hielten uns an ihnen fest. Bis wir eine Wohnung gefunden hatten, waren allein unsere Gespräche und Stadtspaziergänge eine Absicherung gegen den Anschlag dieser Stadt auf alle europäischen Sinne und Denkformen. Und vom ersten Tag an schrieb ich Tage- und Notizbücher mit Protokollen meiner Eindrücke voll. Ich verbrauchte an Nachmittagen mehr Seiten als daheim in Monaten. Nichtschreiben wurde angesichts dieses Tornados von Impressionen unmöglich. *Writer's block,* dachte ich damals oft, würde hier psychische Selbstaufgabe bedeuten, fast so etwas wie Wahnsinn. Jeder Gang durch die Straßen von Tokio zwang mich mit körperlich fühlbarer Gewalt zum Schreiben.

Am Montag nach meinem ersten japanischen Wochenende verabschiedete sich meine Mutter aus dem Leben. Sie war das letzte Gewicht gewesen, das mich in Deutschland festgehalten hatte. Und als gebe es keinen Zufall, erschien am Todestag meiner Mutter jemand in meinem Leben und Nachdenken, der mir das Neue meiner Umgebung erklären zu können schien: Heiner Müller. Der nach 1989 plötzlich sehr berühmt gewordene ostdeutsche Dichter und Berliner Akademiepräsident verbrachte zu Beginn der neunziger Jahre viele Wochen in Tokio. Die Stadt und die postmodernen Schocks, die sie westlichen Besuchern versetzt, bilden den verdeckten Hintergrund seines apokalyptisch gestimmten Interview-Spätwerks.

Noch bei der Lektüre meines Tagebuchs nach dreißig Jahren ergreift mich ein leichter Schwindel angesichts der damals gleichsam im Stundentakt zu bewältigenden sensorischen und emotionalen Überlastung: »3.9.1990. Mein erster Arbeitstag in Tokio. Meine Mutter ist tot. Mein Vater rief am Morgen an, und wir weinten einen Moment lang zusammen. Ich bin traurig und froh zugleich. Es war für sie der richtige Zeitpunkt *to walk before they made her run.* Ich ging über die Fußgängerbrücke vor dem Akasaka-Palast und sah über eine Sichtblende hinweg einen Moment lang in das üppige, überall über sich hinausschwellende, feuchtwarme Grün des Kaisergartens. Eine ganz leere Asphaltstraße zog sich durch die Rasenflächen zum unsichtbaren Schloss hinauf. Vor der sehr glatten, aber aus ganz unregelmäßigen zyklopischen Quadern zusammengefügten Mauer tobt der profane Stadtverkehr in unserer (nämlich einer anderen) Welt. Ein Milizionär steht auf der Brücke und beobachtet die Fußgänger und Jogger auf dem Bürgersteig davor. Ich ging dort mit dem Chef, der mich vage an meinen mütterlichen Großvater erinnert, zu einem Termin im ›Santory Museum of Art‹, betrieben von der Bier- und Schnapsfirma Santory, wo eine sehr teure und gute Ausstellung über Peter Tschaikowski zu sehen war. Dann eine Lunch-Einladung im firmeneigenen Restaurant, das einem Pariser Salon des letzten Jahrhunderts nachempfunden ist, luxuriöses Essen und Trinken. Licht, Scheinwerfer, Sauberkeit, glänzender Marmor, Messingapplikationen, steif gestärkte Tischdecken und Servietten. Sensationell schöne junge Japanerinnen stehen herum, lächeln, verbeugen sich, moderieren, bedienen. Ein Kulturattaché der österreichischen Botschaft. Mittagessensgespräche mit dem Chef. Er hat zwei Doktortitel, einen in Theologie und einen in Philosophie, von vornehmen Divinity Schools der amerikanischen Ivy League. Er ist mir spontan sehr sympathisch, aber ich behandle ihn vorsichtig.

Gegenseitige Beteuerungen, loyal zusammenarbeiten zu wollen. Die kulturelle Programmarbeit solle ›im Dialog‹ entstehen. Abends das öffentliche Gespräch mit Heiner Müller im Auditorium des Instituts. Danach, im Institutsrestaurant, taut der große Gast langsam auf und wird schließlich, nach ausreichender Alkoholzufuhr, recht zutraulich und gesprächig. Über die Lieblingsdichter von Lotte Ulbricht, die in der Akademie sein mussten und die er als Präsident jetzt rausschmeißen müsse. Honecker habe Blut gespuckt, wenn er länger reden musste, ein Spätschaden seiner Zeit im Zuchthaus während der Nazizeit. In Deutschland sei die Geschichte zu Ende, der Kapitalismus bedeute ›ewige Gegenwart‹ (ein ›konsumistisches nunc stans‹, wie ich bildungshuberischerweise assistiere, was ihm gefällt; dabei hat der Konsumismus ja auch seine mystischen Implikationen, was ich wiederum für mich behalte). Das sei der Grund, warum Handke so gut schreibe: er fühle keinen Widerstand durch die Geschichte (die etwas Schreckliches sei). Ich werfe ein, vielleicht könne die Zerstörung der Natur dann den für die Kunst notwendigen Horrorwiderstand liefern. Auf seiner Stirn erscheinen, wenn er lacht, merkwürdig verdrückte Falten, die seine Brauen verlängern und seinem Gesicht ein paar Momente lang etwas Clowneskes verleihen. Wir sprechen über John Berger und Yoko Tawada, die er lesen hörte. John sei als Schriftsteller ›sehr solide‹ (zusammenpressende kompakte Bewegung seiner kleinen Hände). Er hatte eine teure Flasche Whisky geschenkt bekommen, ›aufgrund meines Ruhms‹, davon bekommen wir alle noch was, bevor uns das

Institutsrestaurant rauschmeißt (was mir peinlich ist). Vor dem Institut warten zwei sehr hübsche Japanerinnen darauf, ihn ins Hotel zu bringen, ihr Professor hatte es ihnen erlaubt und Müller während des Essens (an dem sie nicht teilnahmen) mit einer beiläufigen Bemerkung darauf vorbereitet. Erotik kultureller Macht umwabert den kleinen dicken Dichter.«

Schon am nächsten Nachmittag saß Müller wieder in meinem Büro. Der sterile Arbeitsraum füllte sich gegen drei Uhr nachmittags mit dem Geruch guten Whiskys und kubanischer Zigarren. Der große Mann suchte Anschluss. Das PR- und Kulturkonglomerat »Dentsu«, die größte Werbefirma der Welt, kontrollierte damals alle Warenströme, die nach Japan kamen oder von dort in die Welt hinausgingen. Ihre Kulturabteilung investierte neuerdings auch in den »internationalen Austausch« und hatte Müller nach Tokio eingeladen. Er verkörperte hier – einfach indem er sich auf Kosten von Dentsu in einem der hiesigen Luxushotels aufhielt – einerseits die europäische Kultur. Andererseits stiftete er deutsch-japanische Projekte. Er führte Gespräche über Gastspiele des »Berliner Ensembles« und Verhandlungen mit Yohji Yamamoto über die Kostümausstattung seiner Wagner-Inszenierung in Bayreuth. Man konferierte aber auch über Dinge wie den – offenbar ernstgemeinten – Vorschlag der Japaner, die Berliner »Paris Bar«, Müllers ausgelagertes Wohnzimmer in jenen Jahren, Detail für Detail in Tokio nachzubauen. Geld spielte keine Rolle für Dentsu. Die surrealistische Begegnung des sozialistischen Schriftstellers mit einer hyperkapitalistischen Weltstadt war der Hintergrund dafür, dass der vereinsamte und verwöhnte alte Mann sich einem jungen aus der Heimat öffnete. Vielleicht verkörperte ich für ihn in Tokio auf die gleiche Weise die inneren Kontinente des Westens wie die Filme Woody Allens in jenen Tagen für mich und meine Frau. Müller hatte sich nach der Katastrophe der DDR in eine einerseits postmarxistisch-technomodernistische, andererseits oskarspenglerhaft kulturpessimistische Diskursformation eingelebt, die er als Sprechliterat in jenen Jahren bewirtschaftete. Ein kein Ende nehmendes Befragtwerden und Monologisieren war neben seiner Spätlyrik das eigentliche Werk, nachdem seine Dramen nach dem Untergang der DDR kein Widerlager in der Wirklichkeit mehr hatten. Tokio war der geeignete Schauplatz und vermutlich auch die wichtigste Inspiration dieser öffentlichen Selbstgespräche. Sie mäanderten großflächig und faszinierend um schwere phantasmagorische Zeichen: die Vereinigung von Mensch und Maschine, die Totalentfesselung des globalen Kapitalismus, die Eroberung der Ersten Welt durch den »Trikont«. Müllers Redefluss führte Erinnerungen an Begegnungen mit Erich Honecker und Ernst Jünger herauf, interpretierte die Schlacht um Stalingrad als Realsymbol, prophezeite den nahenden Untergang des Kapitalismus und das Verschwinden des alteuropäischen Subjekts. In der Mischung aus Klarheit und Enthemmung, die der Whisky bewirkt, schienen sich geschichtliche Geheimnisse zu enträtseln. Dann brach im näheren Umgang der Propheten- und Sehergestus wieder zusammen, und ein weicher, einsamer, sympathiebedürftig-sympathischer – ein eigentlich nicht besonders erwachsener – Mensch kam zum Vorschein, der in Krisensituationen imstande war, nach meiner Hand zu greifen und sie festzuhalten wie ein verängstigtes Kind.

Während wir unsere Wohnung fanden und einrichteten, ich monatelang keine freien Wochenenden mehr hatte, mich daran gewöhnte, bis spät in den Abend hinein im Büro zu leben, täglich Anzug und Krawatte zu tragen, lernte ich jede Woche wieder andere, mir zuvor nur aus den Seiten der Feuilletons bekannte Menschen kennen – wenngleich nur aus einer Art höherer Kammerdienerperspektive. Jeden Monat fanden wir mehr Geld auf unserem Konto, als wir in Deutschland in halben Jahren gesehen hatten – und waren gezwungen, es sofort wieder auszugeben. Um uns dröhnte und tobte die gigantische Stadtmaschine, als seien die Müller-Monologe vom Untergang des Abendlandes schon wahr geworden. Tokio war eine Unendlichkeit aus Stahlbeton, elegant gekleideten Menschen, ruinös teuren Restaurantabenden, Verkehrstoben, Weltzitaten. Vor allem aber war die Stadt ein lückenloser Horizont aus Arbeitsanforderungen. Eine Unendlichkeit der Pflicht. Ein Ozean an Verbindlichkeit gegenüber Firmenkonglomeraten, denen die Japanerinnen und Japaner mit dem Loyalitätsfanatismus von Sektenmitgliedern anzugehören hatten. Tokio zersetzte und vernutzte seine Bürgerinnen und Bürger, schien sie innerlich auszuhöhlen. Ich habe weder vorher noch später in meinem Leben so viel gearbeitet wie dort. Und doch erlebte ich nur einen Bruchteil der Überanstrengung, die auf den Einheimischen lastete. Diese Menschen waren wirklich »endlich gezwungen, ihre Lebensstellung, ihre gegenseitigen Beziehungen mit nüchternen Augen anzusehen«, wie es im »Kommunistischen Manifest« geheißen hatte. Und nüchtern betrachtet glichen sie Sklaven. Sie gehörten ihrem Konzern nicht nur an, sie gehörten ihm: vom Arbeitsbeginn um acht oder neun über das abendliche Zwangstrinken im Kollegialkollektiv bis zur aufgelösten Heimfahrt in den weit entfernten Außenbezirk, vermutlich sogar in den Träumen der kurzen Nacht und dann wieder während der verkaterten, halb schlafenden Rückkehr ins Büro am Morgen – in Zügen, die so überfüllt waren, dass muskulöse Bahnangestellte die Aufgabe hatten, jene Passagiermassen in die kühlcontainergroßen Waggons mit Gewalt hineinzupressen. Tokio war jene schöne Fremde, die ineins mit der Verlockung die dazugehörige Strafe bereithielt. Und es herrschte dort – gelegentliche Einblicke hinter den Vorhang allgemeiner gesellschaftlicher Einverstandenheit offenbarten es – ein erbarmungsloses System autoritärer Kontrolle und Disziplinierung.

»17.1.1991. Jeden Morgen fahre ich auf dem Fahrrad an einer Büfett- und Catering-Firma vorbei, die in einem Betonbau residiert. Jeden Morgen stehen dort zwei Reihen junger und mittelalter Männer vom Vorraum die kurze Treppe hinunter bis auf den schmalen Bürgersteig, trotz der Kälte ohne Mantel, in Anzug und Krawatte. Sie unterhalten sich, wirken ein bisschen aufgekratzt, als planten sie einen Streich, lachen, stampfen mit den Füßen, blasen in die hohlen Hände.

Dann nähert sich von der nicht weit entfernten U-Bahn-Station ein Angestellter oder eine Sekretärin, die, sobald sie in Sichtweite gekommen sind, in einen durch die Aktentasche, den Anzug, hochhackige Schuhe und enge Röcke behinderten Schweinsgalopp verfallen und auf diese Art, mit leicht gesenktem Kopf, durch das Schandspalier hindurch ins Gebäude eilen, wobei sich die Spaliersteher vor und hinter ihm oder ihr verbeugen und laut und fußballmannschaftsmäßig ›Oheiogoseimasu‹ brüllen. Die Atmosphäre ist corpsstudentenhaft-rituell (›sie reiben einen Salamander‹): albern-infantil und bedrohlich zugleich. Man hat sich seitens der Geschäftsleitung offenbar eine launig-terroristische Maßnahme gegen das Zuspätkommen ausgedacht (›Aus gegebenem Anlass weise ich nochmals darauf hin‹ – und so weiter). Ich beobachte es jetzt schon zwei Wochen lang. Einmal wurden die Spaliermänner auf mich aufmerksam, wie ich auf der gegenüberliegenden Straßenseite, das Fahrrad zwischen den Beinen, stehengeblieben war und die flache Hand gegen die Wintersonne über den Augen an die Stirn legte, um sie besser beobachten zu können. Sie stießen einander mit dem Ellenbogen an, zeigten auf mich, ahmten meine Haltung nach. Als würden sie gerade von einem Westler nicht gern beobachtet. Ein paar Tage später stand niemand mehr da. Vielleicht ist das Ziel der Disziplinierungsmaßnahme erreicht. Das Zuspätkommen hat aufgehört.« Und auch die Jüngsten verschonte die Unendlichkeit der Hypermoderne nicht: »Ich sah einen acht- oder neunjährigen Jungen mit einer Schultasche auf dem Rücken, der sein Gesicht im Gehen mit der

Hand verdeckte und still vor sich hinweinte. Eine ältere Frau (die Großmutter? eine Tante?) führte ihn stumm, traurig und entschlossen am Ellenbogen, als müsse es sein.«

Das Leben in Tokio, so stellte sich heraus, stand unter dem Unstern eines Begriffs, der in den Endzeit-Reden Heiner Müllers eine Hauptrolle gespielt hatte. Das japanische Angestelltenleben verwirklichte die »Totale Mobilmachung«. Dieser Beschleunigungszustand bürgerlicher Gesellschaften ist, wie ihr Diagnostiker Ernst Jünger schrieb, »die Form, in der sich das Potential des Arbeiters entfaltet und konzentriert«. Totale Mobilmachung steht unter dem Gesetz des »unbeschränkten Diensts«. In seiner japanisch-nichtmilitärischen Ausprägung hatte er jene Unendlichkeit von Arbeits- und Firmenanforderungen angenommen. Unbeschränkter Dienst regierte aber nicht nur den japanischen Alltag, sondern auch das intellektuelle Leben des Landes. Über dessen Studium begegnete mir etwas Unerwartetes. Die Dienstunendlichkeit totaler Mobilmachung, lernte ich, hatte sich hierzulande verbündet mit einer Variante der Aufhebung von Letztbegründungen, mit der ich in meiner Frankfurter Provinzialität nicht gerechnet hatte. Dass es auch eine autoritäre Version der philosophischen Postmoderne gibt, eine toxische Version des *ironist pragmatism*, der mich in der Heimat so wohltätig von den Denkzwängen meiner pietistischen Vergangenheit und meinem marxistisch-leninistischen Jugendirresein befreit hatte, begann mir aufzugehen in den Vorlesungssälen teurer und vornehmer Tokioter Universitäten. Mit den Professoren der »Todai« oder

der »Keio« pflegte mein Chef – den seine theologisch-philosophische Doppelprägung sehr gusseisern auf universitäre Formate festgelegt hatte – allerlei »Symposien« zu organisieren, in denen es um Dinge ging wie um die öffentliche und geschichtswissenschaftliche »Bewältigung« der verbrecherischen Waffenbrüderschaft Japans und Deutschlands im Zweiten Weltkrieg, um »nachhaltige Stadtentwicklung«, die »Zukunft der Demokratie« und dergleichen. Diese akademischen Zusammenkünfte liefen streng nach westlichen Gepflogenheiten ab: Vortrag reihte sich an Diskussion, in der die ranghöchsten Gelehrten zuerst das Wort ergriffen, worauf es eine Kaffeepause gab, gefolgt von einem Koreferat, dem nächsten Vortrag und so ganze Tage hindurch. Abends dann ging es in ein japanisches Restaurant. Bei exquisiten Speisen und viel Sake wurden zeremonielle Toasts ausgebracht, in denen man sich gegenseitig zu einem wieder einmal sehr gelungenen »west-östlichen Dialog« gratulierte. Und so weiter. Man kennt das Arrangement dieser Art von Zusammenkünften. Es ist schon im Westen ein sicheres Rezept für monumentale Langeweile. Was man im Westen nicht kennen konnte, war das geisterhafte Zwielicht, in das diese Routinen hierzulande geraten waren. Es zeigte sich nämlich, dass die japanischen Kollegen (Kolleginnen waren meiner Erinnerung nach überhaupt keine darunter) mit ihren Wortmeldungen und Erwiderungen durchaus nicht auf die Vorträge und Denkanstöße ihrer westlichen Gäste einzugehen gewillt waren. Zum Teil erweckten sie den Eindruck, dass sie gar nicht wussten, wovon zuvor die Rede gewesen war. Das verwunderte auf den ersten Blick auch wenig, denn besonders die Älteren unter ihnen waren während jener Vorträge auf ihrem Podium coram publico oft schlechterdings eingenickt. Ohne mit der Wimper zu zucken, gaben sie während der sich ihrem Mittagsschläfchen anschließenden »Diskussionen«, wenn sie an die Reihe kamen, außerordentlich weitschweifige Erklärungen von sich, die mit dem Thema nicht das Geringste zu tun hatten. Es war vollkommen surreal. Man griff in Luft. Während langer Nachmittage schien über den fensterlosen, holzgetäfelten Vorlesungssälen jenes »Absolute Nichts« zu brüten, das der buddhistisch-existenzialistische Philosoph Kitarō Nishida, Begründer der »Kyoto School«, im Anschluss an Martin Heidegger postuliert hatte.

Zuerst führte ich diese gespenstischen Inkongruenzen, die besonders meinen Chef an den Rand cholerischer Fassungslosigkeit führen konnten, darauf zurück, dass wir uns einfach falsche Partner ausgesucht hatten. Es war eine verständliche westliche Fehlannahme, der auch prominente Gäste aus der Heimat aufsaßen. Ich erinnere mich zum Beispiel an ein Gespräch mit dem Geschichtsprofessor Eberhard Jäckel im eleganten Foyer seines Hotels. Der Chef, der sich mit der Planung und Durchführung eines dieser Kongresse – es war um den Angriff der Japaner auf Pearl Harbour und den Eintritt der USA in den Zweiten Weltkrieg gegangen – wieder einmal viel Mühe gegeben hatte, führte gegenüber dem Gast entschuldigende Klage über den haarsträubenden Unsinn, der sich aufgrund des beschriebenen aneinander Vorbeiredens in den hinter uns liegenden Tagen ergeben hatte. »Dann suchen Sie sich doch einfach bessere Partner«, versetzte der, und ich stimmte ihm insgeheim aus vollem Herzen zu. Endlich sagte es mal einer. Das Geheimnis war allerdings: Es gab keine. Und zwar, wie ich während meiner japanischen Jahre schrittweise einzusehen lernte, durchaus nicht deshalb, weil die Japaner uns nicht verstanden hätten. Es war ihnen sehr wohl klar, dass es den Deutschen mit solcherlei Veranstaltungsvorschlägen um »Vergangenheitsbewältigung« ging. Es war uns darum zu tun gewesen, die Japaner zu innerer politischer Einkehr hinzulenken, zu der gleichen historischen Wahrheitssuche, Buße und Läuterung, wie sie in Deutschland zumindest ansatzweise gelungen war. Wir machten den japanischen Wissenschaftlern und Politikern das Angebot, die abschließenden Vokabulare der westdeutschen Nachkriegsrepublik zu übernehmen. Was auf deren freundlichen, aber wirksamen Widerstand stieß. Die Verwalter der japanischen Ideologien waren nicht gewillt, ihre Angelegenheiten in diesen Wörtern und Sätzen zu formulieren, weil sie wussten, dass ernsthaft auf sie einzugehen bedeutet hätte, dass sie ihre eigenen *final vocabularies* – die gruppierten sich um die Singularität der japanischen Nation, die Unfehlbarkeit des Kaisers, die Aufrechterhaltung der japanischen Ehre und *all that jazz* – zerstört hätten. Im Grunde veräppelten sie uns. Was sie wiederum nicht böse meinten oder überhaupt sehen konnten, weil sie – *pragmatists,* ohne Rorty gelesen zu haben – von vornherein im Geist der *irony* an die Sache herangegangen waren.

Sie ließen uns unser Ding machen und wollten uns dabei nicht stören, indem sie ihres machten. Zwei intellektuelle Universen waren nebeneinander hergelaufen. Sie würden sich erst im Unendlichen treffen.

Nicht in dem unvermeidlichen Umstand, dass unsere Sprachspiele verschieden waren, war das Unheil begründet. Sondern darin, dass uns ein gemeinsames Projekt fehlte, das über die Spaltung zwischen wahr oder falsch hinausgegangen wäre. Die Hoffnungslosigkeit, von der ich und mein Chef in jenen Symposiumstagen ergriffen wurden, lag in dem akrobatenhaft Folgenlosen und irgendwie Girlandenhaften der von uns organisierten diskursiven Vorführungen. Wir Artisten in den Zirkuskuppeln der Todai- und der Keio-Universität blieben ratlos, weil wir keine gemeinsame Lebensarbeit hatten, an der unsere verschiedenen begrifflichen Werkzeuge sich hätten bewähren können. Die Frage nach der Wahrheit, das dämmerte mir während langer, langweiliger Kongresstage in japanischen Universitätsräumlichkeiten, ist ohne eine Befragung des Lebens – ohne eine über die Veranstaltung von Symposien hinausgehende gemeinsame Praxis – nicht zu beantworten. Was nichts anderes heißt, als dass Wahrheit ohne ein gemeinsames Projekt der Wahrheitssuchenden nicht zu definieren ist.

Heute scheint mir, dass ich zu Beginn der neunziger Jahre in jenen japanischen Hochschulinterieurs etwas gesehen habe, das uns inzwischen weltweit einholt. Denn es gibt heute beunruhigenderweise eine ostasiatische Macht, die – anders als 1990 Japan – ihre autoritären Letztbegründungen nicht nur in Form wirtschaftlicher Überlegenheit, sondern imperial, also auch politisch-militärisch, in die Weltarena zu projizieren gewillt ist, nämlich die turbokapitalistisch auf Vordermann gebrachte Volksrepublik China. Zu Beginn der zwanziger Jahre unseres Jahrhunderts sind die USA und China vereint im Projektlos-einander-nicht-verstehen-und-nebeneinander-herreden-Wollen, bis auf den Punkt, dass ein Krieg zwischen den konkurrierenden Welthegemonialmächten nicht mehr undenkbar ist. Aber auch die Erfindung alternativer und repressiver Fakten, Wahrheiten und Parallelrealitäten durch Politiker wie Wladimir Putin und Donald Trump zeigt mir im Rückblick, dass ich in Tokio damals toxische »Ways of Worldmaking« gesehen habe, die eine große und zerstörerische Zukunft vor sich hatten.

So weit war es in meinen neunziger Jahren in Tokio allerdings noch lange nicht. Ich versah meinen Dienst, radelte täglich durch den Aoyama-Friedhof und über die großen Boulevards, an Wolkenkratzern und dann wieder an dörflichen Holzhütten vorbei zur Arbeit, versuchte meine Vorstellungen richtiger »kultureller Programmarbeit« im Behördengang meines Instituts zur Geltung zu bringen und musste damals vor allem – schnell und *on the job* – die schwer zu beschreibenden Qualifikationen erwerben und stabil halten, die für die Organisation von Kulturprojekten des Goethe-Instituts im Ausland erforderlich sind. Sie bestehen in einer nirgendwo sonst vorkommenden Mischung aus Einfühlungsvermögen, guten Manieren und tatsächlichem – wenn auch oberflächlichem – Wissen um kulturelle Zusammenhänge. Auch gab es damals noch das traditionelle Büro, jenes seither in Digitalisierung und »flachen Hierarchien« untergegangene Sozialsystem aus Chefs, »nachgeordneten Mitarbeitern«, Sekretärinnen, Intrigen, Diktaten, Posteingangsfächern und Faxgeräten. Geschäftskorrespondenz sprach man in ein Diktiergerät, dessen Miniaturkassetten zusammen mit dem Bezugsschreiben in Mappen zu legen und zur Sekretärin zu tragen waren, die diese mündlichen Texte in der hierarchischen Reihenfolge Institutsleiter – stellvertretende Institutsleiterin – Programmreferent in formgerechte Schreiben umarbeitete, was ihr überraschende Chancen der Machtausübung eröffnete (»Jetzt kommen Sie auch noch an mit Ihren Bändchen. Das schaffe ich vor morgen Nachmittag keinesfalls!«). Der Postweg zwischen Deutschland und Tokio konnte vierzehn Tage dauern. Wenn es schneller gehen musste – also fast immer –, wurde gefaxt, was ebenfalls nur der Sekretärin oblag und folglich deren gute Laune zur Voraussetzung hatte. Während alldem hielt ich in einer Unbeirrtheit, die mich heute noch erstaunt, am Ideal eines Lebens im Studiolo fest. Dieser innere Bezirk hatte mit all jenem Äußerlichen nur insoweit etwas zu tun, dass er mich von meinen täglichen Bewandtnissen seelisch unabhängig machte.

Erinnerungen an Mittagspausen in Tokio illustrieren mir heute, wie mein Doppelleben begann. Ich pflegte mich zwischen zwölf und dreizehn Uhr fortzustehlen aus dem Institutsgebäude: »Mahlzeit!« Wo unweit des Instituts eine Gasse vom Aoyama-Boulevard abbog, lag unter schwarzgrün-stechpalmenartigen Baumkronen ein auch während flimmernder Sommertage zuverlässig verschatteter kleiner Park. Steinlaternen standen im Dämmer. Zwischen Felsbrocken sprudelte eine Quelle hervor und verwandelte sich in einen sorgfältig und malerisch um Moosbeete herumgeführten Wasserlauf. Die Bronzestatue eines bärtigen alten Japaners im Kimono mit Hornbrille, der ein Aktenbündel in der Hand hielt, stand im Fluchtpunkt aller Perspektiven. Die ohrenbetäubend lauten japanischen Grillen lärmten. Überm Laubdach wütete die Mittagssonne, in Sichtweite auf einem innerstädtischen Highway der Autoverkehr. Das nur halb fußballfeldgroße Parkareal aber war kühl und menschenleer. »Lesen an seltsamen Orten«: Ein festumrissen leuchtendes Erinnerungsbild ist heute noch meine Lektüre von Gottfried Benns *personal essay* »Weinhaus Wolf« dort. Benn-Lesen hatte zu den Hausaufgaben gehört, die Heiner Müller mir mit einem seiner beiläufigen Hinweise aufgetragen hatte. Zwischen zwei Tagesabschnitten, die mit Akten, Besprechungen und Hierarchien angefüllt waren, stürzte ich über meinen Vesperbroten halbstundenlang ab in einen Text, der mir in dieser merkwürdigen Umgebung identifikatorisch nahekam. Nicht wegen der ein wenig wirren (und leider auch ein wenig faschistoiden) gedankendramatischen Exerzitien des Autors, die sich in seltsamen Unterscheidungen zwischen »Leben« und »Geist« verloren und mit widrigen begrifflichen Voraussetzungen wie »Rasse«, »Züchtung«, »historischer Größe« und »Dekadenz« jonglieren. Sondern aufgrund einer Doppelagentenhaltung, die ich jetzt, während meiner Mittagspause mit dem Autor von »Weinhaus Wolf« teilte. Während drüben die Kolleginnen beieinander saßen und über den Job weiterredeten, kam es mir jetzt auf etwas ganz anderes an.

»Untätigkeit bei günstigen äußeren Lebensbedingungen, das war, wenn ich es so ausdrücken darf, in der Tat mein Ideal. Untätigkeit im allgemeinen Sinn: Kein Büro, kein pünktlicher Dienstbeginn, kein Bezugszeichen links oben auf den Akten. Keineswegs durch die Natur schweifen, ich war kein Rutengänger und Steppenwolf, mehr ein Sichauslegen mit Wurm und Angel, etwas anbeißen lassen, Eindrücke, Träume – die große Vergeudung der Stunden.« So hatte es Benn gesehen und gehalten, und ich verstand ihn über den Abgrund der Jahre und politischen Haltungen hinweg. Schon als Berufsanfänger und ohne dass ich es mir bewusst vorgenommen hatte, begriff ich meine Arbeit nicht als Berufung, sondern als teilnehmende Beobachtung. Mein Job füllte meine Zeit zwar aus, gelegentlich sogar bis zur Erschöpfung. Ernst nehmen musste ich ihn schon, um ihn nicht zu verlieren. Aber sein geheimer, durch mich definierter eigentlicher Zweck bestand doch vor allem darin, mir »Eindrücke, Träume« zuzuführen, über die ich schreiben konnte. Nichts hatte sich real verändert durch die Einführung der Autorenperspektive in mein Berufsleben. Und doch hatte sich alles verändert. Die toxische Unendlichkeit Tokios war abgewehrt durch etwas so wenig Greifbares wie diesen Perspektivwechsel.

Ziel meiner in Japan zum ersten Mal ganz deutlich ausgearbeiteten Lebens-, Lese- und Schreibtechnik war die Erscheinung eines Gedankens im Leben. Durch diese Erscheinung war nicht nur die Grenzenlosigkeit der mich umgebenden Stadtlandschaft totaler Mobilmachung durch Umformatierung abgewehrt und unschädlich gemacht. Sondern vor allem nahmen die Umstände, die mich in jenen Augenblicken innerer Freiheit umgaben, eine Leuchtkraft an, die durch nichts anderes hervorgebracht werden konnte. Dieses Leuchten galt es dem dann zu Schreibenden mitzuteilen. Das wiederum nur entstehen konnte während vormittagslanger Einsamkeitssitzungen an den Wochenenden, die mich Beruf und Eheleben weiter entfremdeten. Schon ein gemeinsames Wochenendfrühstück zerstörte die erforderliche Gestimmheit bis zu endgültiger Nichtmehrauffindbarkeit. Warum ich nicht kündigte und mich scheiden ließ? Es war ein Paradox, aber ein notwendiges. Denn ich brauchte »das Leben« ja dringend zur Herstellung der literarischen und gedanklichen Kurzschlüsse, die mir vorschwebten. Der Gedanke allein hätte in einer professionell literarischen oder akademischen Lebens- und Berufsgestaltung den angestrebten Goldstaub nicht hervorgebracht. Er kam nur zustande, indem ich Büro und Ehe – die mich nur vordergründig und scheinbar störten – beim Schreiben in Wirklichkeit auf subtile Weise ausbeutete. Uneigentlichkeit war der Quellpunkt, während ich mich in das Vorhaben einlebte, »ernsthaft« – also ein Buch – zu schreiben. Ich konnte diese Ernsthaftigkeit von meiner Seltsamkeit zunächst auch selber so wenig unterscheiden, wie meine Frau oder mein Chef in ihr etwas anderes sehen konnten als ein leicht hochstaplerisches Allotria. Es lag ja noch nichts Haltbares vor.

Dabei erprobte sich meine zum ersten Mal aufs Ganze zielende Schreibarbeit an einem durchaus unträumerisch-politischen Projekt. An einem ideologischen Abbruchunternehmen nämlich, mit dem seit den frühen neunziger Jahren auch in Deutschland viele kluge Menschen denkerisch und publizistisch beschäftigt waren. Meine essayistische Arbeitsmethode im Zwielicht zwischen Leben und Schreiben bewährte sich in Japan an der teils begrifflichen, teils lebenspraktischen, teils seelischen Bewältigung und Ad-acta-Legung des Marxismus. Seine Nachwirkungen trieben mich noch intensiv um. Dass der »real existierende Sozialismus«, mit dem ich mich lang – wenn auch mit immer mulmigeren Gefühlen – identifiziert hatte, endgültig und auf eigenen Wunsch abgedankt hatte, löste seit 1989 in deutschen Zeitungsartikeln, Fernsehsendungen, Podiumsdiskussionen und Tagungen intensive geistige Suchbewegungen aus, die ich von Japan aus mit Fiebrigkeit verfolgte. In diesem Ratlosigkeits- und Selbstfindungsprozess war meine Parteinahme zunächst immer noch stark aufseiten derjenigen, die sich den Illusionen einer »demokratischen« Chance des deutschen Sozialismus hingaben. Ein Auftritt Gregor Gysis in jenem Hörsaal VI in Frankfurt war ein ebenso eindrückliches sentimentales Erlebnis reformmarxistischer Begrifflichkeit gewesen wie eine Begegnung mit dem gerade arbeitslos gewordenen Vorsitzenden des Ministerrates der DDR Hans Modrow auf dem Empfang der deutschen Botschaft in Tokio am 3. Oktober 1990. Meine Frau unterhielt sich – für meinen Geschmack fast ein bisschen zu angeregt – mit dem sehr gentlemanartigen und verblüffend gut aussehenden wissenschaftlichen Sozialisten, dem wir damals »alles Gute für Ihre weitere politische Arbeit« wünschten.

Der weltlos gewordene Marxismus war mir in Japan zuerst beim Nachdenken über Heiner Müllers Redereien begegnet. Seine Besessenheit von apokalyptischen Motiven der zwanziger Jahre faszinierte mich. Lenin und die konservative Revolution begegneten sich in seinen Interviews wie Nähmaschine und Regenschirm auf einem Seziertisch. Aber seine surrealistischen Kombinationen und Prophezeiungen ängstigten und ekelten mich auch. Eine Gefahr intellektueller Verwahrlosung schien mir von ihnen auszugehen – zumindest für mich. Aufsteigender Abscheu vor dem pantragisch verschatteten Leninismus Müllers, aber auch die Gespensterluft, die in den deutsch-japanischen Nicht-Dialog-Veranstaltungen meines Chefs wehte, ließen mich auf die Suche nach Begrifflichkeiten gehen, deren sentimentales Erlebnis mir zuträglicher sein würde als die Whisky- und Zigarrennächte mit Müller oder das »Absolute Nichts« in den Vorlesungssälen der Todai-Universität.

So suchte – und fand – ich einleuchtendere Begrifflichkeiten vor allem in den Interviews und Aufsätzen, die Jürgen Habermas seit 1981 als »Kleine Politische Schriften« in Form von römisch durchnummerierten edition-suhrkamp-Bändchen in die Welt hinausgehen ließ. Das Bild Jürgen Habermas', von dem ich in jenen Jahren sogar verschiedentlich geträumt habe, verschmolz damals mit dem Lektürebild Richard Rortys – der wiederum hatte den deutschen Philosophen als das europäische Pendant seines eigenen Vorbilds John Dewey bezeichnet. Und vor diesem Hintergrund erlebte ich – ominöserweise am Einheitstag, dem 3. Oktober des Jahres 1993 – den Auftritt Habermas' an einer japanischen Universität. Er sprach über die reformistische Neubewertung des globalen Kapitalismus nach 1989. Es war genau das Thema, mit dem sich mein Nachdenken und meine postmarxistischen Lektüren damals am intensivsten beschäftigten. »Ein Japaner stellt die extrem wichtige Frage, wie die gerade so vielbeschworene Utopie der Zivilgesellschaft die horrenden Widersprüche der globalen Arbeitsteilung befrieden und wie diese Zielvorstellung überhaupt im Kapitalismus eine Lösung für irgendetwas sein könne«, notierte ich abends ins Tagebuch. »Habermas sagt: ›OK, die Zivilgesellschaft ist ein Luxusartikel. Aber es wäre falsch, eine Atmosphäre des Zynismus und der Hoffnungslosigkeit zu schaffen, die die letzten Bewegungsfreiräume in den entwickelten Industriegesellschaften auch noch diskreditiert. Ich sage nicht, dass uns eine Weltzivilgesellschaft gelingen wird. Wir wissen nicht einmal, ob sie gelingen könnte. Aber gerade weil wir es nicht wissen, müssen wir es wenigstens versuchen. Apokalyptische Stimmungslagen verzehren Energie, aus denen positive Initiativen sich speisen könnten.‹ Wasser auf meine Mühlen: Ich hatte auf der Bahnfahrt zur Rikkyo-Universität Dahrendorfs Artikel zu Habermas' sechzigstem Geburtstag im ›Merkur‹ gelesen und dachte heute in dem schäbigen und überfüllten Vorlesungssaal: Alles, was ich mit 19 wollte und fühlte, ist noch da, wenn auch verwandelt (aber auch bestätigt!) durch eine erstklassige intellektuelle Figur. Ich muss den Faden nur wiederaufnehmen. Es ist alles noch da. ›Wir geben nicht auf. Wir fangen noch einmal an‹ – das Mantra Lars Gustafssons in den Romanen über die ›Risse in der Mauer‹. Die Konservativen finden meine Essays gut (vielleicht ist der Essay überhaupt eine konservative Literaturgattung?). Aber ich habe zu der konservativen Seite des Spektrums nie eine Sympathie aufbauen können, und ich fühle mich schlecht in der Gesellschaft von Konservativen (oder Konservativitätsdarstellern wie Rutschky). Botho Strauß' ›Bocksgesang‹ neulich – das fand ich so *depressing*, wie mich Habermas heute happy machte. Ich sprach ihn danach auch noch an, er war supernett. Es ist alles noch da. (22.10 Uhr. Prost!)«

Es gab Grund, dass ich mir am Abend des 3. Oktober 1993 – drei Jahre nach der deutschen Wiedervereinigung – im Tagebuch selber zuprostete. Exzessive Habermas-Lektüre gab mir damals das tröstliche Gefühl ein, meine sozialistischen Träume seien auch in den Kommunikationsprozessen der offenen Gesellschaft, in die ich einzuwandern wünschte, wiederzufinden und aufgehoben. Es war gar kein Bruch oder Verrat, kein formelles Abschwören erforderlich. Habermas hatte mir eine goldene Gedankenbrücke gebaut. So wurde es um 1993 herum zu einer Wochenendtradition, dass ich sonntags nach dem Schreiben Frau und Kleinkind verließ und den Vorortzug zum Badeort Shin-Zushi nahm, von wo aus ich den Nachmittag lang am Pazifik entlangwanderte bis zu einem »Denny's Diner«-Restaurant am Strand. Über einem »Chicken Jambalaya« und einem Bier pflegte ich dort in Habermas' »Theorie des kommunikativen Handelns« zu lesen. Besonders die Kapitel über den Marxismus sind in meiner Ausgabe von Unterstreichungen fast ganz überwuchert und übersät von Ausrufezeichen, Asterisken oder Randbemerkungen wie »bedenklich«, »gut!« oder »zitieren!«. Vom Text auftauchend, sah ich das letzte Abendrot über dem Pazifik leuchten, und beim Zurückwandern in der Dämmerung zur Bahnstation tauchte die Silhouette des Fuji – der ikonische Berg war tagsüber im subtropischen Dunst verschwunden gewesen – als dünne Linie im letzten Licht des Nachthimmels auf.

Der Sozialdemokratismus Habermas', in dem sich als »verschwiegene Orthodoxie« viel von den marxistischen Maximen verbarg, die ich nur ungern und nur unter dem übermächtigen Druck historischer Erfahrung aufgab, empfand ich einerseits als eine seelische Abwehr der japanischen Mobilmachungsüberforderung. Und die durchgehende Rückbindung aller Gedanken auf Letztbegründung in Kommunikation tröstete mich andererseits über den endlosen Rezess arabeskenhaft nebeneinander herlaufender Grundüberzeugungen, der mich während der scheiternden deutsch-japanischen Verständigungsexerzitien meines Chefs zur Verzweiflung getrieben hatte. Der Pazifik rauschte. Das Ausbalancieren unvereinbarer Letztbegründungen im Interesse einer gemeinsamen Arbeit, gemeinsamer Politik, einer gemeinsamen

Erzählung, einer Ehe, des Zusammenlebens mit einem Kind wurde zum Ideal meiner Selbsterzeugung, meines autobiographischen Essayismus. Der auf den Nachmittag in Shin-Zushi folgende Sonntagabend zu Hause und sogar der kommende Büro-Montag lagen noch im milden Licht der neugefundenen Begrifflichkeiten, deren sentimentalem Erlebnis ich mich den Sonntagnachmittag über am Pazifik hingegeben hatte. Es war die Beleuchtung, in der ich Beruf, Ehestand und überhaupt »das Leben«, wie es der Autor von »Weinhaus Wolf« 1935 genannt hatte, ertragen konnte. Anziehend war die essayistische Haltung, weil sie den Begriff – »den Geist«, wenn man es unbedingt so sagen wollte wie Gottfried Benn damals – ebenso wie das Leben in eine ironistische Unverbindlichkeit und Ungefährlichkeit rückte. Weder musste der Theorieträumer sich der harten, zum Beispiel akademischen, Mühsal theoretischer Arbeit aussetzen, noch musste er Bürointrigen und Hauskreuz in letzter Instanz ernst nehmen. Die Samstagnachmittage von Shin-Zushi haben mir seit 1993 die Erlaubnis erteilt, systemförmige Theorien nicht mehr allzu ernst zu nehmen. Diese Nachmittage waren mein Abschied von der deutschen Philosophie. Statt ihrer traten *bricolage* und Kompromissbildungskunst in den Vordergrund. Kompromisse waren zu gestalten nicht nur zwischen eigentlich miteinander unvereinbaren psychischen Instanzen und Introjekten. Sondern auch zwischen den Gedanken, begrifflichen Milieus und politischen Haltungen, auf deren jeweilige Seite mich konsequent zu schlagen ich zeitlebens nicht imstande war. Ich wagte in meinen japanischen Jahren zum ersten Mal, aus der – in letzter Instanz evangelisch-pietistischen – Selbstaufgerufenheit zu marxistischer oder sonstiger Unendlichkeitskonsequenz herauszuklettern. Die Leiter stieß ich weg. Das Leben war als ein Ort der Verhandlung zwischen Unvereinbarem sichtbar geworden, und wieder ging jener Vorfrühlingswind in meinem Innern.

Es gibt eine literarische Parallelaktion zu dem, was mir am japanischen Pazifikstrand begegnete. In Thomas Manns »Zauberberg« erscheint, nachdem sich die Protagonisten Settembrini und Naphta fast das ganze Buch über mit ihren unvereinbaren Basisideologien bis zum endgültigen Überdruss der Leserinnen und Romanpersonen beharkt haben, eine zugleich undeutliche und eindrückliche Gestalt im Lungensanatorium »Berghof«: Pieter Peeperkorn. *He's gotten the girl,* nämlich die verführerische Kaukasierin Clawdia Chauchat, nach der sich Hans Castorp schon seit Jahren verzehrt und die ausgerechnet als Geliebte des neuen Sanatoriumsgasts wiederkehrt. Er äußert sich eindrucksvoll, aber denkbar unfolgerichtig: »Meine Herrschaften. – Gut«, sagt er zum Beispiel. »Alles gut. Er-ledigt. Wollen Sie jedoch ins Auge fassen und nicht – keinen Augenblick – außer Acht lassen, dass – Doch über diesen Punkt nichts weiter. Was auszusprechen mir obliegt, ist weniger jenes, als vor allem und einzig dies, dass wir verpflichtet sind, – und dass der unverbrüchliche – ich wiederhole und lege alle Betonung auf diesen Ausdruck – der unverbrüchliche Anspruch an uns gestellt ist – Nein! Nein, meine Herrschaften, nicht so! Nicht so, dass ich etwa – Wie weit gefehlt wäre es zu denken, dass ich – Er-ledigt, meine Herrschaften! Vollkommen erledigt. Ich weiß uns einig in alldem, und so denn: zur Sache!«

Und doch versteht man ihn. Thomas Mann, das ist zu spüren, sieht in dieser halb lächerlichen, halb erhabenen Buchperson eine Art Lösung. Eine Antwort auf die Frage, die sein Roman gestellt hat. Aber auch Hans Castorp, das Erzählmedium und »Weltkind in der Mitten«, sucht die Nähe des niederländischen Multimillionärs. »Aber in Gottes Namen, Ingenieur, das ist ja ein dummer alter Mann«, stellt sein Aufklärungsmentor Lodovico Settembrini den Helden über seine neue Freundschaft zur Rede. »Was finden Sie an ihm? Kann er Sie fördern? Mir steht der Verstand still!« Hans Castorp greift in seiner Rechtfertigungsrede nicht zufällig zu einer genau karikierten essayistischen Sprache. »Ich schwatze da Unsinn, aber ich will lieber ein bisschen faseln und dabei etwas Schwieriges halbwegs ausdrücken, als immer nur tadellose Hergebrachtheiten von mir geben«, sagt er. Castorp führt in seiner essayistischen Apologie das Leben ins Feld, eine zugleich undeutliche und unwiderlegliche Sache. Und er greift zu einem Begriff aus dem 18. Jahrhundert – dem der Persönlichkeit –, die Goethe in einem vielzitierten Gedicht des »West-Östlichen Divan« als das »höchste Glück der Erdenkinder« inthronisiert hatte. Peeperkorn verkörpert das als idiosynkratische Persönlichkeit geführte Leben: *private perfection*. Übrigens ist er, ein Andeutungs-Nebenscherz Thomas Manns, im Roman gestaltet als eine Karikatur Gerhart Hauptmanns, der wiederum für seine physiognomische

Ähnlichkeit mit Goethe berühmt war. »Persönlichkeit« ist, dem Teilzeit-Essayisten Hans Castorp zufolge, ein »Mysterium, das über Dummheit und Gescheitheit hinausliegt«. Aber ihre »Wirkung ist da, das Dynamische, und wir werden in die Tasche gesteckt. (...) Setzen Sie in eine Ecke des Zimmers Herrn Naphta und lassen Sie ihn einen Vortrag über Gregor den Großen und den Gottesstaat halten, höchst hörenswert, – und in der anderen Ecke steht Peeperkorn mit seinem sonderbaren Mund und seinen hochgezogenen Stirnfalten und sagt nichts als ›Durchaus! Erlauben Sie mir – Erledigt!‹ Sie werden sehen, die Leute werden sich um Peeperkorn versammeln, alle um ihn, und Naphta wird ganz allein dasitzen mit seiner Gescheitheit und seinem Gottesstaat, obgleich er sich dermaßen deutlich ausdrückt, daß es einem durch Mark und Pfennig geht.«

Das Erscheinen Peeperkorns bedeutet im »Zauberberg« in der gleichen Weise das Ende der Philosophie, wie der Auftritt Rortys und Habermas' in meinem Denkleben die pietistische, marxistische und japanische Mobilmachung beendet hatte. Das ergebnislose und in den unendlichen Regress hineinführende Ideenduell zwischen Settembrini und Naphta hat durch den Auftritt des niederländischen Millionärs seinen Sinn verloren. In Peeperkorns Gegenwart geht den philosophischen Schaukämpfen die Luft aus. Es gab »kein Knistern zwischen den Widersprüchen mehr, kein Sprung des Blitzes, kein Strom, – die Gegenwart, neutralisiert durch den Geist, wie dieser meinen wollte, neutralisierte vielmehr den Geist; Hans Castorp nahm es mit Staunen und Neugier gewahr«. Die beiden Endlosdisputanten des »Zauberbergs« waren Hunderte von Seiten lang vergeblich auf der Suche nach personenunabhängiger Wahrheit gewesen. Peeperkorn dagegen ist von vornherein im Besitz einer Evidenz, die in seiner Person erscheint und sich in den essayistisch abgerissenen Fragmenten seiner Sprechweise ausdrückt. Und ich hatte in Japan endgültig begriffen, dass die Philosophie und ihre abschließenden Vokabulare in Wirklichkeit ästhetische Gebilde sind. Dass sie, wie modische Vorlieben, wie sexuelle Präferenzen, wie Werkzeuge, wie persönliche Stile und Lifestyle-Entscheidungen, von allen, denen sie etwas bedeuten, unwillkürlich und unbewusst den Zwecken des Lebens untergeordnet werden. Der Traum vom »Denken aus einem Guss« – nämlich aus der kommunikativen Vernunft heraus – war in meiner Habermas-Obsession noch einmal und zum letzten Mal aufgetaucht, bevor die Wellen der Welt ihn überspülten.

Dann traten andere Geschichten in den Vordergrund. Schlagartig und unabweisbar entstand Bedarf an *pragmatism*. Unser Sohn kam zur Welt. Wir gingen nach Deutschland zurück. Ich richtete unsere Ehe zugrunde. Jahrelang war Schreiben das Einzige, woran ich mich noch halten konnte. Dann kamen, irgendwie, im Lauf der Monate und Jahre aus unvereinbaren Gedanken, Gefühlsstürmen und Begriffen Kompromissbildungen zustande. Sie sahen aus wie improvisierte Basteleien. Es war das Leben: eine autopoetische Laubsägearbeit. Irgendwie schafften wir es immer wieder, unsere Freundschaft, unsere elterliche Fürsorge und unseren Sinn für Realitäten im Kuddelmuddel allseitiger Verzweiflung über Wasser zu halten. Unsere Unvereinbarkeiten relativierten sich in der gemeinsamen Arbeit an etwas. Es stellte sich als eine der vielzitierten Patchworkfamilien heraus. Irgendwie ging es weiter: »Wir geben nicht auf. Wir fangen noch einmal an.« Das Mantra der Romane Lars Gustafssons über »Die Risse in der Mauer« war zum geheimen Motto eines essayistischen Lebens- und Schreibprojekts geworden, das ich in Japan gefunden und in den Turbulenzen von Tokio während der jetzt hinter mir liegenden vier Jahre zum ersten Mal erprobt hatte.

Sie fangen noch einmal an

Noch im Rückblick wirkt die persönliche Osterweiterung, die im letzten Jahr des 20. Jahrhunderts mit meiner Versetzung ins polnische Krakau begann, wie ein Weg ins endgültig Abseitige. Die äußere und innere Auswanderung nach Südpolen 1999 war eine viel grundsätzlichere Wendung meiner Lebensreise als der zurückliegende Japanaufenthalt. Ich kann die Nachwirkung dieser Zäsur heute, längst wieder in Deutschland, an einer Art freundlicher Verständnislosigkeit meiner hiesigen Bekannten ablesen. 2018 aus zuletzt Minsk nach Berlin zurückgekehrt, stehe ich sogar in der östlichsten deutschen Metropole im Ruch einer gewissen Fragwürdig- oder zumindest Wunderlichkeit, wenn ich davon erzähle, welch erfreuliche innere Revolution der Umzug in östliche Richtung unter »begriffs-sentimentalischem« Gesichtspunkt für mich bedeutet hat. Denn noch 2021, ein Dritteljahrhundert nach 1989, ist im Bewusstsein der gebildeten Stände Berlins – in den Altbauwohnungen von Charlottenburg, Friedenau und Kreuzberg – der »Eiserne Vorhang« weitgehend intakt. Er scheint inzwischen sogar bis an die

Stadtgrenzen vorgerückt. Nicht nur Polen, Tschechien, die Slowakei oder Ungarn sind in Berlin heute so gut wie unsichtbar; sondern es war auch kaum jemand, den ich hier kenne, jemals östlich von Marzahn – außer in dem brandenburgischen Dorf, wo das jeweilige Wochenendhaus steht.

Aber auch ich hatte 1998, als mich mein Arbeitgeber ins polnische Krakau versetzte, das Gefühl, mein Leben sei unwiderruflich zerstört. Und ich hatte in gewisser Weise recht: Der Mensch, der ich in Japan oder London war, ist während meiner polnischen Jahre tatsächlich untergegangen. Ganz wie ich damals befürchtete, bin ich mit der Verpflanzung nach Krakau und in den dann folgenden sechzehn Ost-Jahren ein anderer geworden. Freilich ein Glücklicherer, will mir scheinen, als ich im Westen je war. In der südpolnischen Renaissance- und Barockstadt, später im zugleich theresianischen und zwanziger-Jahre-modernistischen Bratislava, nach 2011 zwischen den orientalischen Holzarchitekturen und antiken Erinnerungen des georgischen Tiflis, schließlich ein Jahr lang im Schatten des »pariserisch« stalinistischen Beaux-Arts-Klassizismus des belarussischen Minsk und auf vielen Reisen zwischen Lemberg, Buchara, Kiew, Moskau und Perm habe ich einen Kontinent erlebt, der mein Selbstgefühl von Grund auf umgedreht hat – durch die Begegnung mit einer im Westen unvermuteten Art von Lebensfreude und einer aus dem vorletzten Jahrhundert stammenden Freiheitsromantik.

Vorerst jedoch stellte sich meine neue Karrierestation Krakau tatsächlich als eine Art Verbannung dar. Zumindest als Schauplatz einer Abschiebung. Während meiner Münchner Zeit hatte sich in der »Zentralverwaltung« meines Arbeitgebers Entscheidendes geändert. Meine japanische Zeit war fünf Jahre zuvor – im Winter 1994 – dadurch beendet worden, dass mich der Generalsekretär des Goethe-Instituts für die Organisationszentrale angefordert hatte. Ich sollte in München Pressesprecher werden. Ein Angebot, das kaum abzulehnen war. Ein Jahr nach der Geburt unseres Sohnes kam es auch den Wünschen meiner Frau entgegen. Nach einem letzten Aufenthalt im winterlich verschneiten Kyoto – Frau und Kind waren schon nach Deutschland vorausgeflogen, und ich wanderte eine Woche lang, zum letzten Mal und wie im Traum, von einem Tempel, Stein- oder Moosgarten zum anderen – begegnete mir im dezemberdüsteren München ein Deutschland, das nach vier Jahren Abwesenheit fremd aussah. Das Tagebuch verzeichnet Verstörung durchs Heimatliche: »14.12.1993. 12.00 Uhr, nach der ersten Hotelnacht und dem ersten Vormittag. Mulmige Gefühle, Regen, Verwirrung. München ist viel weniger dicht als Tokio. Ich laufe endlose Strecken und scheine nicht vom Fleck gekommen zu sein. Die deutsche Stadt wirkt weitläufiger als die japanische, obwohl sie ja im Vergleich winzig ist: viel weniger Leben pro Quadratkilometer. Die allgemeine Gereiztheit der Landsleute scheint stark angewachsen. Sie sehen ärmer und abgerissener aus als die Japaner, obwohl sie vermutlich reicher sind. Denn ihr Äußeres scheint ihnen unwichtig. Formlose Anoraks. Schwärzliche Farben. Praktikable Kurzhaarfrisuren. Fast spätmittelalterlich wirkende

Vermummungen. Unspezifisch verdrossenes Geschau. Nicht selten Blicke voller Hass, besonders von Seiten älterer Passanten. Mütter schimpfen ihre Kinder in einer Weise öffentlich zusammen, die in Japan undenkbar wäre. Ich sehne mich schon jetzt zurück nach der leichtfüßig-oberflächlichen, freundlich zeremoniellen Zivilisation dort, auch nach dem japanischen Wetter. Fühle mich verunsichert hier und muss aufpassen, meine Verwirrung, meinen Jet-Lag, meine Verlorenheit in den Schnee- und Regenstraßen und vor allem meine Angst vor dem neuen Job nicht auf das Land als Ganzes zu projizieren. Aber die allgemeine Demonstrativfrustriertheit und Gereiztheit sind doch nicht zu übersehen und scheinen mir zumindest eine Wahrheit über Deutschland zu sein.«

Mein neuer Chef, Generalsekretär Harnischfeger, war vorerst die einzige tröstliche Überraschung. Ein hochgewachsener Mann Mitte fünfzig, elegant, intelligent, sprachgewandt und begabt mit einem lässigen, mich beruhigend und erheiternd an meine Kollegen in Großbritannien erinnernden Humor. Spontane gegenseitige Sympathie führte schnell zu einem haltbaren Vertrauensverhältnis. Erst als ich zu Beginn des nächsten Jahrhunderts, schon von New York und Georgien aus, Gelegenheit bekam, mit dem damaligen Präsidenten Lehmann zusammenzuarbeiten, habe ich wieder etwas Vergleichbares erlebt. Harnischfeger war von 1976 bis 1996 im Amt. Er kam aus der sozialdemokratischen Bildungsreformbewegung der sechziger Jahre und hatte, bevor er CEO des Goethe-Instituts wurde, am Max-Planck-Zentrum für Bildungsforschung und in Planungsstäben des Berliner Bildungssenators und des Bundesministeriums für Bildung und Wissenschaft gearbeitet. Satzungsgemäß führt der Generalsekretär die Geschäfte des Instituts, während der Präsident es als Aufsichtsratsvorsitzender nach außen vertritt, vor allem der Politik und anderen Geldgebern gegenüber. 1977, ein Jahr nach Harnischfegers Amtsübernahme, war Klaus von Bismarck ins Präsidentenamt gewählt worden. Der liberalprotestantische Fernsehjournalist, Kirchenfunktionär und Bildungspolitiker beerbte eine Reihe eher konservativer Vorgänger. Das mit seiner Wahl installierte Arbeitsbündnis des liberalen Adligen mit dem sozialdemokratischen Bildungsreformer dauerte bis zu Bismarcks Ausscheiden 1989 und machte das Institut ein gutes Jahrzehnt lang zu einem allgemein geachteten, weitgehend selbständig agierenden »ideologischen Staatsapparat« sozialliberaler Politik- und Kulturmentalitäten. Das Institut war in Deutschland Ziel politischer Angriffe von konservativer Seite, während fortschrittliche Journalisten sich sein Lob und seine Verteidigung angelegen sein ließen. Seine Auslandsfilialen verkörperten so etwas wie »das gute Deutschland unter Palmen«. Es war die »klassische« Phase der Organisation, und sie ging während meiner Jahre in ihrer Münchner Zentralverwaltung zu Ende. Im Geist des aus Großbritannien herüberwirkenden *new public management* interpretierte das Auswärtige Amt unter Klaus Kinkel zu Beginn der neunziger Jahre seinen Rahmenvertrag mit dem Goethe-Institut zunehmend weniger als Vereinbarung mit einem selbständigen Partner, auf dessen Loyalität man sich auch verlassen hatte, wenn man ihm in der auswärtigen Kulturpolitik lange Leine ließ. Stattdessen begann das Außenministerium nach 1989, vermutlich unter dem Druck des großen christdemokratischen Regierungspartners, die Momente von kulturpolitischer Beauftragung und Dienstleistung zu betonen, die zwischen Zuwendungsgeber und Institut zwar schon immer vertraglich festgelegt gewesen, aber eher großzügig behandelt und fast ignoriert worden waren. Der brillante und entsprechend selbstbewusste Harnischfeger stand dieser neuen Politik im Weg, und mit dem Amtsantritt des publicitybewussten SPD-Manns Hilmar Hoffmann, dessen Markenzeichen schon während seiner Heroenzeit als Frankfurter Kulturdezernent ein gutes Verhältnis zur Christdemokratie gewesen war, wurde das sehr spürbar. Besonders für den Leiter der Öffentlichkeitsarbeit.

Es war in einem der letzten Jahre jener »Bonner Republik«, vermutlich 1996. Wir hatten einen Termin bei Helmut Kohl. Am Rand einer »Planungsbesprechung« mit den »Regionalbeauftragten« aus aller Welt war die Führung des Instituts zu Gast in der seltsam luftkurortartigen damaligen Hauptstadt und als Höhepunkt geladen in ein Kanzleramtsgebäude, dessen Tage schon gezählt waren. Wir waren mit öffentlichen Verkehrsmitteln auf den Vorplatz des von einer anonymen »Planungsgruppe Stieldorf« bewusst ohne jedes ästhetische Aufsehen in den Park um das Palais Schaumburg hineingebauten Stahlskelettkomplexes gekommen. Der Staat der ersten Nachkriegsrepublik hatte sich mit diesem

Flachbau in einer kybernetischen Zweckmäßigkeitsauffassung vor sich selbst versteckt. Die Henry-Moore-Plastik davor war die einzige visuelle Pointe des Ensembles, erst Helmut Schmidt hatte sie hinzugefügt. Eine Bronzezusammenballung, an der Fernsehbilder sich befestigen konnten. Ich erwartete so etwas wie den Höflichkeitsbesuch bei einer Erbtante. Das von Sicherheitsleuten und Protokollbeamten betreute Fließband aus Begrüßungs-, Kontroll-, Durchschleusungs- und Platzierungsmaßnahmen nahm uns viertelstundenlang auf, und als wir schließlich – ungefähr dreißig Herren in ihren besten Jahren und Anzügen; nicht mehr als eine oder zwei Damen – in einem niedrigen, fensterbandumfassten Saal an einem Konferenztisch versammelt saßen, fühlten wir uns wie eine halb eingeschüchterte, halb verdrückt aufsässig gestimmte Schulklasse. Denn es war ja klar, dass weder der in der Münchner Zentrale aktive Führungskreis noch die im Ausland tätigen Regionaldirektoren des Instituts mit dem CDU-Kanzler sympathisierten. Im Gegenteil. Kohl, 1982 als lächerliche »Birne« gestartet, war das prädestinierte Feindbild von Menschen, die in den späten sechziger Jahren jung gewesen waren und die politischen Reflexe ihrer Studentenzeit noch unbestimmt in sich trugen: »Altachtundsechziger«. In deren Kreis ich, immerhin schon Anfang vierzig, die Benjamin- und Nachwuchsrolle zu spielen hatte.

Vielleicht deshalb war ich von Kohls glänzend vorbereiteten und überraschend sympathischen Referenten, Assistenten und Protokollgehilfen als eine Art Schwachstelle in der Altrebellenphalanx ausgemacht worden und daher Ziel verstärkter Charmierungsmaßnahmen. Ein Jahr zuvor war mein komischer Politroman »Walkers Gleichung« erschienen, der in Diplomaten- und Politikerkreisen amüsierte Leser und geradezu Fans gefunden hatte, schmeichelhafterweise sogar in Person des Außenministers Klaus Kinkel, der mir ein freundliches und lustiges Handschreiben dieses Sinnes hatte zukommen lassen. Schmunzelnd wies man mich nun darauf hin, dass auf der mir zugewandten Rückseite meines in Protokollbeamtenkalligraphie beschrifteten Platzkärtchens, nur mir sichtbar, der Name meiner Roman-Hauptfigur zu lesen war: Siegmund Walker. Meine halb über mich selbst ärgerliche Autoreneitelkeit mischte sich mit wirklicher Bewunderung für die Detailkenntnis, die Sorgfalt, den Charme und den Humor der jungen Leute Helmut Kohls, die sich nach ihrem Coup, Notizblöcke zückend, in die zweite Reihe zurückgezogen hatten. Die waren wirklich gut, fand ich – durch Gelesenwerden so mühelos bestochen wie je ein Autor.

Unterdessen wartete man noch. Es gab Gedecke mit Wasser und Obstsaft. Kekse waren bereitgestellt worden. Hinter einer der hohen Türen regte sich schließlich gedämpftes Stimmengewirr und Schrittgeräusche, sie öffnete sich, und der große Politiker erschien. Groß war er in mehr als einem Sinn. Ich konnte mich nicht erinnern, überhaupt jemals einen so hochaufragenden und korpulenten Menschen gesehen zu haben. Fernsehbilder, das wurde gleich klar, vermittelten das Naturereignis seiner Körperlichkeit nur unzureichend. Die Füße steckten in zugleich orthopädisch-hausschuhartig und modisch-stutzerhaft anmutenden Lederslippern. Mit raumgreifend rudernden Bewegungen der gesamten Leibesmasse, aus elefantenartig kleinen und wachen Augen die Stimmung im Saal sofort erfassend, umweht von der Helfergestalten-Corona, bewegte er sich bewusst nicht direkt auf seinen vorbereiteten Platz zu. Sondern ging spontan – vermutlich protokollwidrig – dazu über, jedem von uns die Hand zu schütteln. Das bewirkte, dass das Rund von Menschen, die morgens im Hotel noch geplant hatten, ihm »gehörig die Meinung zu sagen« – gezwungenermaßen und wider Willen ehrerbietig – aufstand, und wir alle, halb nervös, halb geschmeichelt, darauf warteten, an die Reihe zu kommen. Ich kann mich heute noch an die Empfindungen erinnern, als meine Hand in der sehr geräumigen und weichen des Kanzlers sozusagen auf Nimmerwiedersehen versank. Seine Augen hinter der tropfenförmigen Brille waren überraschend – fast frauenhaft – langbewimpert.

Als man schließlich wieder saß, war ein Gutteil der angestauten Rebellionsenergie freundlich verdampft. Was aus Kanzleramtsperspektive für das nun kommende Gespräch wünschbar war. Denn wie gesagt: Das Verhältnis zwischen Kohl und dem Goethe-Institut war belastet. Nicht nur, dass dem Kanzler jene sozialliberale Unabhängigkeit der »Mittlerorganisation« schon seit einiger Zeit ein Dorn im Auge war. Auch der »erweiterte Kulturbegriff«, den das Institut vertrat, traf seinen Geschmack nicht. Kohl wünschte sich mehr Repräsentation und Staatsästhetik. Präsident Hoffmann, erfahrener Meister des Ausgleichs zwischen Christ- und Sozialdemokratie, hatte die Stimmungslage des Kanzlers genau getroffen, als er die Gründung einer Filiale im ostdeutschen Weimar vorantrieb, wo aus Geldmangel zwar nicht allzu viel stattfand, von wo aber der Geist der deutschen Klassik – das jedenfalls war die Idee – irgendwie auf die Gesamtorganisation abstrahlen sollte. Die lang vorbereiteten »kritischen Wortmeldungen« vor allem der Auslandskollegen wurden nun – plötzlich merkwürdig halbherzig – abgespult und verpufften im Vakuum von Kohls souveränen, versöhnlichen, wenn auch etwas nichtssagenden Kompromissformeln. Die angesetzte Zeit war noch nicht halb vorbei und der Gesprächsstoff schon völlig versiegt, als Kohl – wiederum vermutlich ganz aus dem Moment heraus – sich sehr peeperkornartig aufrichtete, das gruppendynamische Geschehen an sich zog und einen der Vorschläge machte, die sein Markenzeichen gewesen sein müssen und vielleicht auch in anspruchsvolleren Konfliktsituationen als dieser einen Ausweg aus atmosphärischen Blockaden gewiesen haben.

Das Treffen war auf elf Uhr vormittags angesetzt gewesen und hatte bis zu seinem Versickerungspunkt kaum zwanzig Minuten gedauert. Kohl sah auf die Uhr und sagte: »Wissen Sie, es ist zwar noch früh, aber ich möchte ein Glas Wein mit Ihnen trinken.« Es sei ihm da vor einigen Tagen – an der Ahr, wenn ich mich richtig erinnere – eine besonders gute Kreszenz untergekommen, von der er sich ein paar Kisten ins Kanzleramt habe schicken lassen. Eine kleine Erläuterung der geographischen Lage jenes Weinbaugebiets in etwas gestelzten Sätzen des Kanzlers schloss sich an. »Dort wächst ein guter Wein«, sprach Kohl, »den wollen wir jetzt gemeinsam genießen.« Hilfsgeister erschienen mit Gläsern und Flaschen. Der Kanzler erhob sein Glas, wir taten es ihm gleich, und die Gefühlslage zwischen ihm und dem Goethe-Institut war von einem Moment auf den anderen eine völlig andere. Präsident Hoffmann musste diesen Stimmungsumschwung im Institutsalltag nur noch aufnehmen und in konkrete Politikveränderungen lenken. Sie sollten den Sturz meines Beschützers Harnischfeger und folglich auch den meinen nach sich ziehen.

Was ich an jenem Vormittag nicht im Entferntesten erkannte. Stattdessen war ich von Kohl in einer Weise beeindruckt, die dem Taschenspielertrick des erfahrenen Menschenbehandlers vielleicht gar nicht angemessen war. Genau so machte man es, schien mir plötzlich klargeworden zu sein. Genau das war demokratische Politik: die Aushandlung von Konflikten durch die Einwirkung einer peeperkornhaften Persönlichkeit, unter deren Einfluss die Widersprüche – ganz im Sinn klassischer Dialektik – eine Bewegungsform finden konnten. Nicht Ideologien, nicht einmal Ideen regierten die Welt. Der Ausgleich gegensätzlicher Interessen vollzog sich vielmehr im Hier und Jetzt konkreter Menschen und Lebenssituationen. Wahrscheinlich, dachte ich, war es zwischen Michail Gorbatschow und Helmut Kohl in den entscheidenden Momenten der deutschen Nachkriegsgeschichte nicht anders zugegangen. Vermutlich hatte dieser große dicke Staatsmann seine erstaunlichen und bis heute nachwirkenden Erfolge in der gleichen Mischung aus Schlauheit, machtpolitischer Berechnung, Intuition, Spontaneität und Charme erzielt, die er an diesem Vormittag anlässlich eines ganz unbedeutenden politischen Konflikts virtuos an den Tag gelegt hatte. Als ich Jahre später ein TV-Interview mit Kohl sah, in dem er erzählt, wie Gorbatschow und er in einer Sommernacht des Jahres 1989 gemeinsam auf der Mauer um das Kanzleramt gesessen und dem Strömen des Rheins zugesehen hätten – der dann plötzlich das Symbol der deutschen Einheit gewesen war –, dachte ich an jenen Vormittag im Bonner Kanzleramt und hielt seine Schilderung für glaubhaft.

Nur schade, dass mir selbst jeder Instinkt für geschicktes institutionspolitisches Handeln vollkommen abging. Denn als deutlich wurde, dass die lange und erfolgreiche Amtszeit Horst Harnischfegers angesichts der neuen Staatsnähe des Instituts zu Ende gehen würde und die Protektion meines Chefs an Wirksamkeit verlor, reihte sich in meiner Amtsführung Fehler an Fehler. Ich fand aus dem Studiolo, jenem inneren Doppelleben, das meinen Narzissmus mit der Welt in ein prekäres Gleichgewicht gebracht hatte, nicht heraus und in einen Aktionsraum hinein, der mir erlaubt hätte, in der neuen institutspolitischen Situation mit Erfolg zu navigieren. Ich war vielleicht nicht zu dumm dazu, aber zu blind, und es dauerte nicht lang, bis mir der Personalchef freundschaftlich nahelegte, mich – bevor Schlimmeres passierte – an irgendein Auslandsinstitut wegzubewerben.

Nach einigem Hin und Her wurde es Krakau. Ein Ort, den ich im Lexikon nachschlagen musste. Familiär war es eine Katastrophe. Unser Sohn, den wir inzwischen getrennt erzogen, war fünf. Jetzt würde ich nicht nur ein getrennter, sondern auch ein über weite Strecken abwesender Vater sein müssen. Und auch die Institutsfiliale, die ich am 3. Januar 1999 in der verschneiten südpolnischen Renaissancestadt übernahm, präsentierte sich als Sanierungsfall. Das Palais am Hauptmarkt gegenüber der Marienkirche, jahrhundertealter Sitz der Adelsfamilie Potocki, war seit den Zeiten, als es Geschäftsstelle der polnisch-sowjetischen Freundschaftsgesellschaft gewesen war, nicht mehr renoviert worden. Es mussten Handwerker und Restauratoren ins Haus gelassen, Computer angeschafft, Kündigungen ausgesprochen, Neueinstellungen vorgenommen, Aktenführungsmethoden reformiert, Buchungsrückstände beseitigt, Arbeitsgerichtsprozesse geführt werden. Inspektionen der Zentralverwaltung waren zu überstehen. Eine glückliche Hand bei der Personalführung, Einfühlungsvermögen, jene von mir so bewunderten Kohl- oder Peeperkorneigenschaften, ließ ich zwar auch in Krakau weitgehend vermissen. Aber eine gewisse Energie konnte man mir nicht absprechen. Außerdem hatte ich Glück. Vor allem aber begann der Stadtcharakter Krakaus, ein zugleich geschichtliches und gegenwärtiges, zugleich persönliches und überpersönliches Wesen, wie ich es so eindrucksvoll nirgendwo anders am Werk gesehen habe, auf mich aufmerksam zu werden und mit mir Verbindung aufzunehmen.

Es war an einem Arbeitstag in meinen ersten Wochen. Ein Freitag im tiefen polnischen Winter. Gegen elf Uhr war die Sonne durch die Wolkendecke gekommen. Ein paar Mittags- und frühe Nachmittagsstunden hatte das weite Renaissance-Ensemble des Hauptmarkts in blendendem Schneelicht dagelegen. Es drang durch verstaubte Vorhänge in die zentralheizungsgeschwärzten Amtsstuben des »Pałac Potockich«, wo sich meine schweigenden oder nur unbestimmte Auskünfte gebenden Kolleginnen hinter hohen Stapeln längst obsoleter Akten verschanzt hatten. Ich saß zur Mittagszeit ratlos und angsterfüllt in meinem Büro mit dem überdimensionierten Schreibtisch, vor einem Renaissancegobelin, in dem sich mein Blick während solcher Tage viertelstundenlang verlieren konnte. In der das Gebäude durchdringenden Bürokratenstille werde ich darüber nachgegrübelt haben, ob ich den Kampf mit dem Genius Loci aufnehmen – oder gleich das Handtuch werfen und zu meinem beruflichen Demütigungsort und meinem Sohn nach München zurückkehren sollte. Aber dann entstand im Vorzimmer Tumult. Jemand versuchte zu mir vorzudringen, so viel konnte ich dem polnisch geführten Wortwechsel zwischen meinen Kolleginnen und einer Frauenstimme entnehmen. Aber deren Besitzerin wurde nicht vorgelassen. Es lag kein »Termin« vor, der nach den hier herrschenden Gepflogenheiten schriftlich oder telefonisch im Voraus hätte anberaumt werden müssen. Ich trat ins Vorzimmer und bat die von der Begegnung mit dem mich umgebenden Verwaltungsapparat empörten und erhitzten Eindringlinge herein. Sie stellten sich vor als die polnisch-schwedische Fotografin Joanna Helander und ihr Partner Bo Persson aus Stockholm. Das Paar hatte – aus welchem Grund auch immer – auf einer seiner Reisen in die alte Heimat Joannas mal schauen wollen, was sich so im Goethe-Institut Krakau tat oder angeboten sein mochte, und war mit Hilfe seiner Hartnäckigkeit hierher zu mir und in meine Bürolähmung vorgedrungen. Die gegenseitige Erleichterung, auf Menschen zu treffen, die vom Bann des spukschloss- oder dornröschenschlafartig verzauberten Gebäudes nicht ganz erfasst waren, begeisterte uns wechselseitig, und ich lud die beiden – sie waren gegen die strenge Kälte skandinavisch vermummt mit selbstgestrickten Mützen, Pullovern und Schals – an den entgeisterten Ortskräften vorbei zum Essen in ein nahegelegenes Restaurant ein. Joanna, erzählten sie mir dort, war 1971 aus einem Volkspolen, dessen depressiven und repressiven Geist sie nicht mehr ausgehalten hatte – und dessen Nachleben ihr in meinem Vorzimmer entgegengetreten war – nach Schweden emigriert. Von dort aus unterstützte sie den antikommunistischen Freiheitskampf der Daheimgebliebenen, der jahrzehntelang in existenzieller Aussichtslosigkeit weitergegangen war, indem sie bei regelmäßigen Aufenthalten in der Heimat die Protagonisten der Opposition und deren Theateraufführungen, Wohnküchenfeste, Demonstrationen und halblegale Kunstausstellungen fotografisch dokumentierte. Mein Freitagnachmittag hatte einen erheiternden und tröstlichen Schwerpunkt gefunden – den ich allerdings bis zum Feierabend über dem danach weiterwirkenden Angestelltenjammer schon fast wieder vergessen hatte.

Tags darauf, am Samstag, brütete schon gegen drei Uhr nachmittags ein verfrüht angebrochener Winterabend über der Stadt. Es herrschte, wieder einmal, eine Atmosphäre, wie sie so neblig, kalt, dunkel und poetisch außer in den winterlichen Gassen Krakaus nur in gewissen Filmen von Fritz Lang oder in viktorianischen Schauerromanen vorkommt. Meine Wohnung lag in einem post-volksdemokratischen Neubau, von denen es damals erst ganz wenige gab. Ich hatte das Gebäude noch in München in einer Architekturzeitschrift gesehen und gleich gewusst: Da würde ich wohnen wollen. Was auch gelang. Der »Wawel«, die Akropolis der polnischen Renaissancekönige, war das auf einem hochaufragenden Felssockel gelegene Nachbargrundstück, und die Fensterfront des vage bauhausartig anmutenden Mehrfamilienobjekts in der Smocza-Straße sah über einem vanillefarbenen Travertinsockel in die Auen der Weichsel hinaus. Ich werde an jenem Samstag während der kurzen Tageslichtperiode in der mittelalterlichen Altstadt durch den Schnee gestapft sein. Oder ich könnte, einer anderen meiner damaligen Gewohnheiten folgend, auf den nahe gelegenen Kościuszko-Hügel gewandert sein. Dort nämlich lag, hinter den dicken Mauern ehemaliger k.u.k. Festungskasematten, ein von der Welt vergessenes Café, wo ich in jenen Wochen samstagnachmittags oft die FAZ las, die ich zuvor im meist menschenleeren Foyer des »Forum«-Hotels, einem weitgehend verwaisten brutalistischen Betonbau unweit der Weichsel, an einer Art Innen-Kiosk zu erstehen pflegte.

An jenem früh hereingebrochenen Abend saß ich nun, nachdem ich mit meinem Samstagsprogramm durch war, unschlüssig in meiner Küche, haderte mit meiner Einsamkeit, der Sehnsucht nach meinem Sohn, mit meinem neuen Dienstort, meinem Arbeitgeber und meinem Schicksal, als an der Wohnungstür einer der Sicherheitsangestellten klingelte, die im Eingangsbereich des Hauses – warum, habe ich in sechs Jahren Mieterschaft nicht wirklich herausbekommen – im Auftrag des praktisch nie anwesenden Besitzers Tag und Nacht Wache hielten. Es seien, soweit verstand ich den Mann, verdächtige – oder zumindest unbekannte – Individuen aufgetaucht, die behaupteten, zu mir zu wollen, ob ich herunterkommen und sie in Augenschein nehmen könne. Hinter der Glasscheibe der Eingangstür standen Joanna, Bo und zwei mir unbekannte Gäste. Sie schauten aus der Winternacht zu mir herein wie Verbannte. Die vier unter Entschuldigungen hereinzubitten und an den steinern dreinschauenden Wachleuten vorbeizuschleusen, wurde Auftakt zu einem der seltsam ziellosen Wohnküchenabende, die ich in den nun folgenden Jahren als ein Relikt, aber auch als eine Errungenschaft der zurückliegenden kommunistischen Periode kennenlernen sollte: eine Art antitotalitäres Nationalerbe des volkspolnischen Untertanenkollektivs. Man hatte eine Flasche sehr guten Cognacs mitgebracht. Das mir noch unbekannte Paar – es waren der Dichter und Übersetzer Ryszard Krynicki und seine Frau Krystyna, Geschäftsführerin des Verlagshauses A5 – verkörperte etwas anderes als die hemdsärmelig zutrauliche Hippie-Verzauselung der buntwollen vermummten Freunde aus Schweden. Im Ehepaar Krynicki begegnete mir zum ersten Mal das osteuropäische Eleganz- und Autonomieprogramm. Ein zugleich selbstbewusstes und zugewandtes Auf-sich-Halten zeigte sich, das mich vom ersten Augenblick an tief charmierte und das ich in meinen polnischen Jahren als einen in allen Gesellschaftsschichten unseres östlichen Nachbarlands verbreiteten Habitus kennengelernt habe.

Ryszard Krynicki war ein damals noch nicht ganz sechzig Jahre alter Mann von geistvoller Hagerkeit. Ein kurz geschorener grauer Bart. Ein zugleich zurückhaltendes und von sich überzeugtes Lächeln. Eine mir sonst bei keinem Menschen anschaulich gewordene aufmerksame Langsamkeit bestimmte alle seine Bewegungen und Äußerungen, eine Sorgfalt seines ganzen Wesens. Er hatte einen langen schwarzen Wollmantel an. Schneeflocken lagen auf seinen Schultern, als er bei mir eintrat, schmolzen auf seinen buschigen Augenbrauen und auf einem schwarzen Barett, das er jetzt vom fast kahlen Kopf nahm. Seine Frau dagegen zitierte mit Garderobe und Auftritt einen Frauentypus, der aus den zwanziger Jahren des untergegangenen Vorkriegs-Warschau zu stammen schien. Auch sie trug Schwarz, aber im Unterschied zu dem Mantel ihres Mannes hatte der ihre eine am Rücken geraffte Taille und breite Paletot-Aufschläge. Sie hatte halbhohe Winterschnürstiefel an den Füßen, und ihr blasser Teint war dramatisiert durch einen dunkelroten

Lippenstift. Die beiden treten heute in den Raum meiner rekonstruierenden Erinnerung wie aus den Seiten eines Modejournals der Zwischenkriegszeit. Auch in den Innenstadtstraßen Münchens oder Mailands wären sie ein auffallendes Paar gewesen. Im düsteren Krakau des vorletzten Jahrhundertwinters aber hatten sie etwas Zitathaftes. Sie wirkten wie hereingeschneit aus einem lang schon unsichtbar gewordenen Land.

In meiner Westsozialisation hatte ich ästhetische Überlegenheit, wie sie dieses Paar verkörperte, als die Außenseite von Arroganz und Exklusion zu fürchten gelernt. Verblüffender- und erheiternderweise war die Krynicki-Eleganz jedoch begleitet von zugewandter und humorvoller Freundlichkeit, Neugier und Nachsicht. Meine Einsamkeit wurde innerhalb weniger Minuten von Menschen, die ich vorgestern noch nicht gekannt hatte, geheilt auf eine Weise, die im Westen ohne Parallele oder auch nur denkbar war – und aus keinem anderen Grund als dem, dass Bo und Joanna mich irgendwie sympathisch gefunden und ihren Freunden von mir und meinem Eingemauertsein im Palais Potocki erzählt hatten: »Den besuchen wir jetzt einfach mal!« Der Cognac tat das Seine. Es war eine charmante und jahrelang nachwirkende Einführung in *la polonitude Cracovienne*. Und zugleich etwas viel Grundsätzlicheres. Denn noch bevor ich jemals etwas von Ryszard Krynicki gelesen hatte, wurde mir die Wesenssorgfalt dieses Mannes der Schlüssel zum Verständnis einer Haltung, Geistesverfassung, intellektuellen Mentalität und Persönlichkeitstechnik, die ich vorher und nachher nirgendwo sonst als in Osteuropa – und am intensivsten und dankbarsten in Krakau – erlebt habe. So abstoßend die Unfreundlichkeit, der nationalistische Dünkel und die neurotische Verdruckstheit waren, die von den Überresten Volkspolens und zugleich – was ich damals nicht wissen konnte – dem Vorschein des noch in der Zukunft schlummernden PiS-Nationalismus in jenen Jahren auf mich einwirkten, so offenherzig, aufnahmebereit und weltmitbürgerlich begegneten mir 1999 die Menschen, an denen das kommunistische System ein Jahrzehnt zuvor gescheitert war. Ryszard und Krystyna Krynicki hatten – in Poznań, wo sie damals noch lebten – zusammen mit dem Dichter Stanisław Barańczak, dem oppositionellen »Teatr Ósmego Dnia« und anderen Gleichgesinnten unterm Bann des Spätstalinismus jahrzehntelang ausgeharrt und keine inneren Kompromisse mit ihm gemacht.

Was Totalitarismus war, hatte Ryszard, der 1943 in einem österreichischen Nazi-Zwangsarbeitslager zur Welt gekommen war, schon als Säugling erlebt. Alle seine leisen und sorgfältigen Sätze, Bewegungen, Tonfälle und Gedichte waren gesteuert von einem zu Intuition gewordenen Wissen, wie politische Aufgeblasenheit und Brutalität dekonstruiert werden können. Nicht konträre Ideologien oder politische Erregungen waren das dazu geeignete Mittel. Gegen totalitäre Mentalitäten half nicht etwas von der Art, wie es Hans Castorp in den endlosen philosophischen Disputen Naphtas mit Settembrini verfolgt hatte. Totalitarismus scheiterte viel zuverlässiger an einer Art von oppositioneller Lebenstechnik. An Wirkungen von »Persönlichkeit«, wenn im Fall Krynickis auch nicht von jener lauten und undeutlichen Art, wie sie mit Pieter Peeperkorn im »Zauberberg« aufgetreten war. Im Gegenteil. Die Krynicki-Wirkung war das sorgfältige Achtgeben auf konkrete individuelle Wahrnehmung und deren möglichst genauen und authentischen Ausdruck. Die antitotalitäre Waffe war Wesenspräzision: der »deutlich unterschiedene Charakter unseres Sehens, Hörens, Fühlens, Schmeckens und Riechens«. Das ist ein Zitat aus Krynickis Gedicht »Détente«, wo die Phrase »großer« Politik am Festkörper subjektiver Genauigkeit und Empfindlichkeit zerstiebt wie ein Wassertropfen, der auf das Fensterbrett des Dichters fällt. Individuelle Lebendigkeitspoesie wird in diesem Gedicht politisches Programm. Es zeigte sich eine Art engagierter Lyrik, die ich im Westen nirgends hatte kennenlernen können, weder bei Brecht noch bei Erich Fried noch bei Hans Magnus Enzensberger. Ryszard Krynickis Schreiben, Auftreten und Dichtersein war vielmehr etwas spezifisch Osteuropäisches. Es machte, wie ich während meiner polnischen Forschungen und Lektüren erkannte, die poetische Probe auf jenes »Leben in der Wahrheit«, das der Dramatiker und spätere tschechoslowakische Präsident Václav Havel tief in den schlimmen siebziger Jahren in seinem Essaymanifest »Die Macht der Machtlosen« postuliert hatte. Der Begriff ist im untergegangenen Ostblock zu einem weltgeschichtlich wirksamen Widerstandsmantra geworden.

Intuitiv begriff ich damals zudem, dass mit Krynickis Haltungen, mit jenem »Leben in der Wahrheit«, eine osteuropäische Interpretation von Richard Rortys *irony* gefunden war – und sich sogar schon politisch bewährt hatte. Weder verlor sie sich in den Schluchten der Letztbegründung noch in jenem Beliebigkeitsnebel, den ich in Japan kennengelernt hatte. »Leben in der Wahrheit« war eine Form der *private perfection*, die zugleich *public solidarity* verwirklichte. Diese Autopoiesis war unwillkürlich politisch. Es ging der osteuropäischen Oppositionswahrheit nicht um Philosophie. Sondern um das bewusste und sorgfältige Erleben eines konkreten Augenblicks, einer prägnanten Intuition, einer wahrhaftigen Reaktion auf einen politischen Slogan, auf ein Gesicht, ein Gefühl, auf eine zwischenmenschliche oder gesellschaftliche Stimmung. Denn »jeder freie Ausdruck der Lebendigkeit bedroht das posttotalitäre System indirekt politisch, auch Ausdrucksformen, denen in anderen sozialen Systemen niemand irgendeine potenziell politische, geschweige explosive Bedeutung zuschreiben würde«, wie Václav Havel schrieb. Ein System des Todes wurde durch jedes Anzeichen von Leben unterminiert. In Krynickis Auftreten und Anwesendsein war, wenn man die Sätze Havels gleichsam danebenlegte, eine präzise Definition dessen sinnfällig geworden, was in Thomas Manns Roman »Persönlichkeit« heißt. Es war ein wieder anderer, vom Deutschsein wieder anders unterschiedener Innerlichkeits- und Sprachraum als derjenige Peeperkorns, John Bergers, Ulrich Simons oder der britischen *wits*. Was sich in Krynickis Selbstdarstellung auftat, war ein ostmitteleuropäisches Studiolo, voll eigener Komik, Würde, Selbstironie und Wurstigkeit. Der Kampf gegen den Totalitarismus, den Krynickis Wesenssorgfalt verkörperte, war angewandter *pragmatism*. Sein Wahrheitskriterium war Praxis. »Ein wesentlicher Teil der ›dissidentischen‹ Haltung«, so wiederum Havel, »besteht darin, dass sie sich aus der Realität des menschlichen Hier und Jetzt herleitet.« Havel war aus anderen geistesgeschichtlichen Traditionen als William James oder Charles Sanders Peirce zu ähnlichen Maximen gelangt wie die *American pragmatists*. Er stellte die von ihm politisch vorgeschlagenen Haltungen in eine Tradition »kleiner Arbeit«, die der tschechische Philosoph und spätere Staatspräsident Tomáš Masaryk seiner Nation schon vor der Staatsgründung im Jahr 1918 aufgegeben hatte. Die »kleine Arbeit« ist – wie das dissidentische Hier und Jetzt – ein unscheinbarer, vordergründig insignifikanter, nur als existenzialistische Setzung wirksamer Ausdruck individueller Lebensperfektion. Aber so klein er sich macht, so groß können die Wirkungen des in Osteuropa erfundenen »politischen Peeperkornismus« werden. »Die Logik ist unerschütterlich, aber einem Menschen, der leben will, widersteht sie nicht«, heißt es am Ende von Kafkas »Prozess«, und die Logik des Totalitarismus war hier vor zehn Jahren tatsächlich gescheitert am Lebenswillen, an der Wahrheitsemphase und Gefühlsgenauigkeit vieler konkreter Menschen. In einer politischen Entscheidungssituation war sie nach langer Marginalisierung und Aussichtslosigkeit dann plötzlich zum Tragen gekommen und geschichtswirksam geworden. Hier hatten viele miteinander in finsterer Zeit nicht aufgegeben. Und jetzt fingen sie noch einmal an. Die kleine Arbeit eroberte die große historische Bühne.

Der britische Fotografiehistoriker Ian Jeffrey – der eine Zeitlang in Prag lebte – hat den Begriff der *urgency* in die Kunstbetrachtung eingeführt. Er bezeichnet damit eine schwer greifbare innere Notwendigkeit und Ernsthaftigkeit des Ausdrucks, die in bestimmten Perioden der Fotografiegeschichte zu beobachten ist – Jeffreys wichtigstes Beispiel ist die japanische Fotografie der sechziger Jahre. Man kann seinen Begriff aber auch verallgemeinern. *Urgency* ist eine generell verwendbare kultur- und politikgeschichtliche Beobachtungsanregung. In jenen »dringlichen« Perioden, Fotografien, Kunstwerken, Stadtcharakteren, Länderzuständen herrscht eine Zwangsläufigkeit, Durchschlagskraft und Plausibilität des Ausdrucks, die in etablierteren, behäbigeren, ausformulierteren Zeiten und Orten fehlt. Im Krakau des Jahres 1999, so kann man Jeffreys Begriff in den Horizont der Kultursoziologie hinübermodulieren, war eine *urgency* des Lebens zu bewundern, die ich in München oder Berlin nicht hatte kennenlernen können. Talleyrand hat gesagt, wer die Zeit vor der Französischen Revolution nicht erlebt hat, werde nie begreifen, wie süß das Leben ist. Ich bin ein umgekehrter Talleyrandianer. Ich glaube, dass ich nie verstanden hätte, wie hoffnungsvoll, inspirierend, erfolgsversprechend und abenteuerlich das Leben sein kann, wenn ich nicht zehn Jahre nach der antikommunistischen Revolution von 1989 eine Zeitlang sozusagen mitgeschwommen wäre im Strom eines Landes, das seine Lebensgesetze neu formulierte.

Die Menschen meiner neuen Heimat waren von dem Gefühl beseelt, dass ihnen nach dem Sieg über den Kommunismus alles gelingen müsse. Wer den deprimierenden und gewalttätigen Herrschern in Moskau und ihren einheimischen Statthaltern nicht nur eine lange Nase gedreht hatte (was schon vorher verschiedentlich ganz gut gelungen war), sondern sie in offener Feldschlacht zum Rückzug gezwungen hatte, dem mussten künftig – darin bestand das Krakau-1999-Gefühl – alle Dinge zum Besten dienen. Die postkommunistische *urgency* kam in einer Explosion neuer polnischer Kunst zum Ausdruck, die durch intelligente Galeristen und Kuratorinnen international positioniert wurde. An jeder Straßenecke und mit jeder Pore öffnete und belebte sich eine Stadt, die jahrzehntelang nur überwintert hatte: in den Gassen und auf den Plätzen; in den zahllosen Clubs und Cafés, die im Wochentakt immer überfüllter, innenarchitektonisch aufsehenerregender und selbstbewusster öffneten; in den Wohnküchen, den dunklen Treppenhäusern und Innenhöfen, wo jetzt nicht mehr geflüstert wurde, sondern gelacht und gestritten; und unter sommerlichen Kastanienbäumen im Planty-Park. Die politische Revolution war gelungen. Der Eintritt in die NATO war vollzogen. Das wirtschaftliche Tränental der neoliberalen Schocktherapie war durchschritten. Jetzt begann eine Revolution der Kultur und der Seelen. Für ein paar Jahre war die Moderne osteuropäisch. Nie habe ich so viel Hoffnung, Experimentierfreude, Erfindungsgeist, Risikobereitschaft, Leichtsinn, Selbstumformatierungs- und Karrierewillen erlebt wie damals in Krakau. Junge Leute kamen direkt von der Schule, verbrachten ein paar formative Stipendiaten-Jahre an einer Soros-Universität in Budapest oder Wien, kamen zurück, arbeiteten eine Weile im deutschen Kulturinstitut und übernahmen – noch als sehr junge Männer und Frauen – große Museen in Washington, Hannover oder Warschau. Architekten, die meine Söhne hätten sein können, bauten Millionenprojekte.

Fast am Rand des Alters fing in Krakau für mich noch einmal etwas Neues an. Mein Leben wurde mitgenommen von der Bewegung eines Landes. In den Traummauern der Renaissancestadt durfte ich dabei sein und meine teilnehmenden Beobachtungen machen, als Polen ein neues Spiel erfand. Die dritte Republik war zu Beginn des Jahrhunderts aus sozialistischer Erstarrung erfolgreich aufgebrochen und würde noch lange Jahre nicht in dem bösartigen Nationalismus ankommen, für den das Land sich inzwischen entschieden zu haben scheint. Alles war möglich. Halbjahrhundertlang eingefrorene psychische Energien flossen ab von den Lenin-Statuen auf den einstmals verödeten Plätzen, wo jetzt lustigere und menschlichere Heldengestalten des Freiheitsdrangs umhergingen. Das Land war jung geworden, und ich konnte mir vorstellen, auch ich sei es in der schönen, fremden Stadt noch einmal. Eine Illusion, versteht sich; aber eine untragische. Eine Selbsttäuschung, die produktive Arbeit inspirierte. Jede und jeder hatte hier jetzt ein Freiheitsprojekt, und meine Arbeitsstelle im barocken Palais Potocki am Hauptmarkt wurde zu einer Werkstatt für viele von ihnen. Für so viel Begabung, kulturelle Erfahrung und solide Ausbildung, die sich lang hatten verstecken müssen, bestand plötzlich gesellschaftlicher Bedarf, und die jungen Menschen, die sich schon auf ein Leben in Obskurität und Gefährdung eingerichtet hatten, ließen sich nicht zweimal sagen, dass man jetzt zugreifen musste. Neue und originelle Geschäftsideen wurden möglich. Die Weltrevolution elektronischer Datenverarbeitung und Nachrichtenübermittlung, der wir Westintellektuellen noch zu Beginn des Jahrhunderts schwere kulturpessimistische Bedenken entgegentrugen, wurde hier begeistert aufgegriffen und inspirierte neue ökonomische Strategien. Ein globaler technomodernistischer Zeitstil bildete sich zu Beginn des Jahrhunderts heraus, der Osteuropa ganz selbstverständlich einbezogen hatte und sich dort sogar besonders einfallsreich ausprägte. Naivität und Unsicherheit verwandelten sich in Professionalität und Selbstbewusstsein – und behielten zugleich den Charme und die Resilienz, die sie durch die hinter ihnen liegende Kühltruhenzeit getragen hatten.

Eine große Heiterkeit und Zuversicht lag über der Stadt. Ich war jetzt *fellow traveller* einer Revolution. Aber es war nicht die, von der ich in meiner linksradikalen Wohlstandsjugend unruhig geträumt hatte. Es war, wie Habermas treffend über das Jahr 1989 geschrieben hatte, eine nachholende Revolution. Sie vollendete die unterdrückten Aufstände des 19. Jahrhunderts, weswegen ihr Charakter bürgerlich und marktwirtschaftlich war. Und es war, wie jene unvollendeten Revolutionen des vorletzten Jahrhunderts, eine europäische Revolution. Es ging nicht nur um die polnische Freiheit, sondern auch um unsere. Die Revolution in Polen bewirkte, dass sowohl an der Bürgerlichkeit, gegen die ich lang kämpfen zu müssen geglaubt hatte, wie an der europäischen Union, die mir immer herzlich egal gewesen war, von Osten her betrachtet, eine *urgency* und auch eine Coolness sichtbar wurden, die ich an beidem nie wahrgenommen hatte. Etwas lang Etabliertes und schon langweilig Gewordenes gab seinen vergessenen revolutionären Kern noch einmal frei. Ich begriff in Krakau, welche revolutionäre, ästhetische, technologische und psychologische Sprengkraft die offene Gesellschaft hat. In den institutionalisierten Demokratien des Westens hatte ich das zwar wissen, aber nicht erleben können. Dafür war es notwendig gewesen, Zeitgenosse einer Demokratie im Zustand ihrer Entstehung zu werden. In Krakau vereinigten sich mein Kopf und mein Bauch wieder, zumindestens ansatzweise und als Zielvorstellung. Das Beispiel der Menschen hier machte es mir möglich, für die Demokratie die gleiche Idealisierungsenergie aufzuwenden, die ich zuvor in den »Marxistischen Studentenbund Spartakus« und in all meinen sonstigen salonbolschewistischen Unsinn investiert hatte. So dass ich die realen Vorzüge der Marktwirtschaft und Konsumgesellschaft wahrzunehmen wagte, ohne dass mir ein toxisch-»marxistisches« Über-Ich – in Wahrheit war es wohl eher post-pietistisch – dauernd dazwischenfunkte. Welch reale Befreiung das bedeutet hat, können vielleicht nur Veteranen des »roten Jahrzehnts« zwischen 1968 und 1980 ermessen. Genau die Art zukunftsorientierter Lebendigkeit, die ich hier kennenlernte, hatte meinem

Jungerwachsenenleben in Westdeutschland auf jene mich um ein Haar zerstörende Weise gefehlt, und auch in London hatte ich etwas Entsprechendes nur als ferne Versprechung ahnen und nicht wirksam ergreifen können. Jetzt kam mir der Empfindungs- und Ehrlichkeitspositivismus Ryszard Krynickis in der Lebensfreude und Eleganz meiner neuen Freunde und Freundinnen entgegen. Der Vitalismus der wiederauferstandenen Stadt trug mich über Anfeindungen, Intrigen und Blockaden hinweg, die sich mir an meinem Arbeitsplatz entgegenstellten. Die Krakauer Lebendigkeit half mir, Helferinnen und Helfer meiner beruflichen Aufgaben zu finden, und sie führte, je mehr ich mich mit ihr zu verbünden lernte, zum Aufblühen des lang entschlafenen Goethe-Instituts am Hauptmarkt.

Aber diese Glücks-, Passions- und Erfolgserfahrungen ließen mich auch innerlich ausblenden, was sich im Rücken des Krakauer Lebensfests politisch näherte. Was war es? Aus der Rückschau scheint es eine Allianz volkspolnischer Restmentalitäten mit einem sich aus Grüften wieder erhebenden reaktionären Dispositiv der Zwischenkriegszeit gewesen zu sein. Diese politische Chimäre kam während meiner polnischen Zeit zur Welt. Ein sinistres Mischwesen nahm seinen noch undeutlichen Anfang. Inzwischen ist es als die Partei »Prawo i Sprawiedliwość« (PiS) an der Regierung. Ein Cocktail aus den historischen Albträumen Polens versucht, das Land zu einem grundlegend anderen umzugestalten, als ich es in den Jahren nach 1999 kennengelernt habe. Damals freilich war ich von meinem Glück und von tätiger Solidarität mit meiner Umgebung zu sehr in Anspruch genommen, um kritische Beobachtungen zu machen. Es wäre mir angesichts der Verbrechen, die Deutschland hierzulande vor noch nicht langer Zeit begangen hatte, auch irgendwie ungehörig vorgekommen, als Deutscher mein Gastland politisch zu kritisieren, während es jetzt es so gut mit mir meinte und mir so viel von dem schenkte, was meine Heimat mir nicht hatte geben können. Ungute Vorzeichen allerdings waren nicht zu übersehen: eine durch nationalistische Fußballfans zusammengeprügelte LGBT-Demonstration auf dem Krakauer Hauptmarkt zum Beispiel oder die juristische Aburteilung einer Künstlerin wegen »Gotteslästerung« irgendwo in Nordpolen. Oder antisemitische Bemerkungen von Menschen, denen ich so etwas im Entferntesten nicht zugetraut hätte. Ich verbuchte es als zu vernachlässigende Echos einer Vergangenheit, die bald keine Bedeutung mehr haben würde.

Was mich jedoch zum ersten Mal wirklich stutzig machte, waren Vorgänge nach dem Tod des polnischen Nobelpreisträgers Czesław Miłosz im Jahr 2004. Der wichtigste polnische Schriftsteller des letzten Jahrhunderts hatte nach einer Flucht aus dem diplomatischen Dienst Volkspolens im Jahr 1951 einige Jahre in Paris gelebt und wurde schließlich Professor für slawische Literatur im kalifornischen Berkeley. Trotzdem waren seine Gedichte und seine philosophie-, theologie- und kulturgeschichtlichen Bücher die sozialistischen Jahrzehnte hindurch in Drucken der Untergrundpresse in Polen immer präsent gewesen. In den neunziger Jahren besaß er in Krakau etwas außerhalb des Planty-Parkgürtels eine Wohnung und verbrachte seine Sommermonate in der Heimat, eine altmodisch elegante, massig gravitätische Altmännerschönheit. Ich war ihm und seiner amerikanischen Frau bei verschiedenen offiziellen Anlässen begegnet. Die Krakauer Literatur-Fans pflegten den Beginn seiner sommerlichen Aufenthalte in der Stadt als wiederkehrendes kulturelles Ereignis mit einer Lesung zu feiern, die jedes Mal Hunderte anzog. Meine erste Miłosz-Lektüre ist in der Erinnerung untrennbar verbunden mit dem inzwischen sehr zerlesenen Penguin-Taschenbuch der »Collected Poems 1931–1987«, das ich an meinem ersten Krakauer Samstag in einer Buchhandlung neben dem Goethe-Institut gekauft hatte. Auf einem nachmittäglichen Spaziergang durch die dunklen Schneestraßen hatte ich mich in einem Café in der Nähe der Königsburg stundenlang versenkt in Gedichte, die ich während meiner Münchner Vorbereitungszeit, in der deutschen Übersetzung von Karl Dedecius, eher gelangweilt zur Kenntnis genommen hatte. Jetzt las ich sie in einem Englisch, das der Dichter selbst mit einer ganzen Arbeitsgruppe amerikanischer Kollegen in die weltliterarische lingua franca transportiert hatte. Das Evidenzerlebnis künstlerischer Größe war, wie jedes solcher Erlebnisse, zugleich unerklärlich und unabweisbar. Feierlichkeit verband sich in diesen Gedichten mit Erfahrungsfülle, Begriffstiefe mit einer detaillierten Treffsicherheit, die Atmosphären, Wetterlagen, Nachmittage und Morgendämmerungen mit einem beiläufigen Wort prägnant aufriefen. Dabei wirkte noch etwas Grundsätzlicheres mit hinein, das ich besser verstand, nachdem ich irgendwann im Jahr 2002 meinem Doktorvater Heinz Schlaffer, der eine Woche in der Stadt verbrachte und Vorträge hielt, jenes Penguin-Bändchen ans Herz legte. Als ich ihn am nächsten Tag im Hotel abholte, sagte er, er habe bis spätnachts in Miłosz' Gedichten gelesen. »Das ist etwas vom Besten, was mir überhaupt je begegnet ist«, sagte er.

Schlaffer ist ein Erforscher des ästhetischen Nachlebens vormoderner Weltanschauungen. Er wird während jener Lektürenacht in diesen Gedichten etwas von der gleichen ästhetischen Haltung empfunden haben, die er bei Goethe als dessen »Versuch, die Neuzeit zu hintergehen«, erkannte. Denn auch Miłosz' weltliterarische Wirkung verdankt sich, wie die Johann Wolfgang von Goethes, seiner Weigerung, Modernität, Rationalität und die Entzauberung der Welt, so unbestreitbar sie sind und so dankenswerte Folgen sie mit sich gebracht haben, als Dichter vollständig zu akzeptieren. Das »Land Ulro«, wie William Blake die Moderne genannt hat, ist auch der Titel eines Buchs von Miłosz, in dem er seine Fremdheit in der Moderne im Anschluss an Blake, Goethe, seinen Onkel Oskar Miłosz und an die apokryphen Theologien des frühen Christentums autobiographisch schildert. Moderne ästhetische Erfahrung ist, wie Schlaffer schrieb, »die ironische Wiederholung widerrufener Botschaften« – der Botschaften rational schon überwundener religiöser, irrationaler und vorwissenschaftlicher Weltbilder. Das Geheimnis der Größe Czesław Miłosz' und überhaupt der modernen polnischen Poesie, so viel wurde mir in Krakau deutlich, beruhte darauf, dass sie den »Monotheismus der

Vernunft« – ganz wie es Hegel, Hölderlin und Schelling am Beginn der deutschen »Kunstperiode« im späten 18. Jahrhundert gefordert hatten – durch einen »Polytheismus der Einbildungskraft und der Kunst« ergänzten. Czesław Miłosz ist ein moderner Klassiker der Leerstelle. »Mistyka dla początkujących« – Mystik für Anfänger –, lautet der Titel eines Gedichts von Adam Zagajewski, das den Goldgrund »widerrufener Botschaften« beschreibt, der jeder genuinen ästhetischen Erfahrung der Jetztzeit zugrunde liegt und dessen Andeutung und Ausdeutung der wichtigste Beitrag polnischer Literatur und vielleicht überhaupt Polens zur europäischen Kultur darstellt. Jedenfalls musste man im Sommer 2004 als ausländischer Beobachter unbedingt annehmen, dass Czesław Miłosz' Krakauer Begräbnis ein Ereignis sein würde, das der Verehrung einer Nation für ihren größten, wenn auch skeptischen, Modernisten feierlichen Ausdruck geben würde.

Diese Annahme erwies sich als Täuschung. Schon in den ersten Tagen nach Miłosz' Tod tauchten überall in der Stadt Infostände, Flugblätter und Plakate auf, die zu einer Unterschriftensammlung gegen seine Bestattung im sogenannten Skałka-Pantheon aufriefen, einer Ehrengruft im Paulinerkloster an der Weichsel, wo Marmorsarkophage berühmter polnischer Künstler und Nationalhelden stehen. Die Anwürfe gegen den toten Dichter waren von haarsträubender Verdrehtheit und Infamie. Miłosz sei kein richtiger Pole, sondern Litauer – außerdem wahrscheinlich jüdisch – gewesen, sein Interesse an den verschiedenen apokryphen Traditionen des Katholizismus Ketzerei, sein Leben in Amerika Verrat, und zu allem Überfluss habe er LGBT-freundliche Petitionen unterzeichnet. Ich erinnere mich aus diesen Tagen an ein Gespräch mit einer älteren Dame an einem dieser Infostände. Ihre kaum verhohlene Verachtung meines Ausländerpolnisch. Ihr flackernd abirrender Blick. Ihr Dutt, ihre weiße Rüschenbluse. Ihre offensichtliche Überzeugung, ich als Ausländer, gar als Deutscher, werde nie verstehen können, warum Miłosz' angebliches Polentum in Wirklichkeit ein Vehikel der Zersetzung der Nation und des wahren Katholizismus gewesen sei. Mein Verdacht wiederum war, ihre unausgesprochene wahre Überzeugung bestehe darin, dass ich persönlich mitsamt meiner EU, meiner westlichen Dekadenz und Heuchelei bald besser ganz aus Polen verschwinden und meinen toten Miłosz gleich mitnehmen solle. Plötzlich war die Stadt voller Polinnen und Polen, die ich bisher nicht wahrgenommen oder wahrzuhaben gewollt hatte. Ein anderes Land sammelte sich. Es war nur eine Frage der Zeit, wann es auch politisch sichtbar und wirksam werden würde. Abschließende Vokabulare, die mich und meinesgleichen ausschlossen, kreisten wie Geier über der Stadt. Die endgültige öffentliche Entgleisung – die Familie des Dichters bereitete schon die Überführung des Leichnams nach Amerika vor – wurde im Sommer 2004 noch knapp verhindert. Und zwar von allerhöchster Stelle, nämlich durch eine Botschaft des Papstes. Johannes Paul II. berief sich auf seinen Briefwechsel mit Miłosz und schrieb von einem »gemeinsamen Ziel« von Papst und Dichter, das – Mystik, Gnosis, Zweifel, ästhetische Umdeutung hin oder her – in der »Verheißung« liege, »die Christus der ganzen Menschheit durch seine Auferstehung gegeben hat«. Darauf konnte man sich einigen. Unvergesslich ist der strahlende Spätsommertag der Beisetzung Miłosz', der mit der geistvollen Predigt des Kardinals Macharski in der Marienkirche begann. Dann der lange Trauerzug durch Krakau. Die Grablege im Paulinerkloster in der Mittagshitze und das sich darauf anschließende Literaturfest auf dem Rasen des Klostergartens am Fluss. Die mentalen Erinnerungspolaroids des heißen, traurigen Tages, an dem die polnische Demokratie ihren großen Dichter Czesław Miłosz begrub, nachdem sie mit Unterstützung des Papstes noch einmal gesiegt zu haben schien, fassen die letzte Periode meiner polnischen Glückszeit zusammen. Sie markieren aber auch den Beginn des Abschieds von ihr. Als »Prawo i Sprawiedliwość«, wie wohl unvermeidlich, 2005 stärkste Partei im Sejm wurde, war ich schon ins slowakische Bratislava versetzt.

Over to you, Realpolitik! Es hatte ja auch etwas Tröstliches, dass es in Polen inzwischen um Fragen der kulturellen Freiheit ging, statt um den politischen Systemwechsel. Fünfzehn Jahre nach dem ersten Wahlsieg der antikommunistischen Opposition im Jahr 1989 wurde jetzt um das Recht eines Dichters auf ein Ehrenbegräbnis gekämpft, nicht mehr um das Recht des Landes auf freie Wahlen. Die parlamentarische Demokratie war gesichert, die Marktwirtschaft etabliert, jetzt ging es um Kunst und um die Kunst des Lebens: »Wir geben nicht auf. Wir fangen noch einmal an.« Aber auch demokratische Realpolitik musste noch einmal anfangen, und auch von vorn. Die intellektuelle und habituelle Qualität des parlamentarischen Personals in unserem östlichen Nachbarland faszinierte mich von Beginn an. Sie schöpft bis heute aus dem noch kaum auserzählten und historiographisch bewirtschafteten Fundus der instabilen, enthusiastischen, widersprüchlichen, riskanten, kulturell produktiven, diskussionenreichen und politisch niveauvollen Zweiten Polnischen Republik, die nach 1918, neben der neugegründeten Tschechoslowakei und zumindest bis zum Staatsstreich Józef Piłsudskis im Jahr 1926, zu den fortschrittlichsten Staatswesen Europas zählte – eine der Vorzeigedemokratien der Versailler Nachkriegsordnung. Ein politisch-ästhetisches »Säftesteigen« aus dieser Zeit in die unsere bot ein Schauspiel, das ich zwar nur aus dem Augenwinkel und als Konsument abendlicher Fernsehsendungen wahrnahm, das ich aber auch deshalb sensationell fand, weil ich es als Parallelaktion zur Regierungstätigkeit meiner eigenen Generation in der Heimat verstehen konnte.

Die Politiker der östlichen Nachbarrepublik erinnerten mich bei jedem ihrer Auftritte daran, dass Demokratie nicht nur eine Institution ist, sondern auch ein Experiment. Ein Abenteuer. Die sympathisch leicht lispelnden *good looks* Donald Tusks zum Beispiel, seine Gediegenheit, Nachdenklichkeit, Melancholie und das Vertrauen, das man ihm unwillkürlich entgegenbringt. Ein osteuropäischer *honest* Abe Lincoln. Oder das welteinmalig seltsame Leben und Wirken des Elektrikers und Friedensnobelpreisträgers Lech Wałęsa, den ein historischer Moment auf die Höhe der National- und Weltgeschichte gehoben hatte, ein Maverick im politischen Raum, wenn es je einen gegeben hat, undenkbar, außer in revolutionären Zeiten. Aber auch Ambivalenz machte die Politiker im östlichen Nachbarland interessant: die volkspolnische Teigigkeit Aleksander Kwaśniewskis zum Beispiel, der sein Land trotzdem in die NATO und in die EU geführt hatte. Und noch das wichtel- oder giftzwerghafte Äußere Jarosław Kaczyńskis in Verbindung mit seiner rasiermesserscharfen Intelligenz, die aufblitzt, wenn er seine reale Machtfülle kurz sehen lässt in einem Nebensatz, einer Handbewegung oder einer Veränderung seiner Miene, ist Signum einer Größe, wie sie nur vor dem Hintergrund eines jungen, ungefestigten und entsprechend abenteuerlichen und experimentierfreudigen Parlamentarismus vorkommt.

Am abenteuerlichsten und experimentierfreudigsten aber kam mir diese Demokratie in Gestalt eines polnischen Politikers entgegen, der mich bis heute jedes Mal begeistert und tröstet, wenn ich mit seinem Bild oder Nachrichten von ihm in Berührung komme. Es ist die Gestalt des ehemaligen Dissidenten, politischen Häftlings, Solidarność-Verhandlungsführers und heutigen Pressemagnaten Adam Michnik. Was ist der Grund dafür, dass mich dieser Mann schon in Polen so beeindruckt (fast verändert) hat und mich heute noch, sooft ich ihn auf einem Bildschirm sehe, berührt wie wenige andere Politiker oder überhaupt Menschen? Ich bin ihm nicht öfter begegnet als bei einer Handvoll Gelegenheiten und nicht intensiver, als wenn man mit jemandem, für den man spontan Sympathie empfindet – und dabei seinerseits etwas diesem Gefühl Entgegenkommendes spürt –, in gesellschaftlichen Zusammenhängen ein paar Worte und ein Lächeln wechselt. Mehr war es nie. Aber die Wirkung ging viel weiter. Michniks öffentliche Person bewegt mich bis heute in Bereichen meines Inneren, die mit meiner Eigenschaft als Bürger eines demokratischen Gemeinwesens zwar zusammenhängen, aber weit darüber hinaus- oder hineingehen. Berührt, ja ergriffen bin ich von viel grundsätzlicheren als politischen Resonanzen, Echos und Gefühlsaufwallungen. Michnik ist für mich mehr als ein Politiker. Die Figur Michnik bedeutet etwas für mich. Er ruft etwas in mir auf. Es sind Gefühle, die mit ihrem politischen Anlass nicht kongruent sind. Es scheint mir aber, dass das nicht nur mir so geht mit ihm. Sondern dass es Michnik überhaupt nur dadurch gelingt, politisch zu wirken, dass er seine Forderungen und Handlungen mit Emotionen verbindet, die mehr aussagen über seine Fans und mit tieferen Gefühlsschichten in Verbindung stehen, als man sieht und verstehen kann, wenn man nur die Zeitung liest. Vielleicht kommen politische Wirkungen, zumindest in Demokratien, gar nicht anders zustande als durch solche nur halb bewussten Projektionsvorgänge.

Es war im Herbst des Jahres 2000. Ich sah Michnik zum ersten Mal am Grab von Walter Benjamin. Es gibt im katalonischen Port Bou, etwas außerhalb dieses spanischen Küstenstädtchens – ganz wie in jenem Gedicht Paul Valérys – einen »Friedhof am Meer«. Auf der halbhoch angebrachten

Marmorplatte einer Kolumbariumswand im Vorhof einer unscheinbaren Kapelle findet sich der Name des großen Unglücklichen. Unweit davon tut sich ein dramatischer Felsabbruch auf, an dessen Rand man aufs Mittelmeer hinaussieht. Eigentlich unnötigerweise ist der Ort inzwischen durch eine denkmalartige Installation von Dani Karavan noch weiter theatralisiert. Wir waren in Bussen zu dieser landschaftlich und kulturhistorisch bedeutend-allzubedeutenden Kulisse hinauskutschiert worden durch die Organisatoren eines Walter-Benjamin-Kongresses, der in Barcelona stattfand. Eine mir flüchtig bekannte Krakauer Dame, mit der ich mich in der Septembersonne unterhielt, stellte sich als Michniks Reisebegleiterin heraus, als der berühmte Mann selbst herzutrat. Manche Menschen verändern die Atmosphäre großer Räume, bloß indem sie hereinkommen. Michniks Anwesenheit schien an diesem Vormittag eine ganze Landschaft neu zu definieren. Er tat den Mund auf, und das Herz meiner innersten Schamperson – ihr Peinlichkeitshindernis ist Gehemmtheit und Formulierungswunderlichkeit in Situationen, die mir wirklich wichtig sind – flog ihm zu, noch bevor sein erster Satz zu Ende war. Denn er stotterte stark. Michnik trug eine skurrile Freizeitkluft: taschenreiche, in Höhe seiner Waden herumschlackernde Baggy Pants und ein T-Shirt, das sich über einem schamfrei in die Welt gestreckten Bauch spannte. Lange nicht geschnittene Zehennägel ragten aus schwer definierbaren Sandalen. Doch sein großer, mit spärlich ungekämmtem und immer etwas feucht wirkendem Haarflaum bedeckter Kopf war – ich weiß heute noch nicht, wie – von einem auf den anderen Moment das Zentrum meiner damaligen Aufmerksamkeit und meiner Erinnerung bis heute. Dieses Gesicht erwies sich für mich als weltbildend. Seine nach unten gebogenen Mundwinkel hatten nichts Depressives, sondern schienen durch lebenslang andauerndes Argumentieren gebildet. Das wurde nur beiläufig (und deshalb eigentlich gar nicht) gestört durch jenes unvermeidlich mitlaufende Sprechstocken, Lautedehnen, Summen, Gurgeln, Explodieren und Poltern. Die Augen hinter der ungeputzten Normcore-Drahtbrille gewannen ihre Energie und Intensität durch Dauerkontakt mit der Wirklichkeit, der Gegenwart und dem jeweiligen Gegenüber. Ich fühlte deutlich, in welch dramatischem Gegensatz seine Zugewandtheit und Präsenz in jeder seiner Regungen, Blicke und Bewegungen zu meiner eigenen Zurückhaltung, Vorsicht und Hemmung stand. Mein Gestaltschicksal war jahrzehntelang durch Angst vor Zurückweisung meiner Körperlichkeit geprägt. Resignativer Rückzug in ein poetisches und intellektuelles Oberstübchen stellte den scheinbaren Ausweg dar – aber er verwandelte mich von einer realen in eine Buchperson. Michniks Körperpräsenz schien von seinen inneren Regungen ganz ausgefüllt, seine Anwesenheit mit seinem Gefühlsleben kongruent. Man hätte seine Art der Geistesgegenwart mit einem altmodischen Wort als »seelenvoll« bezeichnen können. Sie war die »kleine Arbeit« Masaryks und Havels als Körperschema. Eine paradoxe Art männlicher Schönheit hatte sich hergestellt.

Während sich diese – nur halb bewussten, etwas peinlichen und heute nur noch mühsam zu rekonstruierenden – Empfindungsprozesse sekundenschnell in meinem Inneren abspielten, wurde ich ihm vorgestellt, von ihm wahrgenommen, nach meinen Bewandtnissen freundlich befragt und seiner sich sofort bildenden Corona aufs Unkomplizierteste zugesellt. Aus Michniks ganz in Äußerlichkeit und Präsenz umgewandeltem Innenleben kommt allen Menschen, denen er begegnet, genuines Interesse entgegen – sein eigentliches politisches Kapital. Das jetzt auch in mich investiert wurde. Michniks Genie der Interessiertheit an anderen ist dabei mehr als die soziale Geländegängigkeit, die auch andere erfolgreiche Politiker zu ihrem Geschäftsmodell gemacht haben. Sein Interesse an Menschen ist während des revolutionären Umbruchs von 1989 in einem geschichtlichen Rahmen folgenreich geworden. Das Michnik-Prinzip lautet: Jeder und jede spricht mit jeder und jedem. Damit beginnt und endet alles. Es mag sein, dass sich keine Verständigung herstellt in diesem Kontakt, wir mögen nicht zueinanderkommen und uns sogar bekämpfen, aber alle reden miteinander. Wir geben nicht auf. Wir fangen, immer wieder, noch einmal an. Wir schauen einander ins Gesicht. Wir nehmen einander in einem voraussetzungslosen und existenziellen Sinn wahr.

Die Gespräche Michniks mit dem Armeegeneral und Staatsoberhaupt Wojciech Jaruzelski, unter dessen Herrschaft er ins Gefängnis hatte gehen müssen, sind sogar als Buch erschienen. Auf YouTube gibt es Filmaufnahmen, wo zu sehen ist, wie die beiden miteinander Kaffee trinken und Michnik seinen ehemaligen Peiniger enthusiastisch umarmt.

Und als der polnische Präsident Lech Kaczyński 2010 in Smolensk tödlich verunglückt war, schrieb Michnik in der Gazeta Wyborcza über seine letzte Begegnung mit dem Mann, der so ziemlich für alles stand, wogegen er sein Leben lang gekämpft hatte. Die beiden, erzählte Michnik, hatten einen Spaziergang gemacht und darüber gesprochen, was sie gemeinsam für ihr Land tun könnten – zwei polnische Patrioten mit abschließenden Vokabularen, die einander so ähnlich gewesen sind wie ein Schraubenzieher und eine Kaffeemaschine. Sie hatten, zumindest während sie sprachen, ein gemeinsames Projekt, das ihre Gegensätze überstieg, relativierte und vielleicht sogar produktiv würde machen können. Zumindest war ein solches Wunder für Michnik denkbar. Denn es war in den Jahren nach 1989 schon einmal geschehen. Er hatte dieses Wunder mit anderen bewirkt, und er verkörperte es als geschichtliche Gestalt. Er war der demokratische Weltgeist in Baggy Pants und Sandalen. Das Michnik-Prinzip, das ich in einem Moment am Grab Walter Benjamins intuitiv verstand, war die Konkretisierung jener »kommunikativen Vernunft«, die mir am Pazifikstrand von Shin-Zushi über den Büchern von Jürgen Habermas eingeleuchtet hatte – oder an meinem Frankfurter Küchentisch bei der ersten Lektüre von Rortys »Contingency, Irony, and Solidarity«. Diese deliberative, liberale, in einem philosophischen Sinn freundliche Erscheinungsform des Vernünftigen sah aus wie Adam Michnik. Es zu erkennen oder wiederzuerkennen, war ein mich verwandelnder Moment.

Schon bald verlangte es den großen Mann an jenem Vormittag in Port Bou trotz des noch kaum den Zenit berührenden mediterranen Sonnenstands nach etwas zu trinken. Der weltberühmte spanische Brandy sollte es sein. Mit peeperkornhafter Entschiedenheit, keinen Widerspruch duldend, strebte er einem Supermarkt zu, aus dem er wenig später, eine große Flasche schwingend, mit dem Ruf: »Victoria!« wieder herauskam. Es dauerte nicht lang, und ich befand mich mitsamt den Genossen im lizenziösen Überschwang eines werktäglichen Vormittagsräuschchens. Was war es, das mich auf der sich nun anschließenden Eisenbahnheimfahrt nach Barcelona verwandelte? Es ging im Gespräch unserer Gruppe um allerlei polnische Angelegenheiten, und ich hörte dank des Cognacs auch nicht so konzentriert hin, wie man in einer Fremdsprache hinhören muss, um Details mitzukriegen. Irgendwann rief auf Michniks Handy der Präsident Kwaśniewski – wie man sich zuraunte – an, und er verzog sich für ein längeres Telefonat mit ihm in den Gang vor unserem Abteil. Es begab sich auf dieser Zugfahrt nichts irgendwie intellektuell oder politisch Aufschlussreiches. Es war elementarer. Damals habe ich es nur undeutlich wahrgenommen, vielleicht entsteht das Gefühl von Port Bou erst jetzt, in meiner Gefühlserinnerung. Aber ich glaube heute, dass an jenem Nachmittag eine zeitweilige, halb geträumte Heimkunft passiert ist. Ein temporäres und unverbindliches Aufgenommensein des deutschen Fremden in eine lustige, zuversichtliche und geschichtsoptimistische Gruppe von Menschen, die vor noch nicht einem Jahrzehnt eine Diktatur zerstört und ihr Land noch einmal gewonnen haben, diesmal als ein demokratisches. Politische Träume auf der Fahrt von Port Bou nach Barcelona. Und es will mir nicht als Zufall erscheinen – sondern als eine der parapsychologischen Korrespondenzen, aus denen das Leben besteht –, dass die damaligen Aufgenommenheitsgefühle ihren Ausgang nahmen am Grab eines Mannes, den im September 1940, als er keinen Ausweg mehr sah, kein Land aufgenommen hat und dessen »Einbahnstraße« mir als Oberschüler den Weg zum für mich richtigen Schreiben gezeigt hatte. Als wir Michnik-Fans in Barcelona angekommen waren, uns zunächst in unsere Hotelzimmer zerstreuten und später zu einer Nachmittags- und Abendsession jenes Kongresses wieder aufeinandertrafen, war eine Solidarität meines Innern mit dem dissidentischen Denken und Fühlen unserer östlichen Nachbargesellschaften entstanden, die mich heute noch begleitet. Eine imaginäre Zugehörigkeit, die mich trägt und in der ich mich selbst aushalten kann. Ich war, wie phantasmagorisch und zeitlich begrenzt auch immer, in Kontakt mit einer polnischen und überhaupt östlichen Freiheitstradition gewesen, die weit aus dem 19. Jahrhundert in unseres hineinzuwirken nicht aufgehört hat, trotz allem was ihr, inzwischen auch im eigenen Land, entgegenarbeitet.

Ich bin Michnik nach diesem spanischen Tag nur noch ein paarmal – und eher noch flüchtiger als in Port Bou – begegnet, einmal in seinem kleinen, undurchdringlich mit Zigarettenrauch erfüllten Büro in der Gazeta Wyborzca, wohin mich eine Freundin mitgenommen hatte, einmal in einer Kneipe in Bratislava, wo er die Chefredakteurin der slowakischen Zeitung SME besuchte, und zuletzt – vollkommen überraschend – im Foyer eines Hotels im armenischen Eriwan, wo der Michnik-Weltraum andeutungsweise und träumerisch ein paar Minuten lang noch einmal um mich entstand und wieder zusammensank. Wir waren, ohne es voneinander zu wissen, geladene Teilnehmer des armenischen »Golden Apricot«-Filmfestivals, er als Jury-Mitglied, ich als Goethe-Funktionär. Er brach gerade zu einer der zahllosen Partys im Umkreis des Festivalkinos auf, wo er Charles Aznavour treffen wollte und ich ihn später am Abend irgendwie einholen sollte, aber verfehlt habe. Aber das machte nichts. Gerade die wichtigsten Begegnungen soll man nicht allzu sehr mit Realität befrachten. Der altgewordene Revolutionär, das war schon in der Flüchtigkeit zu bemerken, hatte eine unsichtbare Grenzlinie übertreten. Er war jetzt ein Würdenträger seines Landes und selber eine Institution. So wie die polnische Demokratie aus ihrer revolutionären in die institutionelle, wenn auch immer noch zum Kippen neigende und gefährdete Seinsweise getreten ist, war auch ihm anzumerken, dass er die polnische Freiheit heute mehr repräsentierte, als von ihrer Wildheit und Risikofreude noch getrieben zu sein. Das Magma war schon erstarrt. Wenn auch die Hitze darunter noch zu spüren ist. Das Experiment der Freiheit hat auch in unserem Nachbarland eine Form gefunden. Die Ära demokratischer Realpolitik hat begonnen.

In Krakau habe ich verstanden, dass freie Gesellschaften auf Vulkanen angesiedelt sind und dass sie das nicht vergessen dürfen. Ich kam aus einem Land, wo die Demokratie aussah wie Helmut Kohl, und lernte in einem Land, wo sie aussah wie Adam Michnik, dass es revolutionären Elan braucht, um das Gemeinwesen gelingen zu lassen. Aber man kann es auch andersherum sehen. Denn hat nicht auch Helmut Kohl, als jahrzehntelang institutionalisierte Machtverfestigungen, Länder und Allianzen zerbrachen, die Macht auf der Straße lag und es in einem Kairos-Moment darauf ankam, die Möglichkeit einer Einheit des Landes am Schopf zu packen, sich in die revolutionäre Sphäre hinausgewagt? Hat er nicht, genau wie Michnik es zur gleichen Zeit auf der gegenüberliegenden Seite getan hat, den von ihm oft bemühten und von uns Birne-Verächtern ebenso oft verspotteten Mantel der Geschichte tatsächlich ergriffen? *Achieving our country* – sie haben es beide riskiert. Und gewonnen. Niemand anderes als sie hat Ende der achtziger Jahre die Geistesgegenwart und Verrücktheit besessen, die dafür nötig waren. Beide haben nicht aufgegeben, sondern noch einmal von vorn angefangen. Und somit kann man über beide das Beste sagen, was man über Politiker sagen kann: Sie waren Demokraten; also Revolutionäre. Sie waren Peeperkorn. Der Deutsche kam aus dem institutionalisierten Dasein der Demokratie, und als sie plötzlich und unvorhersehbar in ihren revolutionären Aggregatzustand überging, zeigte er eine Entschluss- und Zugriffskraft, die ihm niemand zugetraut hätte. Der Pole führte eine Revolution an und bewährt sich heute als Machtfaktor der Institutionen, in die sie übergegangen ist. In meiner altgewordenen Erinnerung, die wie durch ein umgekehrtes Fernrohr auf die Dinge blickt, legen sich die Bilder dieser beiden Politiker übereinander zu einer Kippfigur, die aus dem Augenwinkel, für lange Momente, aussieht wie eine Buchperson aus einem Roman von Thomas Mann. Ein Dichter hat Kohl und Michnik – so seltsam es ist, sich das zu denken – zu einer Zeit gesehen und vorausgeahnt, als noch keiner von beiden auf der Welt war.

Eine Landschaft des Liberalismus

Erkundungsreise nach Bratislava, 2004. Die Bewerbung für einen neuen Dienstort stand nach sieben Jahren Krakau dringend an. Als Institutsleiter in der slowakischen Hauptstadt, so war damals meine Hauptüberlegung, würde ich näher bei meinem Sohn sein, der in München zur Schule ging. Von dort aus würde ich ihn über die österreichischen und bayerischen Autobahnen in vier Stunden am Wochenende problemlos und ohne lange Planung besuchen können. Als Dienstort in der institutsinternen Rangliste allerdings, überhaupt als Stadtidentität im westlichen Bewusstsein, war Bratislava von geradezu niederschmetternder Marginalität. Die Stadt hatte dem Institut lang als eine Art Austraghäusel gedient. Von hier aus ging es üblicherweise nur noch in den Ruhestand. Dementsprechend schien niemand je da gewesen zu sein. Eine Zone der Nebelhaftigkeit und Undefiniertheit umgab die Weltgegend, wo Bratislava lag.

Ich brach an einem strahlenden Julimorgen auf. Von Krakau aus ging die Autofahrt nach Süden, zunächst durch das sommerlich grüne, allmählich in ein immer steiler aufgetürmtes Gebirge hinaufführende Beskidenvorland. Enge Serpentinen vor und hinter der Passhöhe. Und wieder bergabfahrend die überraschende Lieblichkeit und Weite des ebenen Talkorridors der Waag: ein neues, milderes, fast mediterran anmutendes Land, die Slowakische Republik. Deutlich war das Gefühl: Hier sind, anders als nördlich der Karpaten, die Römer gewesen. Von der Autobahn aus wiedergesehen: Felder, Ostgärten um die Burg und Stadt Trenčín, wo die einzige römische Steininschrift so weit nördlich im Gebiet des ehemaligen Ostblocks zu bestaunen ist. Heide, Kiefernwälder und sandiges Schwemmland vor Bratislava. Und schließlich öffnete sich die Donauebene, über der die Abhänge der Karpaten sich hinzogen wie eine Balkonbrüstung aus Wäldern. Die Leerstelle war hier, in einem Dreiländereck vor Wien, zwischen Fluss und Bergkette, zwischen Österreich und Ungarn, vor historisch noch nicht langer Zeit Hauptstadt geworden. Und es würde sich während meiner zwei Jahre hier zeigen, dass in dieser Grenz- und Übergangsgegend die Chancen und Problemlagen des untergegangenen Habsburgerreichs noch geisterhaft zu spüren sind.

Eine erste Überraschung beim Sich-Einfädeln in den Großstadtverkehr war die umfassende Aufgeräumtheit und Renoviertheit der Stadt, eine Modernität und Ansehnlichkeit der zwischen Donau und Karpaten auf Hügel und Flussauen ausgebreiteten, wie frisch aus der Verpackung genommenen Metropole. Ich hatte Bratislava 1998, als ich während der postsozialistischen Mečiar-Semidiktaturjahre schon einmal hindurchgefahren war, als verwahrloste Stadtlandschaft aus rußgeschwärzten Fassaden und bottichgroßen Schlaglöchern erlebt. Jetzt war ich verblüfft, hineinzufahren in eine elegante, von hochmodernen Konzernzentralen, säuberlich chromblitzenden Fabrikationslandschaften, Brücken und Einkaufszentren umgebene Großstadt. Sie wirkte eher wie eine kleinere Version von Hamburg oder Turin, als an Krakau oder Łódź zu erinnern. Nach der Instandsetzung seit Jahrhundertbeginn war sichtbar geworden, wie schön Bratislava war. Der ursprünglich mittelalterliche Kern war in der Habsburgerzeit von barocken Kirchen und Palästen fast ganz überwachsen, nur an manchen Stellen sahen gotische Reste aus den barocken Kulissen hervor. Die Stadt ist bis 1918 ungarisch gewesen. Nach der osmanischen Eroberung fast des ganzen ungarischen Königreichs im Jahr 1526 war sie jahrhundertelang Krönungsort der (inzwischen habsburgischen) Könige und die Lieblingsstadt der österreichischen Kaiserin und ungarischen Königin Maria Theresia. Die Denkmalpfleger und Restauratoren der seit 1993 selbständigen Slowakei hatten Erstaunliches geleistet. Neben barocken Adelssitzen ungarisch-österreichischer Geschlechter taten sich ebenfalls sorgfältig renovierte architektonische Inkunabeln der slowakischen Moderne hervor. Denn auch Jugendstil, organische Architektur, Kubismus, Funktionalismus und Bauhaus waren hier nach 1918 mit Macht und Selbstbewusstsein eingekehrt. Später hatte sich der Kommunismus spektakulär verewigt. Eine technomodernistische, nach Art der sechziger Jahre utopisch aufgesteilte Pylonbrücke führte auf das gegenüberliegende Donau-Ufer, in ein ausgedehntes Plattenbauviertel hinein. Der wolkenkratzerhoch aufragende zweischenklige Pfeiler, an dem das Bauwerk hing, war triumphal bekrönt durch ein Restaurant in Ufo-Ästhetik. Seine in die Stadt hineinführende Zulieferfahrbahn überbaute eine Senke zwischen der Krönungskathedrale und der vierkantigen Burg hoch auf ihrem steil zum Fluss hin abfallenden Felsen. Zugleich hatten Brücke und Stadtautobahn eine große Synagoge zerstört und das vor der Stadtmauer gelegene barocke Protestantenviertel, soweit es nicht überhaupt abgerissen worden war, von der inneren Altstadt aufs Brutalste getrennt. Bloß noch Fußgängerbrücken aus Waschbeton führten hinüber und herüber. Auf altertümlichen Trassen verschwanden Straßenbahnen quietschend in einem Tunnel und tauchten aus dem Berg wieder auf.

Das kommunistische Bratislava zeigte sich als Strafaktion. Denn die Stadt hatte sich in den Augen der Prager Zentrale schuldig gemacht. Der Slowake Alexander Dubček, Organisator und tragischer Held des »Prager Frühlings«, war vor seiner Zeit als kommunistischer Chef des Doppelstaats hier Parteisekretär gewesen und die Stadt ein Zentrum der Reformbewegung. Mit jener Brücke, der dazugehörigen Stadtautobahn, einem zwanzigstöckigen Hochhaushotel weiter stadteinwärts und mit dem großflächigen Ausbau des Plattenbauviertels jenseits der Donau hatte Prag der auf bürgerliche Abwege geratenen Schwesterhauptstadt in der »Normalisierungsperiode« nach 1968 demonstriert, wo die Entscheidungsgewalt sich jetzt wieder befand. Mein Hotel für den Antrittsbesuch freilich war ein sympathisch zurückgenommener funktionalistischer Bau noch aus den zwanziger Jahren, direkt an der Donau.

Der erste Abendspaziergang führte hügelaufwärts in die Gassen, über die Plätze und durch die auffallend zahlreichen Ladenpassagen der Stadt. Hier würde ich vielleicht wohnen. Erleuchtungen, Möglichkeiten, Perspektiven wirbelten und wehten in der einbrechenden Sommernacht. In jedem Haus könnte sich die Hütte von Pierre Bear auftun. Würde ich hier einziehen? Oder vielleicht eher da hinten? In einem Restaurant der Altstadt, dessen Inneneinrichtung noch aus vorsozialistischen Zeiten stammte, aß ich Schweinebraten mit Klößen und Kraut und trank zwei Viertel eines Rotweins aus der Talebene, die ich tags im Auto durchquert hatte. Das Institut war geschlossen, Sommerpause. Es stand in der noch unzerstörten Hauptstraße der Protestantenvorstadt, gegenüber einer großen, calvinistisch schmuck- und turmlosen Kirche, neben noch unrenovierten, halb zu Ruinen zerfallenden Patriziersitzen und einem vielstöckigen Wohnhaus in den eckig »kubistischen« Formen der Zwischenkriegszeit. Ich schlief ein in meinem Zwanziger-Jahre-Hotelzimmer, als sei ich in dieser Stadt nach Hause gekommen.

Der folgende Morgen begann über einem ausgedehnten Lese-Frühstück im großen Speisesaal mit Blick auf den Strom. Am Vormittag, der schon gegen zehn Uhr heiß wurde, spazierte ich durch die Villenhügel am Karpatenabhang über der Stadt: gewundene kleine Straßen, Ausblicke, Schluchten, Treppen und Gärten. Mir kam es vor, als wanderte ich in eine vertraute, aber mir längst aus dem Sinn gekommene Landschaft hinein, in ein »vergessenes Tal«. Das Stuttgart meiner Kindheit, schien mir träumerische Minuten lang, umgab mich hier plötzlich wieder – die bürgerlichen Viertel der schwäbischen Hauptstadt ziehen sich in ganz ähnlicher Weise auf Höhen über dem Fluss hin, vielfach hinaussehend in eine Talkesselebene. Es waren – in Schwaben wie auf den Hügeln über der Donau – aus Intimität und Utopie zusammengesetzte Quartiere in Hang- und Höhenlage. Sie hatten aufgelassene Weinberge überformt und bewahrten deren Wegführungen, Treppen, Ausblicke, Träume, Lebensgefühle und Kultivierungsmentalitäten noch in sich auf. Erst viel später würde mir bewusst werden, dass die Donau, die ich in der Tiefe mississippibreit strömen sah, ja tatsächlich seit dem Spätmittelalter die Verkehrsverbindung gewesen ist, auf der Generationen von schwäbischen Handwerkern, Weinbauern und Sektenpredigern aus den kargen und orthodoxengen Verhältnissen ihrer Heimat immer wieder nach Südosten gewandert waren und ihr Glück gemacht hatten in den Landschaften Nordungarns, Siebenbürgens, Bessarabiens und bis hinein ins zaristische Georgien und Armenien jenseits des Schwarzen Meers. Aber eben auch in den Gassen meiner neuen Heimat hatten sie Zuflucht gefunden, in einer Stadt, die die längste Zeit auf Deutsch Preßburg oder ungarisch Pozsony geheißen hatte und erst nach 1918 – dann schon als die slowakische Teilhauptstadt eines neuen Staates – auf das von Philologen und Historikern erfundene Kunstwort »Bratislava« getauft worden war.

So drang ich an jenem Sommervormittag immer weiter vor in der Villenhügellandschaft über der Stadt, durch die steilen, gewundenen Sträßchen, auf überwachsenen Treppen – und in die Hintergründe meines eigenen Innern zugleich. Von überall her sah man in selbstbewusste Privatheit hinein. Hinter jeder Kurve herrschten wieder neue psychogeographische Verhältnisse. Jede Hecke verbarg eine eigene Familiengeschichte. Jede der Parzellen, Architekturen und Gartenwildnisse hatte ihr abgegrenztes stilistisches Mikroklima. Die unteren Straßenzüge, noch in Stadtnähe, beherbergten großbürgerliche Paläste der Gründerzeit. Hier herrschten gotische Türmchen, Erker und Gauben, Renaissanceformen, romantische Söller, Windfahnen und Ziergitter. Die steileren Hänge weiter bergan waren geprägt durch die abgerundeten Bauhausformen des modern gesinnten Zwischenkriegsbürgertums. Und auf dem Höhenkamm dominierten die Glas-, Beton- und Metallkuben eines postsozialistischen Neureichentums, das seine offensichtlich beträchtlichen Vermögensverhältnisse den Bürohochhäusern und Autozulieferfabriken im Tal verdankte. Aber durchaus nicht überall zeigte sich Wohlstand. Auch prekäre, sozialistisch selbstgebastelt wirkende Datschen gab es, oft unmittelbar neben den Arrivierungsmonumenten. Dann wieder geriet ich in handballfeldkleine Parks oder kam nach langem Steigen auf Plätzen heraus, die nicht größer waren als der Wendekreis eines PKW und hervorgegangen aus nichts Geplanterem als dem zufälligen Zusammentreffen dreier Straßen. Der in diesen Kurven, Staffeln, Abhängen, Ausblicken,

Privatarchitekturen und Gärten untergegangene Weinberg hatte eine Stadtlandschaft des Idiosynkratischen hervorgebracht.

Ein schwüler Sommertag entstand in der Ebene, in die ich in den nächsten beiden Jahren oft hinausfahren würde, an Wien vorbei in Richtung München, zu wieder einem Wochenende mit meinem Sohn. Denn jener erste Spaziergang durch die Einfamilienhausgegend am Karpatenhang hatte mich endgültig davon überzeugt, dass meine nächste berufliche Station Bratislava sein müsse. Ein Jahr später, im September 2005, bezog ich ein ausgebautes Dachgeschoss am innerstädtischen »Platz des Slowakischen Nationalaufstands«. Das Nachbargebäude war der Glas- und Stahlkubus einer Bank aus den zwanziger Jahren. Aus meinen Fenstern sah ich links ein Hochhaus von 1935, und vor mir in der Tiefe standen neusachliche Muschelkalkfassaden von Landarbeiter-Gewerkschaftsgebäuden aus derselben Zeit – jener modernistischen Aufbruchsepoche zwischen den Kriegen. Weiter rechts ragte das Hochhaushotel »Kyjev« empor, stahlbetongewordene Imponiergeste der restaurativen siebziger Jahre. Und wenn ich morgens in meinem Sessel am Fenster saß, schaute ich auf die Zauberlandschaft der ehemaligen Weinberge. Zwischen Baumkronen ragten elaborierte Villen und weiße Bauhauswürfel hervor. Fenster blitzten in der Morgensonne. Schon vor Dienstbeginn stand mir die Phantasie vor Augen, in dieser Hügellandschaft meine überall auf der Welt vergebens gesuchte Stuttgarter Kindheit wiedergefunden zu haben. Eine nicht ausgeschöpfte

Goldstaub-Vergangenheit als Spaziergangsangebot für die Wochenenden.

Der erste dieser Spaziergänge als Neubürger von Bratislava begann an einem Freitagnachmittag im Frühherbst 2005. Nach Büroschluss der Einstieg in die Hügel durch einen Hohlweg, der eine asphaltierte Innenstadtstraße bergan ins Ländliche verlängerte. Ein mild sonniger Lektürespätnachmittag in einem Biergarten auf der Höhe schloss sich an. Dann Abstieg und Abend in einem der neuen Bistros der Innenstadt, umgeben von elegant und sexy angezogenenen Menschen, deren guter Laune anzumerken war, dass ihr schönes Leben noch etwas unerwartet ihnen Zugefallenes, fast nicht zu Verstehendes war. Kein Mensch hatte ihnen in ihrer sozialistischen Kindheit prophezeit, dass sie einmal in einem solchen Lokal sitzen, reich, schick, übermütig und hübsch sein würden. Niemand kannte mich. Ich saß am Rand wie eine Gestalt in Renoirs Gemälde »Bal du Moulin de la Galette«, blödsinnig vor Glück. Am nächsten Tag früh auf die Autobahn und in den samstäglichen Herbsttag hinaus, der erste Ausflug nach München. Mein Sohn war mir noch nie so selbständig, fast erwachsen vorgekommen wie an diesem Wochenende. Der Abschied am folgenden Morgen würde für nicht allzu lange sein. Es war der Sonntag der Bundestagswahl 2005. Ich übte in einer nahegelegenen Münchner Schule mein Wahlrecht aus, stieg ins Auto und war am Spätnachmittag wieder in Bratislava. Beim Ansehen der Wahlsendung im Institut, zu dem ich die deutsche Gemeinde und slowakische Interessierte eingeladen hatte, wohnten wir der Selbstdemontage des angetrunkenen Bundeskanzlers Schröder bei, mit der die Regierungsperiode Angela Merkels beginnen sollte. Der Heimweg zu meiner Dachwohnung führte mich durch mittelalterliche Stadttore an dramatisch beleuchteten Rokokoarchitekturen vorbei, und im Nachtwind rauschten die Bäume.

»Ja. Es war eine glückliche Zeit. So lange danach fühle ich ganz deutlich, dass sie glücklich war.« Die Hügel am Karpatenabhang wurden seit diesem ersten Wochenende das Hauptziel meiner samstäglichen Spaziergänge. Manchmal war ich allein dort oben unterwegs, manchmal ging mein Sohn mit, der mich alle paar Wochen besuchte. Dann kehrten wir in einer der österreichisch-ungarisch geprägten Gaststätten im Tal ein. Oder wir sahen einen Film in einem der Kinopaläste jenseits der Donau. Am Sonntag fuhren wir nach Wien. Bevor ich mein – von Wochenende zu Wochenende immer jungmannhafter anmutendes – Kind am Wiener Westbahnhof an den Zug zurück nach München brachte, besuchten wir die Gemälde Egon Schieles im Leopold Museum oder die Brueghels im »Kunsthistorischen«. Es war ein entspanntes, genießerisches und im Rückblick fast realutopisches Leben zwischen Ost und West. »Östlich des Rennwegs beginnt der Balkan«, soll Metternich im 19. Jahrhundert gesagt haben, also am Rand des damaligen Wiens. Er hatte es nicht als Kompliment gemeint. Wir jedoch überschritten jetzt die nicht mehr relevanten, aber noch deutlich fühlbaren Grenzziehungen zwischen NATO und Warschauer Pakt, zwischen Cis- und Transleithanien, römischem

Reich und Germanenvorland, Balkan und Europa, Ost und West in alltäglicher Nonchalance. Es war das 21. Jahrhundert. Wir bewohnten die Grenze zwischen den Welten jetzt.

Das Glücklichsein über mein neues Leben vertiefte sich im Nachdenken über die so überraschend gefundene Weltzwischenlage. Das Gefühl, mit meinen Spaziergängen auf jenen Hügeln in die eigene Kindheit geraten zu sein, machte mich zum Amateurphilosophen dieser Topographie. Je öfter ich auf den Staffeln, in den gepflasterten, kühn sich hinaufwindenden Seitenstraßen, den für Autos gesperrten Hohlwegen dort aufwärts stieg oder auf der Mauer eines Parks sitzend in die Donauebene hinaussah, desto deutlicher trat mir der geistesgeschichtliche Gehalt dieser bürgerlich-privaten, idiosynkratisch-multiperspektivischen Stadtlandschaft vor Augen. In diesem Kaleidoskop von Grundstücken, Lebensentwürfen, Familiengründungen, Neuanfängen und Geschäftsideen schien mir die bürgerliche Gesellschaft ihr landschaftlich-städtebauliches Sinnbild zu haben. Ich sah im Gehen und Steigen ein sich unendlich fortsetzendes, an manchen Stellen dichter werdendes, an den Rändern dann wieder sich ausdünnendes Gewebe aus Unternehmergeist, Bereitschaft zu Neuanfang, Glauben an die Zukunft, Kühnheit und manchmal auch Verrücktheit des eigenen Lebens. Eine Kultur der Freiheit, der Zuversicht und des kreativen Risikos war zu Architektur und Stadt geworden. Jedes dieser Anwesen war seit Beginn des Jahrhunderts das Monument eines individuellen Ausdrucks gewesen. Und doch waren die verschiedenen Weltversionen der Weinbergstadt miteinander verwandt und vergleichbar. Botschaften gingen herüber und hinüber. Die Besitzerfamilien dieser Höhenzüge kannten ihre Nachbarn oft seit dem vorletzten Jahrhundert, manche waren buchstäblich schon seit dem Mittelalter miteinander befreundet, verwandt oder verfeindet gewesen, verbunden jedenfalls durch gemeinsame Geschichten. Und dann, am Ende des 20. Jahrhunderts, hatten sie sich zu zwei ausgewachsenen Revolutionen verabredet, deren zweite 1989 einen überraschenden und durchschlagenden Erfolg gehabt hatte. Das war noch nicht lang her. Wie kurz, musste ich mir immer wieder ins Gedächtnis rufen.

Ein Schneespaziergang, ein paar Wochen später, schon im tiefen Winter. Auf einem etwas landeinwärts gelegenen Hochplateau des Preßburger Stadtgebiets liegt ein seit dem 19. Jahrhundert nicht mehr gestörter Urwald, wo seltene Bäume wachsen und allerlei anderswo ausgestorbene Kröten, Insekten und Vögel vorkommen: der sogenannte Horský park. Nach einer langen Wanderung über die Hügel und durch die Wälder im bitterkalten Dezember 2005 habe ich mich aufgetaut in einem Ausflugslokal am Rand dieses Naturschutzgebiets, das sich – tief verschneit – in der früh einbrechenden Nachmittagsdämmerung in einen Märchenwald verwandelt hatte. Ein alter Mann handhabte mit sorgfältigen und irgendwie altmodischen Bewegungen die Flasche tschechischen Schwarzbiers, die ich mir bestellt hatte, das sauber gespülte und trocken geriebene Glas, und legte mir eine Tüte Erdnüsse dazu. Er schrieb in einer umständlichen Handschrift den Bestellzettel, der zum Schluss als Rechnung diente. Ich war gegen drei Uhr nachmittags der erste Gast gewesen und hatte mich angesichts der entsetzlichen Kälte schon eine Viertelstunde vor der offiziellen Öffnung des Lokals hersetzen dürfen, während der alte Mann eine Weile noch seinen zeremoniellen Zurüstungen nachging. Er verschwand in den Tiefen des Obergeschosses oder in einer kleinen Küche, tauchte wieder auf, schaltete die Hängelampen über den Holztischen ein, zog die Vorhänge zurück und zündete den Ofen an. Schon eine halbe Stunde später war der bauernhaushaft getäfelte und mit allerlei Büchern, Zeitschriften, Schnitzereien, gerahmten Zeitungsausschnitten, Holzbänken, Wollkissen, alten Polstermöbeln und wackligen Holzstühlen wohnlich gemachte Raum fast ganz besetzt mit Veteranen der »samtenen Revolution«. Denn ich war an jenem Nachmittag nicht irgendwo gelandet. Gerade in diesem Lokal hatte der 1968 kulminierende und dann gewaltsam erstickte antitotalitäre Umsturzversuch sich schon in den siebziger Jahren vorbereitet. Das Haus am Rand des Horský park war damals eine halb private – und dann manchmal wieder von einem Tag auf den anderen in grelles Öffentlichkeitslicht getauchte – bürgerliche Rückzugs- und Widerstandsinsel gewesen. Auf der kleinen Bühne dort hinten waren Kabarettisten und Schriftsteller aufgetreten, heute vergessene Helden der antitotalitären Revolution. In diesem kleinen Schankraum fanden in den Jahren nach 1968 halb klandestine Diskussionsveranstaltungen über die sozialistische Schändung der Stadt durch die Bauprojekte der Restaurationsregierung Gustáv Husáks statt. Hier lagen Unterschriftslisten gegen die Niederlegung des historischen Protestantenviertels aus. Oder gegen den Abriss der Synagoge, die dem Stadtautobahnzubringer zur Brücke im Weg gewesen war. Hier hatten sich die Leute meines Alters zu Hause gefühlt, einander getröstet, miteinander diskutiert und getrunken, während ich auf meiner Seite der großen Grenze meinem karnevalistischen Salonkommunismus gefrönt hatte. »Bratislava na glos« (Bratislava laut und deutlich) hieß die Gruppe, die hier ihr Hauptquartier aufgeschlagen hatte. Heute waren sie mit ihren Enkeln da, die von alldem nichts mehr wussten. Und sie selber, gelassene Bürger einer freien Stadt, werden im Jahr 2005 auch nur noch immer verwischtere Erinnerungen gehabt haben an den Albtraum, der einmal ihr kleines Land zerstört und die halbe Welt verhext hatte. Nur noch eine gewisse Bürgerlichkeit war übrig geblieben von der heroischen Lebensperiode, die in einem entscheidenden Moment aus dem Privatleben der ehemaligen Weinberge hervorgetreten war. Ein freundliches Selbstbewusstsein offenbarte sich in ihren Gesichtern, in der Art, wie sie ihre Enkel ausfragten oder ermahnten, im wohlwollend desinteressierten Hinschauen auf den hereingeschneiten Ausländer, der sich mit den kleinen Bestellungs- und Bezahlgesprächen auf Slowakisch abmühte. Es war ein Eingesessensein, das hier seit Menschengedenken selbstverständlich gewesen war und sich auch in dunklen historischen Perioden als unzerstörbar erwiesen hatte. Gerade auf das hier sinnfällige Gewebe aus individuellen Träumen, Tollkühnheiten und Parzellen hatten es Lenin, Trotzki und Stalin mit ihrem »Neuen Menschen« abgesehen gehabt. Aber nicht einmal in ihrem unmittelbaren Herrschaftsbereich hatten sie es für immer zerstören können. Es hatte in Wohnküchen, Freundschaften, Liebesbeziehungen, auf langen Spaziergängen und auf den hektographierten Blättern der Untergrundpresse überlebt und war im ersten geeigneten Moment fast unbeschädigt wieder da gewesen und geschichtswirksam geworden. Mehr als dieses Netzwerk aus Häusern, Ideen, Familien und Freundschaften haben wir nie gehabt und etwas anderes werden wir auch in Zukunft nicht haben, dachte ich, als ich gezahlt hatte und in der früh eingebrochenen Dunkelheit über die verschneiten Hügel, unter Laternen, vorbei an Villen und winterlich leeren Gärten, ins Tal hinabwanderte.

Ein wenig später sollte jemand, der an jenem Nachmittag dort oben auch distanzierte Blicke mit mir gewechselt haben könnte, ein Freund werden und vielleicht sogar so etwas wie ein verspäteter Bruder. Eins meiner Bücher hatte die Verbindung gestiftet. Der Besitzer einer internationalen Buchhandlung unweit meiner Wohnung erzählte mir, ein befreundeter Maler habe in meinem hier damals ausliegenden »Unsichtbaren Land« geblättert, sich festgelesen, es stehenden Fußes erworben und auch alle meine anderen Bücher bei ihm bestellt. Ob er uns einmal miteinander bekannt machen solle? Am folgenden Wochenende fuhren meine Freundin und ich zu einem Atelier hinaus, das in einer aufgelassenen Fabriklandschaft am Stadtrand lag. Mein Leser Laco Teren, ein großer, starkleibiger, von einer weit ausgreifenden Aura des Selbstbewusstseins umgebener Mann Anfang vierzig, begrüßte uns im Eingang zu ausgedehnten ehemaligen Fabrikinterieurs, die angefüllt waren mit seinen Leinwänden – fast alle in Rubens- oder Tintoretto-Formaten. Teils hingen sie an den Wänden, teils erwarteten sie auf Staffeleien in verschiedenen Stadien des Entwurfs oder der Fertigstellung ihre weitere Bearbeitung, teils waren sie, in Luftpolsterfolie, stehend auf grob gezimmerten Regalen eines Nebenraums aufbewahrt. Voluminöser Charme war die Persönlichkeitswirkung Laco Terens, ein ganz zu Oberfläche gewordenes Geheimnis der Eindruck, der von seinen Bildern ausging. Flächige, oft nur als Linie und Umriss gegebene, bei aller Wiedererkennbarkeit zugleich unirdisch wirkende Gesichter, Körper, Eidechsen, Fische, Schädel, Steine, Kürbisse, Blüten und Affen waren auf ihnen zu sehen: wie gerade erst aus dem Unbewussten in die Sichtbarkeit getretene Dinge und Wesen. Er arbeitete in jenen Wochen an dem großen Gemälde eines triefend in die Höhe gezogenen Fischernetzes, in dem sich nicht nur große bunte Fische verfangen hatten, sondern auch ein abgeschnittener Männerkopf. Nicht aber das Grausige dieses Arrangements stand im Vordergrund seiner Wirkung. Das Bild war, wie die Eindrücke, die man aus dem Schlaf mitbringt, eher eine Mitteilung als ein Schrecknis. Diese Gemälde kamen aus Träumen, und sie ließen beim Betrachten etwas den Träumen Ähnliches entstehen. Aber nicht nur Terens Bilder, sondern auch sein Gespräch, sein John-Berger-haftes Lachen, seine peeperkornartige Präsenz, sein Humor, sein perfektes Deutsch (wie viele gebildete Einwohner von Bratislava war er im Slowakischen, Ungarischen und Deutschen gleichzeitig zu Hause), das Inspirationsgefühl und Vertrauen, das seine Gegenwart einflößte, standen mit dem Hin-und-her Gehen unbewusster Inhalte über die Schwelle zwischen Schlaf und Wachsein in Verbindung. Der unbefangene Wechsel von Bewusstseinsinhalten über eine in den meisten Menschen fest verschlossene Grenze war in seiner Präsenz und in seinen Bildern anschaulich. Seine Stimme und sein Lachen konnten die Atmosphäre großer Räume erfüllen und umdrehen. Sein Kopf – war es nicht in Wirklichkeit seiner, der gerade auf jenem Gemälde aus dem Gewässer des kollektiven Unbewussten auftauchte? – würde ein paar Jahre später durch einen assyrisch anmutenden Knebelbart etwas Patriarchenhaftes annehmen. Ich sah in den nächsten Jahren, während ich ihn langsam immer besser kennenlernte, seine großen Hände farbgefüllte Pinsel ebenso zart und sicher handhaben wie den Bratenwender, wenn er mir ein Spiegelei zum Frühstück machte. Obwohl er jünger war als ich, empfand ich aufgrund jener instinktiven Selbstsicherheit und Selbstzweifellosigkeit immer etwas Großer-Bruder-haftes in alldem. Wozu passte, dass er mich mit ironischer Zärtlichkeit »Stephanchen« nannte und dass er die unfreiwillige Tragikomik meines Wesens durch das Bonmot zu charakterisieren pflegte, früher habe er mich für die schwäbische Antwort auf Woody Allen gehalten, bis ihm jedoch aufgegangen sei, dass Woody Allen in Wirklichkeit die amerikanische Antwort auf mich sei.

Nachdem wir seit fast zwei Jahrzehnten Freunde sind und ich jedes Jahr mindestens einmal in Bratislava bin, fällt es mir schwer, die dauernd spürbare Anwesenheit des Unbewussten in allen Lebensäußerungen Laco Terens nicht darauf zurückzuführen, dass seine Vorfahren seit dem Mittelalter in einer Weltgegend beheimatet gewesen sind, wo drei Länder und vier Kulturen zusammenkommen und man beim Sprechen zwischen Deutsch, Slowakisch, Ungarisch und Jiddisch jahrhundertelang so mühelos – fast ohne es zu merken – hin und her wechselte wie nirgends sonst in Europa. Ich kann, wenn ich heute über ihn, über das sentimentale Erlebnis Bratislava und über die in diesem Stadtcharakter verkörperten Begriffe nachdenke, auch nicht umhin, das Geheimnis seiner Bilder wie der liberalen Stadtlandschaft über den Hügeln darin zu erkennen, dass in alldem Gegensätze, die gemeinhin für unüberbrückbar gelten, in eine ästhetisch lebendige Form gekommen sind. In Terens Bildern begibt sich die Vereinigung des Unvereinbaren. Auf diesen Leinwänden herrscht die gleiche schrecklich-schöne Unordnung, wie sie Sigmund Freud dem unbewussten »Sekundärprozess« nachgesagt hat. Begrifflich Nichtvereinbares verhandelt in diesen Bildern seine Widersprüchlichkeit ästhetisch. Es gerinnt einen unwiederholbaren Kunstmoment lang zur Gestalt.

Das Unvereinbare war kein Problem für diese Bilder. Im Gegenteil. Sie entstanden mit dieser Unordnung überhaupt erst, sie war ihre Quelle. So wenig wie das Unvereinbare, auf andere Art, ein Problem ist für die Villenhügel, an deren Fuß

Laco Terens Wohnhaus und sein Atelier liegen. Seine Bilder und die Stadtlandschaft über Bratislava treten aus demselben Traditionszusammenhang hervor. Als eine Art surrealistisch-konstruktivistisches Mischmilieu war dieses Kontinuum von Intuitionen und Inspirationen in Paris, Prag und Preßburg mehr oder weniger gleichzeitig entstanden, um Breton und Aragon in Paris, um die tschechische Malerin Marie Čermínová (die sich »Toyen« nannte) in Prag, um den Künstler Karel Teige und den Architekten Friedrich Weinwurm in Brno / Brünn und Preßburg / Bratislava. Auf Laco Terens Bildern hatten sich tschechischer und slowakischer Surrealismus und Konstruktivismus in die Gegenwart herübergerettet.

Die Stadtlandschaft von Bratislava inspirierte mich, auf die Suche nach der philosophischen Matrix oder DNA dieser Straßen, Häuser und Weinberge zu gehen. Das Geheimnis der gesamten Weltgegend »östlich des Rennwegs« schien sich in ihr zu verbergen. Etwas Wienerisches waltete hier, das fühlte ich – und etwas für das letzte Jahrhundert Zentrales. Und ich war mir intuitiv sicher, Mittelpunkt und Drehachse der in Wien und Bratislava spürbaren Modernität gefunden zu haben, als mir eine Passage aus einem Buch Ernst Machs unterkam, eines Philosophen und Physikers, dessen Einfluss auf Wittgenstein, Karl Popper und vor allem auf den berühmten »Wiener Kreis« von Naturwissenschaftlern, Kunsthistorikern, Sozialphilosophen und Bildungsreformern grundlegend gewesen war. »An einem heiteren Sommertage im Freien«, schreibt Mach in »Die Analyse der Empfindungen«

über einen Moment in seiner Kindheit, »erschien mir auf einmal die Welt samt meinem Ich als eine zusammenhängende Masse von Empfindungen, nur im Ich stärker zusammenhängend. Obgleich die eigentliche Reflexion sich erst später hinzugesellte, so ist doch dieser Moment für meine ganze Anschauung bestimmend geworden.« Man sieht den Maitag in der für seine Schönheit oft bewunderten mährischen Geburtslandschaft des Philosophen beim Lesen unwillkürlich vor sich, wenn man auch nur einmal im Frühsommer durch diese unvergessliche Gegend, ihre Hügel, Barockstädte und Wiesen hindurchgefahren ist. Die »spätere Reflexion« Ernst Machs ist von seinem philosophischen Feind Wladimir Iljitsch Lenin später auf den Namen »Empiriokritizismus« getauft worden. Machs »empiriokritische« Ursprungseinsicht lief darauf hinaus, dass die scheinbar unverrückbare Wirklichkeit, auf der Herrschaft, Sitte und Tradition des Habsburgerreichs sich aufbauten, in Wirklichkeit etwas Fließendes, Vorläufiges, Veränderliches, Willensabhängiges und Unzuverlässiges war. Dass sie sich für stabile Reichsgründungen eigentlich überhaupt nicht eignete. Seine Reflexion auf die poröse, sprunghafte, diskontinuierliche Beschaffenheit von Welt und Ich wurde zur Grundlagenintuition für die moderne Physik, für die Theorie des amerikanischen Liberalismus, für Wittgensteins späte Sprachphilosophie, für den Wiener Impressionismus, für die Reformpolitik der »Austromarxisten«. Und, wie mir jetzt klarwurde, sogar für Architektur und Innenarchitektur. Adolf Loos und Ludwig Wittgenstein (der ja auch als Architekt hervorgetreten ist) hatten mit ihren Gebäuden und Architekturmanifesten versucht, das durch Machs »Empiriokritizismus« entstandene Loch in der Welt durch heroische Ideale der Ehrlichkeit, Reinheit und Kompromisslosigkeit zu schließen. Das hatte ihre Häuser streng und asketisch gemacht. Es passte in sie kein Löffel, kein Hocker und kein Nachttopf hinein, wenn er nicht mit den zugrundeliegenden Stilprinzipien fugenlos übereinstimmte. Diese Häuser hatten nur einen Fehler, allerdings den entscheidenden. Nämlich, dass die Bedürfnisse und Schwächen realer Bewohner in ihren perfekten Zimmerfluchten eher störten: deren Schlampigkeit, Katzen, Kinder und Hunde, die Neigung der Menschen, sich mit herzerwärmendem Kitsch zu umgeben, ihre Erbstücke und ihr Bedürfnis nach Behaglichkeit. Jene vollkommen durchgestylten Gebäude zwangen ihre Einwohner und deren Besitztümer sozusagen durchgehend Haltung anzunehmen.

Staunend erfuhr ich jetzt, dass gegen diese anstrengenden Konzepte und Bauten genau zu der Zeit, als die Abhänge des Stuttgarter Talkessels und die Weinberge von Bratislava zu einer Utopie des bürgerlichen Lebens umgebaut wurden, in Wien eine Theorie entstanden war, die man als den *pragmatist liberalism* in der Geschichte des Eigenheimbaus bezeichnen könnte. Eine weitgehend vergessene Gruppe junger, oft jüdischer Architekten und Auftraggeber, die sich kennengelernt hatten über den Projekten, die in Wien und den kleineren Städten des ehemaligen Habsburgerreichs nun entstanden, wagten es in den zwanziger Jahren, die

Konsistenz- und Konsequenzanforderungen von Sezession, Bauhaus, Loos und Wittgenstein zu ignorieren, ohne in die konventionelle Formenwelt zurückzukehren, die noch die Häuser ihrer Eltern so kleinteilig und düster gemacht hatte. Stattdessen bauten sie »offene Räume«. Sie entwarfen eine »Moderne der Unordnung«. Die Begriffe stammen von der Architekturhistorikerin Iris Mader, die sich als Biographin und Wiederentdeckerin des Wiener Architekten Josef Frank einen Namen gemacht hat. Frank, der 1938 von den Nazis ins amerikanische und dann schwedische Exil getrieben worden war und nie mehr nach Österreich zurückgekehrt ist (die schwedische Firma Svenskt Tenn vertreibt seine Möbel-, Stoff- und Tapetenentwürfe bis heute), entwarf mit seinem Kompagnon Oskar Strnad ästhetisch und funktional nicht genau festgelegte Raumfolgen, wo die Funktionen des konkreten Lebens, den isolierten Eindrücken des Empiriokritizismus vergleichbar, fließend ineinander übergingen. »Das moderne Wohnhaus entstammt dem Bohèmeatelier im Mansardendach«, schrieb Frank. »Dieses von Behörden und modernen Architekten als unbewohnbar und unhygienisch verpönte Dachgeschoß, das die Bauspekulation dem widerstrebenden Gesetz mit Mühe entreißen muß, das aus Zufällen aufgebaut ist, enthält das, was wir in den darunterliegenden, planvoll und rationell eingerichteten Wohnungen vergeblich suchen: Leben.«

Nicht nur als Bewohner eines ausgebauten Dachstocks über dem Platz des Slowakischen Nationalaufstands, sondern auch als Bewunderer alles lebendig Peeperkornhaften, nicht zuletzt als Besitzer einer Identität, die sich schon 1979 als ein bisschen *wobbly* erwiesen hatte, war Josef Frank mit diesen empiriokritischen Maximen unbedingt mein Mann. Ohne eine Forderung nach ästhetischem Zentralsinn durchgehend aufzustellen, ohne dem konkreten Leben Zwang aufzuerlegen, ermöglichte die *pragmatist liberal architecture* von Preßburg und Wien realen Bewohnern jene Alltäglichkeit, die ihre Biographien, Familien und Karrieren mit sich brachten und einforderten. »Strnad und Frank haben nicht mehr die sezessionistische Illusion einer Einigung der fragmentarischen Welt im Kunstwerk, aber auch nicht das Loos'sche Ideal des absolut Wahren. Ihre Architektur präsentiert sich demnach als gewollt Unfertiges, Unvollkommenes, in ständigem Veränderungsprozess Begriffenes und im Grunde nur als Annäherung an etwas nicht Erreichbares, weil nicht eindeutig Definierbares«, schreibt Iris Mader in ihrer Stuttgarter Examensarbeit, von der ich beim Lesen immer wieder gedacht habe und glauben wollte, dass sie nicht zufällig in meiner Kindheitsstadt entstanden und eingereicht worden ist. »Ihre Häuser sind demnach nicht gebaute Manifeste einer vorgefassten Idee, sondern Variationen zu einem nicht Festgelegten.« Es scheint mir, dass man das Gefühl der Freiheit, das mich seit 2005 auf den Höhen über Bratislava, aber auch vor den Leinwänden Laco Terens begeistert, kaum besser zusammenfassen kann als mit diesen Sätzen. Franks und Strnads Häuser waren *gebaute Essays*.

Aber nicht nur die Kunst, die Interieurs und der Städtebau des Leerstellenweltteils östlich des Wiener Rennwegs sind beeinflusst durch die impressionistisch-pointillistische Erkenntnistheorie Ernst Machs, sondern auch die Strategie und Taktik des antikolonialen (und später antitotalitären) politischen Befreiungskampfs in Ostmitteleuropa. Man versteht das, wenn man sich einerseits das politische Wirken und andererseits das philosophische Werk des bereits erwähnten Brentano-Schülers und Husserl-Kommilitonen Tomáš Garrigue Masaryk stereoskopisch vor Augen führt. Er wurde, nach einer glänzenden akademischen Karriere und intensivem politischen Engagement vor und während des Ersten Weltkriegs, 1918 der erste tschechoslowakische Staatspräsident. Von Masaryks Ideen und von seinem politischen Beispiel sind wiederum Václav Havel und Adam Michnik in ihrer politischen und Ryszard Krynicki in seiner poetischen Arbeit inspiriert gewesen. Masaryk war als Denker Anwalt des Konkreten, der Empfindung, des Realistischen, des Kleinen, jenes »Philosophierens von unten« – einer Art »Weinbergphilosophie«, wie man die Intuition nennen möchte, die Ernst Mach in die Geschichte des Denkens eingeführt hat. Und er wurde während der kurzen großen Zeit der Nachkriegs-Tschechoslowakei Theoretiker und Praktiker einer Politik, die – wie Franks essayistische Häuser – »offene Räume« schuf. »Kein Philosoph«, schreibt der amerikanische Philosophiehistoriker Barry Smith, »wuchs innerhalb des Habsburger Reichs auf, der den deutschen Philosophen der Zeit an Größe ebenbürtig war: kein Kant, Fichte oder Hegel, die übrigens alle führende Sprecher für die Habsburg-feindliche Idee des ›Nationalstaats‹ waren. Im Gegenteil, die wichtigsten und charakteristischsten österreichischen Denker, von Bolzano bis Wittgenstein, waren Verfechter nicht einer großen, systematisierenden ›Philosophie von oben‹ Fichte'scher oder Hegel'scher Prägung, sondern einer empirischen, konkreten und system-feindlichen ›Philosophie von unten‹, einer Philosophie, die in Beispielen und in der mühevollen Beschreibung und Analyse von einzelnen Fällen wurzelte. Diese ›kleine Philosophie‹ zeigte sich in besonders intensiver Form bei den Tschechen.« Der böhmisch-mährische Antisystematiker Masaryk – Protagonist dieser »kleinen Philosophie« und politischer Propagandist der »kleinen Arbeit« – studierte bei dem Philosophen und Psychologen Franz Brentano an der Prager Karlsuniversität, die damals noch etwa ebenso vielen deutsch- wie tschechischsprachigen Lehrstuhlinhabern Platz bot. Auch Ernst Mach war einer von ihnen gewesen. Machs mährischer Landsmann Masaryk war ein typischer Bürger der Leerstelle: sein Vater ein slowakischer Kutscher, seine Mutter eine deutsche Köchin. Sein Lehrer Franz Brentano war ein Vorläufer der Phänomenologie. Er vermittelte seinem Schüler das Interesse an den intrikaten und komplizierten Wegen, auf denen Weltinhalte zu Inhalten eines Kopfs werden oder vielleicht besser: wie sie in diesem Kopf *konstruiert werden*, dort eigentlich also überhaupt erst entstehen. Dieses konstruktivistische Interesse kam nicht vom System her, nicht von oben. Sondern von unten, vom Gegenstand selbst, aus jener durch Ernst Mach beschriebenen und zur Grundlage von Philosophie und Naturwissenschaft gemachten phänomenologischen Zone, wo »die Welt samt meinem Ich als eine zusammenhängende Masse von Empfindungen« wahrnehmbar ist, »nur im Ich stärker zusammenhängend«. Auch die Unterscheidung von gut und böse oder politische Strategien sind diesen Denkern zufolge in lebensweltlichen Empfindungen und Evidenzen entstanden und nur aus ihnen zu erklären. Es gibt hier tatsächlich einen kategorialen Unterschied der mitteleuropäisch-östlichen (und später dann amerikanischen) zur deutschen und russischen Philosophietradition und politischen Technik – das dämmerte mir und verstand ich allmählich.

Unterdessen und während mir all das auf komplizierten Denk-, Spaziergangs- und Intuitionswegen klarwurde, erreichte mich die Möglichkeit und schließlich das Angebot, die mir am glamourösesten vorkommende Stelle im Goethe-Institut zu übernehmen, die des Verantwortlichen für Kulturprogramme in New York. Ich saß an einem dunklen Vorfrühlingsnachmittag in meinem Büro, als die institutsinterne Ausschreibung auf dem Bildschirm meines Computers erschien und mir schlagartig vor Augen stand, dass ich es bis an mein Lebensende bereuen würde, wenn ich mich gerade um diese Stelle nicht bemüht hätte. Eine lebensgeschichtliche Tür öffnete sich, auf die ich insgeheim und halbbewusst schon lange wartete. Nicht zuletzt würde ein Umzug nach New York vielleicht meinem Sohn die Chance bieten, drüben eine Zeitlang mit mir zusammenzuwohnen und im sprachlichen Milieu seiner Mutter zur Schule zu gehen – ein Traum, der freilich aus verschiedenen Gründen, wie sich zeigen sollte, nicht in Erfüllung ging. Ich bediente die für meine vorzeitige Versetzung notwendigen Hebel und Kanäle. Im Frühsommer war der Versetzungsbescheid da. Und es passierte noch etwas Überraschendes: Mein Freund Laco wurde plötzlich wohlhabend. Ein berühmter slowakischer Tennistrainer hatte seine Bilder zu sammeln begonnen, eine Kunstzeitschrift stellte fest, dass er – sozusagen über Nacht – der bestbezahlte Maler des Landes geworden war, andere Sammler sprangen auf den Zug auf, und Laco Teren wurde von einem Jahr auf das andere plötzlich Mode. Retrospektiven in den wichtigsten slowakischen Museen wurden organisiert, aufwendige Kataloge publiziert, slowakische Magazine erschienen mit Homestorys. Wie jedoch auch das Aufblühen des slowakischen Kapitalismus eine Art europäisches Geheimnis darstellt, endete Terens Ruhm an der Grenze kurz vor der nur sechzig Kilometer entfernten Hauptstadt Wien. Jahrzehntelang hatte er unbemerkt vor sich hingearbeitet. Es war Masaryks »kleine Arbeit« gewesen, ebenso wie eine anonyme Gruppe unbekannter Wirtschaftsstrategen unter dem Radar internationaler Aufmerksamkeit exakt diejenigen Weichen gestellt hatte, durch deren kluge Hintereinanderschaltung die Gegend um Bratislava von einem Jahrzehnt auf das andere zum Zentrum einer bedeutenden Wachstumsregion wurde. Auch dieser ökonomische Erfolg war direkt aus der selbstgenügsamen, privatistisch-idiosynkratischen Weinbergslandschaft über der alten Stadt hervorgegangen. Man konnte ihn als das Wirtschaftswunder des Empiriokritizismus bezeichnen.

Unvergesslich ist mir ein Besuch Lacos mit seiner Frau wenig später bei mir in New York, es muss 2009 oder 2010 gewesen sein. Noch nie in meinem Leben habe ich Menschen in so kurzer Zeit auf so beiläufig-nonchalante Weise so viel Geld ausgeben sehen wie die beiden Freunde in diesen zwei Wochen. Allein ihr Besuch eines der legendären Montagskonzerte Woody Allens im Carlyle Hotel an der Madison Avenue, zu dem sie mich eingeladen hatten, zu dem ich aber aufgrund einer dienstlichen Verpflichtung nicht hatte mitgehen können, musste mit dem obligaten Abendessen und ein paar Flaschen Wein einen vierstelligen Betrag verschlungen haben. In meiner Wohnung türmten sich die neuangeschafften Kameras, Stative, Garderoben und Bücher. Und das waren dieselben Menschen, die noch vor ein paar Jahren viel weniger Geld zur Verfügung gehabt hatten als ich! Halb über sich selber amüsiert und ohne ihre grundlegenden Lebenseinstellungen im mindesten zu verändern, nahmen sie ihre neue Lebenslage zur Kenntnis. Auch ihre Stadtwohnung in Bratislava, in der ich alljährlich zu Gast bin, hat ihr bohemistisches Aussehen – ihren Mansardencharakter – ebenso wenig verändert wie das Leben Lacos zwischen Atelier, Kneipe und Wohnküche ein anderes geworden wäre – wenn auch inzwischen auf dem Land ein modernes Atelierhaus entstanden ist, wohin sich bald ein wesentlicher Teil des Familienlebens und der Malarbeit verlagern würde. Während weniger Jahre waren Untertanen des Kommunismus an mir und meinem Leben vorbei – wie selbstverständlich – zu internationalen Großbürgern geworden. Meine Freunde verkörperten jetzt eine neue Spezies der Bourgeoisie. Sie trug die »empiriokritischen« Mentalitäten der zwanziger Jahre ebenso noch in sich wie den Realismus und die Machtskepsis ihrer antikommunistischen Oppositionsjahre. Ich begegnete in ihnen der modernisierten Leerstelle, einer Seinsform, die im Westen ganz unbekannt ist. Dabei waren sie sympathischerweise auch unbeeindruckt und unbeeinflusst von dem sektiererischen Neonationalismus, der zur selben Zeit im mittlerweile ebenfalls viel reicher gewordenen Polen und im Operettenautoritarismus der ungarischen Oberschichten unangenehm auffiel. Es war und blieb die »kleine Arbeit«, etwas weinberghaft Realistisches, achselzuckend Bescheidenes, wieder die Leerstelle. Lacos ganze Familie arbeitet schon lange mit an deren Modernisierung. Alle haben weinberghafte Berufe. Sein Sohn ist ein international erfolgreicher Kameramann, seine Tochter Malerin und Bühnenbildnerin. Seine Frau, eine Fotografin, hat jahrzehntelang sozusagen eigenhändig die Werbefotografie der slowakischen Wirtschaft betreut. Sie kann nicht nur Bierflaschen und Fertiggerichte so fotografieren, dass sie nach etwas aussehen, sondern auch mich. Und in den letzten Jahren ist sogar noch eine Enkelin dazugekommen. Die utopische Atmosphäre, die um die Ankunft einer neuen Erdenbürgerin immer und überall entsteht, scheint mir in der Weinbergstadt zwischen Donau und Karpaten, Krönungskathedrale und Ufo-Brücke von besonderer Leuchtkraft. Dieses Kind wird die spät vollendete nachholende Revolution der Leerstelle bewohnen. Währenddessen verkaufte ich im afrikanisch heißen Sommer des Jahres 2007 – nach nur zwei Jahren in meinem Neo-Stuttgart Bratislava – mein Auto, verschenkte die Hälfte meiner Bücher, lagerte meine Möbel ein und brach in eine Stadt auf, die ich seit meiner Kindheit innerlich umkreist hatte und die auch während meiner Jahre in Mittelosteuropa der geheime Fluchtpunkt alles Nachdenkens, Schreibens und Lebens gewesen war. John Updike: »New York, where I really lived, like an earthbound saint lives in heaven, piling up merit there.« Am Abend vor meiner Abreise hatte ich Laco mit seiner Frau und seinen Freunden auf einem der vielen Sommerfeste von Bratislava verlassen, die jetzt ohne mich weitergehen würden. Ich musste im Morgengrauen das Flugzeug nach Prag nehmen und dort nach New York umsteigen. Dann funktionierte mein Wecker nicht. Fast hätte ich verschlafen. Im hektisch herbeitelefonierten Taxi der letzte Blick über Burg, Weinbergstadt, Brücke, Stadtautobahn, Sonnenaufgang, Strom. Und schon am Nachmittag sah ich die langgestreckte Brandung vor Long Island, die Villen, die Gärten, die weißen Strände, die Leuchttürme, die Schiffe im Sonnenglast.

Die Geistergeschichte eines Arbeitsplatzes

Ich wusste im Dunkeln ein paar Sekunden lang nicht, wo ich war. Meine erste Nacht in Amerika endete um drei Uhr morgens. Ein monumentaler Fall von Jetlag. Von einem Moment auf den anderen hellwach, schoss ich gleich einem unter Wasser losgelassenen Korken aus der Tiefe nach oben. Jetzt hatte ich die Oberfläche des Wachbewusstseins durchstoßen. Die Träume verblassten. Starr vor Panik fand ich mich wieder in einem winzigen Hotelzimmer, das ausstaffiert war mit Portieren, überzähligen Kissen, schwerbrokatenen Tagesdecken und schummrigen Tiffanylampen, altdamenhaft und erstickend. Ich lag auf meinem amerikanisch hochaufgetürmten Bett als Beute innerer Dämonen, die mir aus Europa hierher gefolgt waren; und neuer Ungeister, die mich aus dem gestern betretenen Kontinent anflogen. Wie um alles in der Welt sollte ich den Erwartungen meiner Vorgesetzten entsprechen? Man hatte mir in der Münchner Zentrale zum Abschied eingebläut, jetzt müsse, nach langen Jahren, in denen das Institut in der amerikanischen Weltmetropole eher ein wenig vor sich hingedämmert hatte, endlich wieder einmal etwas über die Aktivitäten der New Yorker Dependance in den Zeitungen zu lesen sein. Um Himmels willen. Wie sollte ich das anstellen? Was hatte ich mir eingebrockt? Wie würde ich die Verbindung zu meinem Sohn in Deutschland halten können? Würde das Geld reichen? Einsamkeit und Heimweh überfielen mich mit der Gewalt, die in den Stunden vor Sonnenaufgang herrscht: »die Zeit der Wölfe«. Bereits die Fahrt vom Flughafen zum Hotel gestern war unbestimmt ängstigend gewesen. Über der lebenslang ersehnten Stadtlandschaft lag eine beklemmende Sommerhitze, die in meinen Träumen von ihr nicht vorgekommen war. Und durch die Avenues und Straßen brüllte ein Lärm, den ich aus europäischen Städten nicht kannte. »Hier werde ich es nicht lange aushalten«, lautete der Satz, den ich vor mir selbst geheim halten musste.

Es war in New York erst Mittag gewesen, als ich nach einer taglangen Flugreise und jener ersten Taxifahrt durch Queens und Manhattan meinen Koffer in diesem Zimmerchen niedergesetzt hatte. Und so trat ich, nachdem vorerst eh nichts anderes zu tun war, schon an meinem ersten New Yorker Frühnachmittag, halbblind vor verdrängter Angst und wie auf Autopilot, die Flucht nach vorn an. Ich kaufte in der panischen Mittagshitze eine amerikanische SIM-Karte und rief den Makler an, den ich mir noch in Europa hatte empfehlen lassen. Schon eine oder zwei Stunden später stand ich in einem Apartment hoch über einer Straße in der Gegend des Union Square. Zwei Zimmer – luxuriös renoviert, aber garagenhaft eng und dunkel – sollten das Dreifache dessen kosten, was ich für meine helle und ausgedehnte Dachlandschaft in Bratislava gezahlt hatte. In diesem überteuerten Loch zu leben – undenkbar. Tief unter mir war ein unübersehbares Durcheinanderströmen einschüchternd eleganter, selbstbewusster und schöner Menschen zu sehen. Unablässiger Autoverkehr donnerte aus dem Abgrund herauf. Am verengten Horizont starrten Türme aus Granit, Stahl und Beton. Es war Angst gewesen, schon am gestrigen Nachmittag, *pure and simple*.

Jetzt dämmerte mein erster New Yorker Morgen. Das Hotel lag in einer von Central Park West abgehenden vornehmen Seitenstraße. Ich öffnete das komplizierte Doppelfenster. Die Bäume in der Tiefe rochen nach Tau. Es war noch halb dunkel und leidlich verkehrsarm, aber Manhattan hatte die ganze Nacht über nicht aufgehört, dumpf zu dröhnen. Gigatonnen von Fels und Beton waren in einer nie ganz zur Ruhe kommenden Restschwingung des gesamten Eilands begriffen gewesen, so hörte es sich an. Bald würde das Nachtbrummen zum Tagesdonnern anschwellen. Von jetzt an sollte dieser Geräuschhintergrund meine Tage und Nächte durchdringen. Es war mir noch nicht vorstellbar. Der Umsatz an Lautstärke, Ehrgeiz, Geld, Eleganz, Intelligenz, Sprach- und Denkschnelligkeit, Karrierewillen – an Leben – auf dieser Insel überwältigte mich. Hier herrschte das Neuzeitliche in seiner unnachgiebigsten Erscheinungsform. Und es war zu spüren, wie mein Stoffwechsel bereits begann, sich auf seine neue Umgebung einzustellen. Hier würde ich *absolument moderne* sein müssen, fühlte ich. Aber auch dem französischen Dichter Rimbaud, von dem die Formulierung stammte, hatte es vor der absolut gewordenen Moderne ja gegraut. War ich bereit, mein europäisches Lebenstempo mit der hier herrschenden Leistungsbereitschaft, Schnelligkeit und Realitätszugewandtheit zu synchronisieren? Mir kam es vor, als hätte ich mein bisheriges Leben in meditativer Gemütlichkeit vertrödelt. Hatte ich mich überschätzt?

Ich duschte, zog mich an, fuhr mit dem Fahrstuhl nach unten und trat durch die geschliffene Glastür des Foyers hinaus in sommerlich diesige Morgendämmerung. Der erste Gang vom Rand des Central Park zum Hudson hinüber führte schnurgerade unter Bäumen an überraschend europäisch-altweltlichen Souterrains, Treppenaufgängen und Vorgartengittern entlang. Die aus den Fenstern und Wänden ragenden Ventilatorenkästen der Klimaanlagen ratterten und tropften. Der Hudson, den ich an diesem Morgen hinter der Stadtautobahn zum ersten Mal sah, floss im Morgendunst grau, meeresarmbreit, spiegelglatt dahin; und zugleich, wie an mitschwimmenden Zweigen und mühsam gegenhaltenden Motorbooten sichtbar wurde, reißend schnell. Weitere Stadtaufgipfelungen und bewaldete Anhöhen traten auf dem gegenüberliegenden Ufer aus feinem Nebel hervor, sie lagen schon in New Jersey. Etwas gewaltsam Urweltliches war an diesem Ufer zu spüren, der subliminale Rest einer noch ungezähmten Strom- und Mündungslandschaft, die im 17. Jahrhundert einschüchternd und inspirierend auf die von puritanischen Prophetien beseelten Erstsiedler Manhattans eingewirkt hatte. Eine gefährliche Land- und Wassergroßanwesenheit, die das Denken und Fühlen seltsam, rebellisch, ausgreifend und gewalttätig werden ließ, *the weird old America*.

Ein Starbucks an der Ecke hatte schon offen. Ein Kaffee, ein Thunfischsandwich, die frisch gekaufte »New York Times« wirkten als Morgentrost in der so unerwartet fremd und gewalttätig über mich gekommenen Sehnsuchtsstadt. Zuversicht zog, wenn auch noch versuchsweise, in mein Inneres ein. Es begann bereits, sich mit dem hyperdynamischen Genius Loci New Yorks zu vermischen. Los jetzt!, sagte mein Selbst zu sich selbst. Ein unabweisbares inneres Bild entstand: Ein Fallschirmspringer, der über Feindesland aus dem Flugzeug gestoßen wird, beginnt fünfzig Meter über dem Boden schon in alle Richtungen um sich zu schießen. Der Einfall kräftigte mich trotz seiner Bedrohlichkeit. Es war Zeit, eine Art Eroberungsbereitschaft aus mir hervorzubringen.

Die Sonne ging auf. Ich zahlte und wanderte durch den Central Park zu meinem künftigen Arbeitsplatz an der Fifth Avenue hinüber. Frühmorgendlich verlassen lag das Gebäude des Goethe-Instituts an dem tags von Touristenbusladungen durchstreiften Weltboulevard gegenüber dem Metropolitan Museum, erfüllt nur von seiner Geschichte – deren Merkwürdigkeit ich bald kennenlernen würde. Das Weltmuseum auf der Straßenseite gegenüber jedoch glänzte mit seinen weit in den Park ausgreifenden Flügeln, Glasveranden, Terrassen und Fensterfronten im ersten Morgenlicht als Palast der hier übermächtig gewordenen Gegenwart aller

Kulturen der Welt. Hinter einer haushohen Glaswand stand der ägyptische Tempel von Dendur. Dem Museumseingang und der Freitreppe gegenüber auf der östlichen Seite der Avenue aber, viel niedriger und eingeklemmt zwischen hohe, luxuriöse Apartmenthäuser aus dem frühen 20. Jahrhundert, duckte sich ein neobarockes Townhouse aus dem 19. – das Goethe-Institut, 1014 Fifth Avenue. Es wirkte wie die Behausung eines sehr kleinen, ohnmächtigen und tapferen prähistorischen Stammes, der sich genau neben der Wohnstatt eines Dinosauriers angesiedelt hatte. Wenn der sich im Schlaf umdrehte, würde das Lagerfeuer ausgelöscht. Die Auftürmung kulturellen Kapitals, dem sich mein Arbeitsplatz nur eine Straßenbreite entfernt gegenübersah, war so erdrückend, wie die Stadt überhaupt seit gestern auf mich einwirkte. Du hast hier keine Chance, dachte ich. Also nutze sie. Ich steckte den von meiner künftigen Chefin mir mit der Post zugeschickten Schlüssel ins Schloss des hochsommerlich verlassenen und für die aktivitätsfreie Zeit eingemotteten Gebäudes und fand mich wieder im Schauplatz einer kulturhistorischen Spukgeschichte.

Architektur bewahrt vergangene Atmosphären in sich auf, verdichtet und dramatisiert sie. Architektur erzählt und inspiriert Erzählungen. Und weil in Häusern Menschen leben und alles Menschliche nur zu einem ganz geringen Prozentsatz rational ist, gibt es so viele Erzählungen von unheimlichen Häusern – Spukgeschichten. Es ist nicht einfach, den Finger auf die Details zu legen, die meinen ersten Rundgang in der vereinsamten Immobilie 1014 Fifth Avenue unheimlich machten. Dunsteten die geisterhaften *vibes* dieses Hauses aus der deckenhoch dunklen, schnitzereiverzierten Holztäfelung im ehemaligen Ball- und heutigen Veranstaltungssaal? Eine unbarmherzig bahnhofshallenhafte Neon-Deckenbeleuchtung flackerte auf, nachdem ich den Schalter nach langem Suchen und Im-Halbdunkel-Umhertasten gefunden hatte. Das Tageslicht wurde durch schwere Vorhänge ferngehalten, hinter denen sich, als ich sie wegzog, ein bürokratisch vernachlässigter, mit pflegeleichtem Gehölz lieblos bepflanzter Garten auftat. Oder näherte sich das Unheimliche dieses Gebäudes über jene schwungvoll ins marmorhallende Foyer hinabführende Freitreppe, hinter der die Wände allzu lang nicht mehr gestrichen worden waren? Waren es die heizkostensparend abgesenkten Decken des vorderen Salons, dessen dadurch schlecht proportionierte *French windows* zur Fifth Avenue und zum Metropolitan Museum hinaussahen?

Mein Dienstzimmer lag im hinteren Gebäudeteil und verkörperte die humoristisch verwahrloste Freudlosigkeit verlassener Büros. Der überdimensionierte Schreibtisch. Der gelblich verschmutzte Computerkasten, die klebrige Tastatur. Der futuristische Bürostuhl aus verschiedenen Sitz-, Rückenstütz-, Lehn- und Polsterungselementen. Die buntverstaubten Stecknadeln in den Näpfen und Trennwannen der immer unbestimmt schmutzigen *organizers* in den Schreibtischschubladen. Die durch lange Aufbewahrung porös und himbeerdropsfarben gewordenen dünnen Gummiringe. Haftnotizzettel, Ordnerrücken, Briefablagen. An gerahmten

Weichmaterialbrettern aufgespießt, waren Urlaubspostkarten und deprimierend launige Motivierungssinnsprüche vergessen worden: »Man muss nicht verrückt sein, hier zu arbeiten, aber es hilft ungemein«, und so weiter. Eine kunststoffgerahmte Kopffüßler-Graphik von Horst Antes tat sich hinter einer verkratzten Plexiglasscheibe über einer durchgesessenen Besprechungscouch hervor. Man kennt derlei. In solchen Interieurs hatte ich zu viel Lebenszeit hinter mich gebracht, als dass ein weiteres von ihnen mich hätte seelisch überwältigen können. Aber in dem mir jetzt vorbestimmten Arbeitsinterieur erfasste mich in der Stille des vereinsamten Hauses ein Schrecken, den ich aus den Melancholielandschaften deutscher Büros nicht kannte. Eine historische Dimension trat zutage. In 1014 Fifth Avenue hatte das vergangen Luxuriöse im Kontrast mit dem büroklammerhaft Heutigen etwas Gespenstisches hervorgebracht.

Spuk ist, wie man seit Freuds Aufsatz über »Das Unheimliche« weiß, die Erscheinungsform von historisch schon Überwundenem in der Gegenwart. Im Gefühl des Gespenstischen wird Geschichtliches akut. Und in den nun anbrechenden Monaten meines ersten New Yorker Herbstes – während ich an der Ecke der 96. Straße und der Second Avenue eine neue Dachwohnung fand, mich in das neue Kollegium einfügte, die Zügel meines neuen Jobs immer besser zu fassen bekam; während die Bäume des nahen Central Park in die Farbenpracht des neuenglischen Oktobers explodierten und das tiefstehende Ozeanlicht New Yorks in den Avenues lag –, während alldem rückte mir die Geschichte meines amerikanischen Arbeitsplatzes und der Straßen, die ihn seit dem 19. Jahrhundert umgeben hatten, immer näher. Ich grub, wo ich stand. Ich bestellte Bücher und durchstöberte das Institutsarchiv. Ich lernte eine *ressource person* kennen, die fast alles über das Goethe-Institut New York wusste. Das Unheimliche der ersten Begehung im Hochsommer enträtselte sich in den kulturhistorischen und architekturgeschichtlichen Recherchen, die ich während jenes Herbstes und in den folgenden Jahren unternahm. Ohne dass sich das Staunenswerte verloren hätte, das Kern des Unheimlichen ist.

Zunächst und auf den ersten Etappen meiner Forschung erwies sich das Haus an der Fifth Avenue, wie zu erwarten gewesen war, als Realsymbol deutsch-amerikanischer Kulturgeschichte nach dem Zweiten Weltkrieg. Niemand anderes als der erste Bundespräsident Theodor Heuss und der ehemalige Hochkommissar der USA in Deutschland John McCloy hatten, wie ich lernte, den Kaufvertrag für 1014 Fifth Avenue gemeinsam unterzeichnet. Die Geschichte des New Yorker Goethe-Instituts war Teil der kulturellen Re-Education meines Landes. Die erste Welle einer weltkulturpolitischen Nachkriegsinitiative der USA hatte amerikanische Kultur nach Europa transportiert – vor allem ins zerstörte, demoralisierte und verrohte Deutschland. 1957, zwei Jahre bevor die Bundesrepublik 1014 Fifth Avenue kaufte, war in der Frontstadt Westberlin der modernistische Bau des amerikanischen Kulturzentrums an der Hardenbergstraße fertig geworden. Im Berliner »Amerikahaus« lernten die besiegten

»Herrenmenschen« den abstrakten Expressionismus kennen, die *Creative-Writing*-Programme der Universität Iowa, die Transzendentalisten Concords, den *American pragmatism*, Faulkner, Dos Passos, Ernest Hemingway. Der modernistische Bau in Berlin symbolisierte einen kulturell-politischen U-Turn. Aber auch das New Yorker Haus auf der Fifth Avenue funkte schon kurz nach seiner deutschen Inbesitznahme modernistische Signale in die umgebende Stadtlandschaft hinaus. In diesem Gebäude verdichteten sich – was ich nicht erwartet hatte – kulturelle Einflüsse des demokratisch reformierten Westdeutschlands auch auf Amerika. Denn es hatte sich in der Adenauer-Republik, überraschend bald nach dem Ende des Kriegs, kulturell etwas getan. Den Urknall einer bundesdeutschen Nachkriegskulturgeschichte kann man präzise auf ein Jahr datieren: 1959 kam Günter Grass' Roman »Die Blechtrommel« heraus, der unmittelbar ein Welterfolg wurde. Besonders in New York war die Literaturkritik hellwach. Philip Roth und John Updike gehörten zu den einflussreichen Erstlesern des Romans. In Grass' magischem Realismus war eine neue, welthaltige und zukunftsfähige Möglichkeit deutscher Literatur erschienen. Auf dem transatlantischen Ideenhighway war plötzlich Gegenverkehr zu bemerken. Die großen Dampfer amerikanischer Kultur sichteten auf ihren Reisen nach Europa wagemutige kleine Segler, die ihnen entgegenkamen, mit Kurs auf New York. Die »Blechtrommel« war nur ihr Flaggschiff und Vorauskommando gewesen. Auch Bölls »Billard um halb zehn« schlug 1959 ein. Ebenso wie die »Mutmassungen über Jakob« Uwe

Johnsons, der im folgenden Jahrzehnt am Riverside Drive an den »Jahrestagen«, dem bedeutendsten New York-Roman der deutschen Nachkriegszeit, arbeiten würde. Martin Walsers internationaler Erfolg »Halbzeit« folgte ein Jahr später, 1960. Und Siegfried Unseld übernahm den Suhrkamp Verlag. Spätestens seither befand sich New York auf der Landkarte der deutschen Literatur, denn Unseld förderte dortige Arbeitsaufenthalte seiner Autoren als eine Art Metropolenverschickung zur Förderung der Welthaltigkeit der bei ihm verlegten Bücher systematisch.

So erstaunlich das schon war – die Geistergeschichte meines Arbeitsplatzes verlängerte sich, je weiter ich ihr folgte, in immer tiefere Vergangenheiten. Denn die Re-Education-Periode nach 1945 war nicht die erste Epoche gemeinsamer Kulturgeschichte Deutschlands und New Yorks. Es war nur die erste, die gut ausgegangen ist. Unter der Geschichte jener frühbundesrepublikanischen Bücher, Besuche und Arbeitsaufenthalte tat sich, indem ich weiter schürfte, ein noch älterer Fundhorizont auf. Er war düster, fast böse. Eine Horrorgeschichte. So wie die Geschichte New Yorks im 19. und noch bis ins frühe 20. Jahrhundert hinein überhaupt viel dunkler gewesen ist als die heitere, moderne Stadt, die wir heute in New York sehen. Das europäische Mittelalter hat in den USA bis weit ins 19. Jahrhundert angedauert, auch deshalb, weil jede Einwanderergruppe ihr eigenes Mittelalter nach Amerika mitbrachte. James W. Gerard, der Vorbesitzer des Hauses, das Heuss und McCloy für das zukünftige deutsche Kulturinstitut ausfindig gemacht hatten, war ein Vertreter der frühen Demokratischen Partei, deren mafiotischer, von ethnischen Spannungen, Intrigen, Straßenkämpfen und Bereicherungsfeldzügen zerklüfteter kommunaler Machtapparat in New York unter dem merkwürdigen Namen »Tammany Hall« bekannt war. Gerard war, trotz aller demokratischen Glaubwürdigkeit, ein durchaus unheimlicher Mensch. Was damit zusammenhängt, dass die amerikanischen »Tammany-Societies« eines der bizarrsten und gewalttätigsten Kapitel aus der Vorgeschichte der parlamentarischen Demokratie sind. Die amerikanische Demokratie, als die älteste der modernen Welt, lernte ich, hat mehr und fragwürdigere Elemente und Bestandteile, als unsere Gemeinschaftskundelehrer sich träumen lassen. Martin Scorseses Film »Gangs of New York« erzählt die halb mittelalterliche Vorgeschichte des amerikanischen Parlamentarismus atmosphärisch dicht und historisch weitgehend korrekt. Bei Scorsese spielt »Tammany Hall« die Rolle des korrupten Establishments: eine Zentralagentur des *old weird America*. »Tamanend« war der Name eines Lenape-Häuptlings, der im späten 17. Jahrhundert mit William Penn über die Ansiedlung der Quäker in Pennsylvania verhandelt hatte. Nach seinem Tod wurde er zum Gegenstand einer seltsamen Verehrung. Der »edle Wilde« Tamanend – den man dann bald »King Tammany« oder auch »Saint Tammany« nannte – inspirierte eine Art Geheimgesellschaft, einen kreolisierenden Cargo-Kult weißer Einwanderer, der sich schnell und weit in den amerikanischen Kolonien ausbreitete. Die Weißen spielten American Natives und entdeckten dabei ihre demokratische Selbstbestimmung. Ihre Versammlungshäuser hießen »Wigwams«, ihre Chefs »Häuptlinge«. Die New Yorker Tammany-Gesellschaft, gegründet im Jahr der Französischen Revolution, entwickelte sich nach dem Modell der italienischen Mafia zu einer Mischung aus Einwanderer-Hilfsverein auf Gegenseitigkeit, kommunaler Nebenregierung, Gegenöffentlichkeit und Wahlkampfmaschinerie für die Partei Thomas Jeffersons, Aaron Burrs und aller Demokratischen Kandidaten bis zu Franklin Delano Roosevelt, der den Tammany-Capos in den dreißiger Jahren des letzten Jahrhunderts politisch den Garaus machen würde.

Der erste Besitzer und Bewohner des Hauses, in dem ich jetzt arbeitete, war ein politisch einflussreicher Rechtsanwalt gewesen. James W. Gerards Frau brachte ein großes Vermögen aus den Kupferminen von Montana in die Ehe ein. Gerard war schon ein Jahr Botschafter der Vereinigten Staaten am Kaiserhof Wilhelms II. in Berlin gewesen, als er 1914 Roosevelt in den *primaries* der Wahlen zum Senator des Staats New York besiegte. Er verlor die eigentliche Wahl dann allerdings und blieb auf seinem Botschafterposten in Berlin. Die bezeichnendste Anekdote über ihn scheint mir in einem Gespräch verborgen, über das er in seinen Memoiren »My Four Years in Germany« berichtet. Der Außenminister des Deutschen Reichs soll im Ersten Weltkrieg zu ihm gesagt haben: »Aber Herr Gerard, die USA werden es nicht wagen, Deutschland den Krieg zu erklären. Sie haben doch fünf Millionen deutschstämmige Einwanderer im Land. Die würden sich doch sofort gegen ihre Regierung erheben!«

Worauf Gerard, wie er erzählt, versetzte, das sei schon wahr, es gebe in New York allerdings auch fünf Millionen Laternenpfähle, an denen man die potenziellen deutschen Insurgenten in diesem Fall dann eben aufknüpfen werde. Von diesem Schrot und Korn war der Bauherr des zukünftigen Goethe-Instituts. »Face to Face with Kaiserism« heißt sein Buch über Deutschland. Gerard hat vor Wilhelm II. gewarnt, schon vor dem Krieg. Er sah ihn als den begabtesten, machtbewusstesten, charmantesten, charismatischsten, aber auch psychisch instabilsten und gefährlichsten Politiker seiner Zeit. Gerard muss den letzten deutschen Kaiser ebenso intensiv geliebt wie gehasst haben. Vielleicht sind Politiker damals überhaupt viel ambivalenter gewesen als heute – und deshalb auch faszinierender. Das »Säftesteigen« aus der Vormoderne, das ich an den polnischen Politikern der Revolutionsperiode um 1989 gesehen hatte, zeigt sich auch in der Vorgeschichte des amerikanischen Parlamentarismus. Der Demokrat James W. Gerard mit seinen fünf Millionen New Yorker Laternenpfählen und seiner mafiosen Tammany Hall ist dafür selber das beste Beispiel. Er muss das Deutschland des Kaisers gekannt und gefürchtet haben als eine Art Schatten seiner selbst. Nachdem Ausbruch, Fortgang und Ende des Ersten Weltkriegs Gerard recht gegeben hatten, wurde er zum führenden amerikanischen Deutschlandexperten, einem überall im Land bekannten Vortragsreisenden. Er hat viel dafür getan, der größten amerikanischen Einwanderergruppe – dreißig Prozent aller heutigen Amerikaner stammen von Deutschen ab – ein so miserables Image zu geben, dass sich im amerikanischen Gegenwartsbewusstsein nur noch vergleichsweise wenige Spuren deutscher Tradition finden. Die Verfilmung seiner »My Four Years in Germany« durch die bildungs- und volksaufklärungsbeflissenen Warner Brothers wurde einer der ersten großen Kassenerfolge der frühen Hollywood-Mogule. Der Film ist als rekonstruierte DVD heute noch lieferbar – eine cineastisch interessante, erzähltechnisch revolutionäre Montage aus Spielszenen, dokumentarischem Material, politischer Propaganda und Kommentar.

In New York gilt seit alters her und bis heute: *location is the message*. Und die geniale Pointe der Unterbringung, die Heuss und McCloy 1959 für das »Goethe House« gefunden hatten, bestand darin, dass 1014 Fifth Avenue damals an einer psychogeographischen Schnittstelle stand – auf einer der Grenzen, die für die Arbeit ausländischer Kulturinstitute fruchtbar werden können. Die Straßen nämlich, die sich zwischen der 83rd Street bis zur 87th von der Fifth Avenue nach Osten zum East River hinziehen, waren bis weit in die sechziger Jahre hinein noch ein fast ganz geschlossenes *German-American quarter*. Man hörte dort mehr Deutsch als Englisch. East 86th Street, die große Durchgangsmagistrale dieser Gegend, war bekannt als »German Broadway«. Wiener Cafés wechselten sich dort ab mit bayerischen Bierkellern, Pfälzer Weinstuben, deutschsprachigen Musicaltheatern, schwäbischen Bäckereien und mit Restaurants, die »Heidelberg« hießen, »Loreley« oder »Bremen«. In John Schlesingers »Marathon Man« ereignet sich nicht zufällig dort der Unfall zwischen einem jüdischen Amerikaner und einem ehemaligen Nazi, die vor Wut aufeinander so außer Rand und Band geraten, dass sie gemeinsam in einen Tanklastwagen fahren und in einem Feuerball durch die Luft fliegen (worauf der dämonische Laurence Olivier aus seinem Dschungelversteck in die große Stadt aufbricht und die Dinge vollends unheimlich werden). Zugleich aber war die Gegend nach 1933 zur Heimstatt der deutsch-jüdischen Emigranten geworden, die alles Deutsche liebten außer dem Land ihrer Herkunft selber, das sie vertrieben und ihre Verwandten ermordet hatte. Bei Schubert-Liederabenden, Grass-Lesungen, Ausstellungen deutscher abstrakter Expressionisten – das war der Plan von Heuss und McCloy – sollten sich auch die einander fremd gewordenen Söhne und Töchter Deutschlands näherkommen und vielleicht wieder etwas finden, worüber es sich zu verständigen lohnte.

Als ich an jenem heißen Augusttag 2007 in der Sommerschließungszeit des Instituts zum ersten Mal durch die leeren Prachträume meines zukünftigen Arbeitsplatzes wanderte, habe ich gespürt, dass vor langer Zeit hier jemand zu Hause war, der Deutschland zugleich geliebt und gehasst hat. Das war das Geheimnis des düsteren, bis unter die Decke mit fast schwarzem Holz ausgetäfelten Ballsaals. Dieser Widerspruch wehte mich auch in der Bibliothek im Erdgeschoss an, deren Wände und Decken verziert waren mit barocken Stuckornamenten. Hass und Liebe zugleich waberten in dem kleinen Hinterhofgarten mit den Drahtstühlen und im Prunksaal zur Fifth Avenue hinaus, wo ich auf die Fassade des Metropolitan schaute. Meine Schritte hatten auf einem Parkett geknarrt und gehallt, wo jemand Hausherr gewesen war, der Wilhelm II. ins Gesicht gesehen hatte. Aber auch Günter Grass und Uwe Johnson hatten hier gestanden, Alfred Andersch, Siegfried Unseld, Andy Warhol, Rainer Werner Fassbinder, Peter Handke, Wolfgang Koeppen, Max Frisch und Hannah Arendt. Die Geschichte des Hauses und die tragische gemeinsame Kulturgeschichte zweier Länder hockten als seltsame Vögel auf meiner Schulter. Die tiefe Ambivalenz zwischen Deutschland und Amerika gab sich zu erkennen als Kern des Unheimlichen, das ich beim ersten Gang hier gespürt hatte. Ich hatte damals noch nicht erkennen können, ob der Geist des Hauses ein Engel war oder ein Dämon. Nun erfuhr und verstand ich, dass er seit dem 19. Jahrhundert beides gewesen ist und dass er in dieser doppelten Gestalt immer noch umging. Es würde unter anderem auf mich und meine Arbeit ankommen, in welcher seiner beiden Gestalten er sich manifestieren würde. Dabei kannte ich viele der unheimlichen Geschichten dieses Hauses noch gar nicht. Erst während meiner Recherchen würde ich zum Beispiel erfahren, dass Gerards bayerischer Butler, den er von seinem Aufenthalt in Deutschland nach New York mitgebracht hatte, sich im April 1933 aus Verzweiflung über die Machtübernahme der Nazis vom Dach des Hauses in den kleinen Garten der Hofseite in den Tod gestürzt hatte. Er hatte nicht mehr leben wollen, weil sich alle bösen Ahnungen seines amerikanischen Arbeitgebers über das geliebte Land seiner Herkunft endgültig bestätigt hatten.

Von der langjährigen Sekretärin und späteren Programmsachbearbeiterin des Hauses Ingrid Scheib-Rothbart, die ich damals bald anschrieb und traf, erfuhr ich, mein Büro sei das frühere Schlafzimmer meines ersten Amtsvorgängers als Programmchef des New Yorker Goethe-Instituts gewesen. Auch diese Information hielt einiges Unheimliche oder zumindest Staunenswerte bereit, von dem ich im August 2007 noch nichts geahnt hatte. Der erste Programmchef hier nämlich war – so wie ich, der letzte, der in diesem Haus arbeiten würde, bevor das Goethe-Institut aus feuerpolizeilichen Gründen umziehen musste – ein essayistischer Schriftsteller; es war der heute nur noch wenigen Kennern bekannte Hans Egon Holthusen. Sein Œuvre ist trotzdem nicht ganz vergessen. Zumindest der Titel seines Hauptwerks nämlich – »Der unbehauste Mensch« – hat sich als ein kulturelles Firmenzeichen allgemein eingeprägt. Man kennt diesen Buchtitel als Kennwort jener Mischung aus christlichem Existenzialismus, Kahlschlagsliteratur und ins Feld intellektueller Auseinandersetzung hinübermoduliertem Kriegsheldentum, die in den deutschen Feuilletons der fünfziger Jahre geherrscht hat, zu der Zeit als Friedrich Sieburg den Kulturteil der »Frankfurter Allgemeinen« leitete, Benn den Büchner-Preis bekam und Ernst Jünger »Heliopolis« schrieb. In den fünfziger Jahren war noch nicht allgemein bekannt – oder wurde als nicht so wichtig betrachtet –, was später, während Holthusens Zeit als Literaturchef der Bayerischen Akademie in München, einen Skandal auslöste, nämlich die Tatsache, dass er schon seit 1933 in der SS gewesen war; und daraus auch durchaus kein Geheimnis machte. Im Gegenteil. »Freiwillig zur SS« war der Titel eines autobiographischen Stücks im »Merkur«, das 1966 erschien. Mascha Kaléko, die Freundin Tucholskys und Kästners aus dem Berliner »Romanischen Café« jedenfalls, die damals in New York lebte, weigerte sich, den Fontane-Preis aus der Hand des SS-Manns Holthusen entgegenzunehmen. Wie mir Ingrid Scheib-Rothbart weiter erzählte, stellte Holthusen in seiner Dienstwohnung im fünften Stock gegen drei Uhr nachmittags die Rotweinflasche auf den Schreibtisch und beschäftigte sich den Rest des Arbeitstages dann nur noch mit seiner Essayistik. Er ist eine für die frühe Bundesrepublik sehr typische Mischfigur aus Nazivergangenheit und kulturellem Neuanfang. Michael Rutschky, der ihn in München noch persönlich kennengelernt hat, konnte instruktiv und komisch erzählen von Holthusens imposanter, etwas herrenreiterhafter, aber durchaus nicht unreflektierter »Nachrufspersönlichkeit« – wie Gottfried Benn diese Art von fragwürdiger Imposanz in einem seiner Gedichte genannt hat.

Ich habe erst durch die Gespräche mit Ingrid Scheib-Rothbart begriffen, wie weit entfernt voneinander Deutschland und die USA waren, als die Reisenden aus Deutschland in den frühen sechziger Jahren hier ankamen. Ich erfuhr, unter welch turbulenten Umständen man Ingeborg Bachmann eine Schiffspassage besorgte. Dass die große Dichterin mit ihrer angeblichen Hilflosigkeit aufs Damenhaft-Manipulativste zu kokettieren wusste. Die feuchtfröhlichen Abschiedsfeste in der Kabine des Passagierschiffs wurden lebendig. Das dumpfe Nebelhornsignal, das die bevorstehende Abfahrt ankündigte. Es war alles noch einmal gegenwärtig, wenn Ingrid erzählte. Wie Günter Grass, ein sehr junger Mann, bei ihr auf dem Schreibtisch saß und es noch gar nicht glauben konnte, wie ihm geschah, seit die »Blechtrommel« herausgekommen war. Wie 1963 das ganze Institut beim Hausmeister – er war der Einzige, der einen Fernsehapparat besaß – sich im Untergeschoss auf Stühlen und auf seinem ungemachten Bett versammelt hatte und die Übertragung aus Dallas mitverfolgte, wo gerade John F. Kennedy erschossen worden war. Wie Holthusen sie dann aber doch zur Ecke 86th Street / Lexington schickte, um ein Extrablatt der »Times« zu besorgen – er glaubte Meldungen einfach nicht, die er bloß im Fernsehen gesehen hatte. Ingrid schilderte die schwarze Aura Uwe Johnsons. Ihre Zeit als Privatsekretärin von Hannah Arendt. Die langen Abende voller Diktate nach Ingrids Tagesarbeit im Goethe-Institut. Arendts Kettenrauchen, ihre Fähigkeit, altgriechische Texte vom Blatt zu lesen. Ihre Unbekanntheit in New York. Die dunkle, bürgerliche Wohnung am Riverside Drive. Heinrich Blüchers Studentinnen am Bard College. Wie Holthusen sich nach den offiziellen Empfängen mit den wichtigsten Gästen zu den exklusiven, den irgendwie »richtigen« Partys in seine Wohnung im oberen Stockwerk zurückzog, Ingrid immer mit dabei.

Auf dickem, vergilbtem, brüchigem Papier fanden sich nach einigem Suchen im Archiv des Instituts die Programme aus der Urzeit des »Goethe House New York«. Der Zeitungsausschnitt eines langen Essays, den Holthusen Oktober 1964 in der FAZ über seine Dienstzeit veröffentlicht hatte, Fotos von Theodor Heuss mit der unvermeidlichen Zigarre in der Bibliothek vor einer Büste des Weimarer Titanen, im Gespräch mit Lucius D. Clay. Konrad Adenauer, der einen Band der Hamburger Goethe-Ausgabe von einem oberen Regalbrett nimmt. Grass und Enzensberger mit Holthusen an dessen Schreibtisch, zigarettenrauchend. Andy Warhol mit Weinglas und Gefolge im Institutsfoyer. Demonstrativ bildungsbeflissene junge Damen in der Garderobe der späten fünfziger Jahre in der Bibliothek, auf jedem Tisch ein schwerer Aschenbecher aus dunklem Glas. Man konnte nachvollziehen, wie zwischen Central Park und Metropolitan Museum ein neues Bild von Deutschland in Amerika entstanden war. Ingeborg Bachmann las im Institut, Hans Erich Nossack las, Günter Eich las, Ilse Aichinger las. Reinhard Lettau und Johannes Urzidil diskutierten. Erich Heller sprach über Faust und Hamlet. Das Literaturarchiv Marbach zeigte seine legendäre Expressionismus-Ausstellung. W. H. Auden rezitierte Goethe-Übersetzungen – Holthusen das deutsche Original. Waldemar Besson und Klaus Harpprecht sprachen über die SPIEGEL-Affäre. Der junge Jürgen Habermas erklärte den Amerikanern die deutschen Studentenunruhen. Helmuth Plessner hielt einen Vortrag über die deutsche Soziologie. Hans Kohn analysierte die »Tragödie des deutschen Liberalismus«. Fritz Stern vollzog den »Zusammenbruch Weimars« nach. Hans Mayer war an der Fifth Avenue. Ernst Ginsberg, Will Quadflieg und Maria Wimmer trugen deutsche Gedichte, Monologe und kurze Szenen vor. »Also einerseits Partnerschaft an einer immer schon gegebenen deutschen Diaspora, einem Deutsch-New York, das sich kritisch mit sich selbst bespricht. Andererseits Konfrontation mit einem fremden und möglicherweise höchst widerstrebenden Element, mit dem für uns Deutsche wohl schwierigsten Pflaster der Welt. Denn wenn es irgendwo in Amerika Reserven, Vorbehalte, wenn es faustdicke Vorurteile und wohlbegründete, oft unversöhnliche Feindseligkeiten gegen Deutschland gibt, dann gibt es sie in der ›liberalen‹, insbesondere in der jüdischen Intelligenz von New York«, las ich in Holthusens FAZ-Artikel über seine Arbeit. Und einige Monate vor dem Bau der Mauer hielt der Regierende Bürgermeister von Berlin auf Englisch einen Vortrag in 1014 Fifth. »We all know why we live on this side of the East-West borderline and why we want to live only there«, sagte Willy Brandt dort am 16. März 1961. »However, we often shy away from drawing the conclusion and do not always realize that our system is better, stronger and more convincing for the very reason that it is not a system in the sense of a totalitarian state.« Das braune Papier, auf dem diese Zeilen standen, begann sich unter meinem Stuhl zu unordentlichen kleinen Häufchen zu sammeln, und ich dachte an die Momente, in denen mir Willy Brandt vor dem Fernseher innerlich besonders nah gewesen war, 1970 in Warschau und 1989 am Brandenburger Tor neben Helmut Kohl, in einem Pfeifkonzert meiner Altersgenossen, in das hinein er damals sagte, nun werde zusammenwachsen, was zusammengehört. Etwas schloss sich in mir, ein Wackelkontakt zwischen der Geschichte und meiner Tagesarbeit wurde plötzlich stabil. Und ich wusste, dass die Geister des Hauses, in dem ich arbeitete, ihre dämonische Friedlosigkeit längst hinter sich gelassen hatten und zu Laren eines normalen, friedlichen und interessanten Landes geworden waren, dessen Außenposten an der Fifth Avenue in ein paar Jahren, von Chipperfield Architects behutsam umgestaltet, zur Heimstatt einer Deutsch-Amerikanischen Akademie werden sollte. Tammany Hall und das »alte unheimliche Amerika« haben nicht das letzte Wort behalten, und das alte unheimliche Deutschland auch nicht. James W. Gerards fünf Millionen Laternenpfähle würden in New York, jetzt und für immer, ihre friedliche und freundliche Bestimmung behalten.

Und zugleich, und während mir all diese historischen und kulturhistorischen Ambivalenzen und Solidaritäten immer deutlicher vor Augen traten, begab sich in meinem eigenen Leben – wieder und noch einmal – ein Beleuchtungswechsel von der Art, wie ihn Giorgio de Chirico 1911 irgendwo in Paris gesehen und auf seinem Gemälde über das Geheimnis eines Spätnachmittags und einer Ankunft festgehalten hatte: »L'énigme de l'arrivée et de l'après-midi«. Ich kam innerlich an in New York. Was hieß: Ich begann in den Straßen Manhattans ein Anderer zu werden. Jene Schnelligkeit und Härte, die mich in meinen ersten Stunden auf dem neuen Kontinent am meisten eingeschüchtert hatte, war dabei nur der vordergründig sichtbarste Code der jetzt zu erlernenden psychogeographischen Fremdsprache und vielleicht nicht einmal der wichtigste. Gerade dieses Tempo in mein Körper- und Lebensgefühl aufzunehmen, gelang besonders schnell, vielleicht weil mir klarwurde, dass das New Yorker Seelenfeld in Wirklichkeit auch durch andere – und viel heimischere – Koordinaten abgesteckt war. Denn verblüffend viel Eigenes war durch Einwanderung in die amerikanische Stadtlandschaft gekommen, auch aus Deutschland. So nahm mich jetzt etwas in Amerika stehengeblieben Altweltliches auf und trug mich durch die Straßen um das Haus mit der zweistöckigen Dachwohnung, die ich im Herbst 2007 dann doch noch gefunden und bezogen hatte. Sie lag zwischen Second Avenue und 96th Street, auf der Grenze zwischen dem ehemals vorwiegend von Deutschen bewohnten Yorktown und dem auch heute noch hispanisch geprägten East Harlem. Ein enges, dunkles Treppenhaus führte in einem ursprünglich wohl sehr proletarischen *brownstone* sechs Stockwerke weit hinauf. Eine Immobiliengesellschaft hatte die sogenannten *air rights* gekauft und auf dem Dach eine zweigeschossig zeitgenössische Aufstockung errichtet. Von einer großen Terrasse aus sah ich dort auf den East River – der anders als der Hudson in Wirklichkeit kein Fluss ist, sondern ein Meeresarm und deshalb Gezeiten hat. Wenn ich sommers am Morgen dort draußen Kaffee trank, erwischte ich manchmal den Punkt, an dem das zuvor reißend strömende Wasser ganz ruhig und glatt zwischen Ebbe und Flut lag, worauf sich seine Fließrichtung umkehrte. Auf dem Weg zur Arbeit trat ich aus der Eingangstür und hörte junge East

Harlemers Basketball spielen auf *public courts* zwischen dem East River und meinem Haus. Das war der »Marx Brothers Playground«. Die Sportplätze hinter einem hohen Maschendrahtzaun waren nach Groucho, Harpo, Chico, Gummo und Zeppo benannt, weil die großen Komiker in diesen Straßen aufgewachsen waren. Ihre Eltern kamen um 1880 aus Ostfriesland und der Gegend um Metz hierher.

Einen kurzen Spaziergang weiter südöstlich tat sich am »Hell's Gate«, einer Fließschnelle des Meeresarms, zwischen Stadtautobahn und Wasser der Carl-Schurz-Park auf, den ich nicht nur wegen seiner üppigen subtropischen Bepflanzungen liebte, sondern auch wegen seines Namens. Denn Carl Schurz ist ein demokratischer Revolutionär aus Deutschland gewesen. Er war nach dem gescheiterten Aufstand von 1848 in die Vereinigten Staaten geflüchtet und begann als Abraham Lincolns Mitarbeiter eine Karriere in der frühen Republikanischen Partei. Sie würde ihn schließlich in das Amt des amerikanischen Innenministers führen. Schurz hatte in Baden an der Seite von Friedrich Engels gegen die Preußen gekämpft und später seinen Lehrer Gottfried Kinkel handstreichartig aus der Zitadelle Spandau befreit. Hier in Amerika war der deutsche Outlaw ein Würdenträger geworden.

Ein wenig weiter stadteinwärts vom Schurz-Park entfernt lag »Luigi's«, ein Straßenimbiss, der trotz seiner kulinarisch vollkommen glaubwürdigen *italianitá* ausschließlich von Mexikanern betrieben wurde. Sie zeigten mir gelegentlich Fotos von Kindern und Frauen, die in einem Dorf jenseits des Rio Grande auf sie warteten. Ihre Unterkünfte lagen weit draußen, hinter Queens im Nirgendwo zwischen New York und Garden City, und ich habe die Köche von »Luigi's« während meiner vier amerikanischen Jahre, jedes Mal wenn ich hinkam und zu jeder Tages- und Nachtzeit, immer nur bei der Arbeit gesehen. Kein freies Wochenende, kein Urlaub. Man holte sich die herrlichen Salate, Pizzas und Pastas, die sie in ihrer offenen Küche zubereiteten, an einer Theke ab und verzehrte sie an wackligen Tischen im kahlen Gastraum oder auf dem Bürgersteig vor ihrem Ladenlokal.

Mein Weg zur U-Bahn-Station Richtung Downtown wiederum führte mich westwärts bergauf am »Islamic Cultural Center« vorbei, einem Moscheenkomplex aus rosafarbenem Granit, aus dessen Tiefen ein kirchturmhohes Minarett in den Himmel über New York ragte. An seinem Portal konfrontierte ein Laufband aus roter Leuchtschrift die Passanten der Third Avenue mit der Poesie und den religiösen Geboten des Korans. Davor führte ein Ampelübergang zu einem koreanischen *dry cleaner*, wo ich vier Jahre lang meine Hemden abzugeben pflegte. Dort wirtschaftete und lebte ein sehr dünner, alter und würdiger Herr zusammen mit seiner Frau. In ihrem Geschäftsraum hatte sich seit den sechziger Jahren kein Detail verändert. Als der Ladenbesitzer aufgrund meines Akzents begriff und ich ihm bestätigte, dass ich aus Deutschland kam, malte er mir eines Tages, verschmitzt lächelnd und sichtbar stolz auf seine Deutschkenntnisse, die ersten Verse von Goethes »Wanderers Nachtlied« auf meinen Abholzettel. Stolz war er nicht nur darauf, dass er irgendwann in seiner koreanischen Jugend ein wenig Deutsch gelernt hatte, sondern auch auf seinen amerikanischen Pass und darauf, sich mit jemandem – zumindest rudimentär – verständigen zu können, den er irrtümlich für einen ebenfalls hier eingebürgerten Mitamerikaner hielt. Ich liebte ihn sehr dafür. Denn ich verstand spätestens in diesem Moment das Prinzip dieser Straßen. Es brachte aus den *vocabularies* denkbar unterschiedlicher Herkunftskulturen eine politische Gemeinsamkeit und Solidarität hervor: das abschließende Vokabular des Amerikanischseins, *achieving our country*. War nicht auch das Ziel meines Jobs in New York und überhaupt meiner Art von Berufsarbeit die Kreolisierung einander fremder kultureller Sprachspiele seit jeher gewesen? Dieser alte Herr zeigte mir, worin das Ideal meiner Berufstätigkeit zu bestehen hatte.

Aber ich bewahre diesen Abholzettel auch als *folk art*-Ursprungsurkunde meines *liberal pragmatism* auf. Denn alle von uns, die wir in diesen Straßen für ein paar Jahre aufeinandertrafen, waren von den abschließenden Vokabularen aller anderen beeindruckt und beeinflusst, unwillkürlich; manchmal sogar wider Willen. So wurden wir, obwohl wir durchaus nicht aufhörten, unser eigenes Idiom zu sprechen und zu leben, unter der Hand zu *liberal ironists*. Wir konnten nicht anders als »radikale und unaufhörliche Zweifel an dem abschließenden Vokabular« zu hegen, das wir aus unseren angestammten Weltgegenden hierher mitgebracht hatten. Wir nahmen unser Hergebrachtes ernst und doch nicht ganz ernst. Das erzeugte eine experimentelle, eigentümlich heitere

Stimmung. Wer in diesen Straßen eine Weile lebte, konnte die im hergebracht Eigenen allzu selbstsicheren Menschen anderswo nicht mehr richtig ernst nehmen. Wir waren New Yorker geworden.

So wurde das Viertel zwischen Carl-Schurz-Park und Central Park für mich zu einer philosophischen Utopie. Und obwohl ich es für möglich halte, dass die kulturellen und ökonomischen Fliehkräfte, die an dieser Gegend damals schon unübersehbar zerrten, sie inzwischen zerstört haben, weiß ich zugleich doch auch, dass solche Utopien nicht nur in New York, sondern auch in Berlin, Bratislava oder anderswo unvermeidlich entstehen, wo verschiedene Kulturen aufeinandertreffen, ohne dass sie mit ihren angeborenen Überzeugungen allein sein müssen oder sie als die einzig denkbaren und möglichen vor sich herzutragen gezwungen werden. Weil ich das weiß, schlafe ich in meinem Berliner Bett zwischen Kreuzberg und Mitte, hoch über dem Bürgersteig, wo vor dreißig Jahren noch die Mauer stand, mit dem gleichen Beruhigungsgefühl ein wie von 2007 bis 2011 in meiner Dachwohnung über dem *brownstone* an der Ecke 96th Street und Second Avenue, und die Bäume in den Gärten des ehemaligen Todesstreifens rauschen, wenn ich nachts aufwache, so bestätigend und tröstlich im Nachtwind wie damals in New York eine Pappel, die neben meiner Terrasse emporwuchs und die in Wirklichkeit schon gegen Ende meiner Zeit dort dem Bau einer U-Bahn-Station zum Opfer gefallen ist.

Aber es ging nicht nur um Lebensweisen. Es ging auch um

Kunst und Literatur. Das Miteinander-Konfrontiertsein so zahlreicher Herkünfte auf engem Raum seit dem 17. Jahrhundert und die im 19. hier erworbenen märchenhaften Reichtümer hatten Manhattan schon um 1900 zu einer kulturellen Zauberinsel gemacht. Vermögen verwandelte sich hier besonders ehrgeizig in Bildung. Anders als in Deutschland ging die alchemistische Destillation von Geld zu Ideen hier aber nicht fürstlich-staatlich vonstatten, sondern privatwirtschaftlich-mäzenatisch. Reich gewordene Familien bestimmten ihre von Bildern und Bibliotheken erfüllten Privathäuser nach dem Tod zu Museen: die »Frick Collection« entstand so, das »J. P. Morgan Museum«, das »Whitney«, das »Guggenheim«, das »Rubin Museum of Art«. Andere taten sich zusammen und gründeten ganze Kolonien solch bürgerlich-individueller Kulturfürstentümer, die dann im Gesamtkomplex des »Metropolitan Museum« oder des »Museum of Modern Art« noch erkennbar und unterscheidbar blieben als nach einem bestimmten Magnaten benannter »Wing«, als »Memorial«-Stiftungslehrstuhl oder nach der Stifterfamilie benanntem Kuratorenposten.

Auf meine Dauerkarte für das »Metropolitan« war ich so stolz wie meine Nachbarn auf ihre »Green Card«. Oft ging ich in der Mittagspause für nur ein einziges Gemälde, eine einzige chinesische Schriftrolle, ein Foto, das ich unbedingt noch einmal sehen wollte, oder eine antike Statue, die mich gerade beschäftigte, vom Büro über die Straße ins »Met«. Oder ich setzte mich nach Feierabend auf der Galerie, die das hallenbadweite Eingangsfoyer in Höhe der mächtigen

Stützsäulenkapitelle umgibt, an einen kleinen Tisch des Cafés dort und trank ein Glas – an Freitagnachmittagen unterhalten durch ein Streichquartett oder eine Klaviervirtuosin. Anders als auf der Berliner Museumsinsel, wo Gemäldekollektionen, Skulpturen, Interieurs, Architekturen, archäologische Sammlungen auf verschiedene, in historisch unterschiedlichen Situationen entstandene Häuser verteilt sind, ging ich im Metropolitan, ohne den labyrinthischen Bau zu verlassen, von der Antikenabteilung durch einen Raum mit ozeanischer Kunst weiter zu den Pollocks, Warhols oder Poussins, in die Mode- oder Fotoabteilung und schließlich vielleicht in Säle mit antiker Kunst aus Zypern. Es war eine begehbare Weltabbildung, die surrealistisch anmutende Erlebnisse ermöglichte.

Aber diese inneren Abenteuer muteten mich heimatlich an. Denn ich tauchte im Metropolitan Museum, noch einmal, in die *pragmatist irony* ein, die ich mir auf den Hügeln über Bratislava erwandert und auf den Leinwänden Laco Terens betrachtet hatte. In Form der New York Public Library hatte sich kultureller Pluralismus bis in die entferntesten und verarmtesten Straßenzüge der Bronx oder Harlems verbreitet. Ihre 55 Millionen Medieneinheiten in allen Sprachen New Yorks waren nicht nur im palastartigen Hauptlesesaal auf der Fifth Avenue in Midtown zugänglich, sondern auch in Filialen überall in den fünf Boroughs. Eine sehr tempelartige Niederlassung stand in der 96. Straße unweit meiner Wohnung, und es war eine samstäglich wiederkehrende Freude, dort die Kinder von Yorkville und Südharlem zu beobachten, die an den komfortablen Tischen ihre Hausaufgaben machten, sich ihre Wochenendlektüre ausliehen oder einfach nur herumschmökerten. »Wir vergnügten uns damit, zwischen den Regalen träge herumzuschwimmen oder Wasser zu treten, dabei gelegentlich ernsthaft nach neuen Autoren zu angeln«, heißt es in J. D. Salingers Geschichte »Seymour. An Introduction« über zwei kleine Jungen, die sich an einem Samstagvormittag in der New York Public Library die Zeit vertreiben. Ich selber angelte nach neuen Autoren vor allem in den gut sortierten und inspirierend kuratierten Buchhandlungen der Stadt: im »Labyrinth Book Store« in der Nähe der Columbia University auf der Upper West Side zum Beispiel. Oder in einem winzigen und sehr vornehmen Laden auf der Madison Avenue in der Nähe des Instituts oder später, als das Institut downtown gezogen war, bei »McNally Jackson Books« auf der Prince Street. Fischzüge in Bibliotheken und Buchhandlungen sind, wie Salinger schreibt, »eine knifflige Sache, man ist nie sicher, wer wen fängt«.

Es muss in meinen späteren New Yorker Jahren und also bei McNally Jackson gewesen sein, dass ich mit dem Gefühl: »Na ja, das muss ich eben auch mal zur Kenntnis nehmen« (und entsprechend geringfügigen Erwartungen) die »Modern Library Classics«-Ausgabe von Ralph Waldo Emersons »Essays« kaufte – auch weil ich fand, dass sie genau das richtige Format hatte für die Umhängetasche während meiner U-Bahn-Fahrten zwischen dem Institut in der Spring Street und der East 96th. Das auf diesen Kauf folgende Lektüreerlebnis war dann aber tatsächlich von der Art, dass eher ich geangelt worden bin, als dass ich selber aktiv gewesen wäre. Denn Emerson wurde dann auf ähnliche Weise zu einem Vorbild dessen, was ich mit meinem eigenen Schreiben und Leben versuchte, wie Walter Benjamin es für mich als Achtzehnjährigen gewesen war. Aber der Erwachsene erfuhr sich durch Emerson auf andere Art inspiriert als der Oberschüler oder der studentische Einwohner des Studiolo. Essayistische Wurstigkeit, Idiosynkrasie und Systemindifferenz bewährten sich hier nicht an abseitigen Gegenständen, sondern an den großen Themen. »Nature«, »Self-Reliance«, »Heroism«, »The Over-Soul«, »Love«, »Character«, »New England Reformers« heißen die Überschriften seiner Essays. Montaignes Lässigkeit war in den USA eine politische Tugend geworden. Emersons Stücke sind deshalb auch nicht für das stille Lesen konzipiert worden, sondern sie entstanden als öffentliche Vorträge – eigentlich säkulare Predigten – für ein Publikum in Sälen, Town Halls, Universitätsaulas, Freimaurerlogen und Kirchen. Der entlaufene unitarische Geistliche und erste amerikanische *public intellectual* trat überall in New England im 19. Jahrhundert gegen Geld auf, und seine Formulierungen sind deshalb auf rhetorische Widerhakenpointierung hin gearbeitet, ganz ähnlich denen seines deutschen Zeitgenossen Friedrich Nietzsche – dem zu Lebzeiten freilich keine vergleichbare Öffentlichkeit beschieden gewesen war. Ihre Schlüsselpassagen bleiben im Gedächtnis der Leser stecken. Man sagt sie unwillkürlich immer wieder vor sich hin. Anders als andere Prosa bequemen sich Emersons

Essays dem Auswendigkönnen an. »A foolish consistency is the hobgoblin of little minds«, lautet zum Beispiel einer dieser memorierungsaffinen Emerson-Sätze, die – im Sommer 2010, glaube ich – monatelang nicht mehr aufhörten, mir im Kopf herumzugehen. Oder: »Character is higher than intellect. Thinking is the function. Living is the functionary.«

Besonders die Rede über den »American Scholar«, aus der letztere Formulierungen stammen, wurde mir in den folgenden Monaten begreiflich als Magna Charta des Peeperkornismus, der mir am japanischen Pazifikstrand zum ersten Mal eingeleuchtet hatte. Der Chefdenker der *New England transcendentalists* nimmt Richard Rortys Prinzip einer *priority of democracy to philosophy* vorweg. Er feiert die Präponderanz des Lebens und der Persönlichkeit über *foolish consistency*. Der Frühlingswind, der bei der Erstlektüre von »Contingency, Irony, and Solidarity« an unserem Frankfurter Küchentisch spürbar gewesen war, wehte an seinem Ursprungsort jenseits des Atlantiks noch einmal – jetzt in voller Stärke, als Sturm – um mich, während ich auf einem Caféstuhl in der New Yorker Lower East Side saß. Ich war in Amerika an den Originalschauplatz einer Intuition geraten, die sich mir auf meinen Reisen und Auslandsaufenthalten langsam und stetig genähert hatte, beim Näherkommen durch die Straßen von Tokio, München, Krakau und Bratislava. In New York und über Emersons Bürgerpredigten hatte sie mich endgültig eingeholt. Denn auch die osteuropäische Leerstelle war in Emersons Stücken zu spüren: die kleine Arbeit des großen Mähren Tomáš Garrigue Masaryk, die empiriokritische Genauigkeit Ernst Machs, die Wesenssorgfalt Ryszard Krynickis, der politische Peeperkornismus Adam Michniks. Auch für Emerson galt, was Barry Smith über die Philosophie der ostmitteleuropäischen Leerstelle geschrieben hatte. Er war, wie Masaryk, Krynicki, Hável oder Michnik »Verfechter nicht einer großen, systematisierenden ›Philosophie von oben‹ Fichte'scher oder Hegel'scher Prägung, sondern einer empirischen, konkreten und systemfeindlichen ›Philosophie von unten‹, einer Philosophie, die in Beispielen und in der mühevollen Beschreibung und Analyse von einzelnen Fällen wurzelte.« Er war Essayist und deshalb *ironist,* Virtuose der Sprezzatura. Die philosophieförmigen Gesellschafts- und Revolutionsentwürfe des Marxismus hatte ich schon am Pazifikstrand von Shin-Zushi verabschiedet. Jetzt, in der Weltstadt am Atlantik, lösten sich alle Gestalten der Philosophie in ihre lebendigen Hintergründe auf. Bye-bye, Philosophie, grüß dich, Leben. Die Umrisse einer essayistischen statt der philosophischen Kultur zeigten sich. Dabei hätte ich das Denkmotiv »Vorrang des Lebens vor der Philosophie« durchaus auch in Deutschland schon kennenlernen können. Im Werk Johann Wolfgang von Goethes nämlich, dessen Bild schon Thomas Mann in seinen Pieter Peeperkorn versteckt hineinmontiert hatte. So war dieser Motivkomplex an prominenter Stelle sicher aufbewahrt, aber in dieser ideengeschichtlichen *splendid isolation* auch vergessen worden.

In seinem Meisterwerk »A Fine Disregard« vergleicht Kirk Varnedoe, der verstorbene Chefkurator des New Yorker MoMA, die ästhetische Moderne mit einem Bumerang. »Diese Art des Import / Export-Austauschs geht so vor sich, dass man eine Tradition in die Fremde hinausschickt, die zu Hause vielleicht schon in Vergessenheit geraten ist und nicht mehr recht geschätzt wird und die dann zu einem zurückkommt – ein bisschen missverstanden zwar, aber wiederbelebt und fruchtbar (man lässt ein paar alte 45rpm-Platten mit Rhythm-and-Blues hinausgehen, von Muddy Waters, John Lee Hooker und Bo Diddley, und bekommt ein paar Jahre später Mick Jagger und John Lennon zurück).« Eine ähnliche, aber weniger bekannte transatlantische Ping-Pong-Partie, lernte ich, ist schon im 19. Jahrhundert zwischen Deutschland und den USA ausgetragen worden und hat die amerikanische Philosophie hervorgebracht. Nicht nur der *New England transcendentalism*, sondern auch der *American pragmatism*, der mich seit 1989 in Richard Rortys Neuformatierung begleitet hat, war durch Ozeanüberquerungen entstanden. Ich stieg in das Wurzelwerk einer zugleich amerikanischen und deutschen Tradition des Denkens und Fühlens hinab, in ausgedehnte und vielfach miteinander verflochtene Zusammenhänge von Ideen, Haltungen, Metaphern, Lebens- und Wahrnehmungsweisen, die um 1850 in Massachusetts als enthusiastisches Missverständnis der damals weltweit bewunderten deutschen Kultur entstanden waren. Auch *transcendentalism* und *pragmatism* wurden erkennbar als Bumerangs. 1945 waren sie nach einer jahrzehntelang rein amerikanischen Ausdifferenzierungsgeschichte mit der siegreichen amerikanischen Armee wieder übers Meer gereist, um nun ihrerseits in Deutschland, wo man ihre einheimischen Ursprünge längst vergessen hatte, als revolutionäre Überraschung aufzutreten. Schon seit Kriegsende, lang bevor mich um 1989 in Frankfurt der Rorty-Impuls erreichte, hatten die transzendentalistischen und pragmatistischen Anregungen – neben der ebenfalls aus Amerika zurückgekehrten »Frankfurter Schule« – entscheidend dabei geholfen, den deutschen Kulturpessimismus, die »Ideen von 1914«, den Nationalsozialismus, den Marxismus-Leninismus und einiges andere Gedankengerümpel abzuräumen. Sie haben unterschwellig mitgearbeitet an dem Land, in dem wir heute leben. Manchmal hat man den Eindruck, die Ideengeschichte ist eine Sammlung von *practical jokes,* die sich der Weltgeist mit uns erlaubt.

Ralph Waldo Emerson war 1803 in einem unitarischen Pfarrhaus in Boston zur Welt gekommen. Schon seine Universitätszeit war unorthodox. Von daheim her war nicht allzu viel Geld da. Er verdiente schon als Student seinen Unterhalt selbst und machte dabei die verschiedensten sozialen Erfahrungen. Er verbrachte Jahre in Florida, wo er sich mit einem Neffen Napoleons anfreundete. Er heiratete, studierte Theologie, wurde unitarischer Prediger in Boston. Aber nach dem Tod seiner ersten Frau wurde unübersehbar, dass ihm auch die liberalen theologischen Maximen und Rituale der neuenglischen Sekten zu eng, zu trocken, zu spießig geworden waren. Er verließ den kirchlichen Dienst, reiste nach Europa, lernte den britischen Liberalen John Stuart Mill, die romantischen Dichter Wordsworth, Coleridge und den Historiker Thomas Carlyle kennen – Briten, die sämtlich große Leser Goethes und der deutschen Romantik waren. Schließlich ließ er sich in dem Weiler Concord bei Boston nieder und wurde zum Starredner des »Lyceum Movement«, einer neuenglischen Volkshochschulbewegung. Die Natur, die Freiheit, das Individuum, das Leben, die Demokratie, das Vertrauen Einzelner auf sich selbst, eine unorthodoxe, pantheistische Frömmigkeit, die auch hinduistische Einflüsse und sogar okkultistische Anregungen nicht verschmähte, all das wurde in Amerika durch Emerson zum Ausgangspunkt des neuen Denkens. Und es blieb nicht beim Denken. Den *transcendentalists* kam es auf das Leben an. Sie waren praktische und gesellige Leute. In Concord entstand jetzt die erste amerikanische Intellektuellenkolonie. Der Dichter Nathaniel Hawthorne zog her. Der Pädagoge Amos Bronson Alcott ließ sich von Emerson zu demokratischen Erziehungsexperimenten und zur Gründung der utopisch-vegetarischen Fruitland-Kommune inspirieren. Seine Tochter Louisa schrieb die ersten amerikanischen Kinderbücher. Der transzendentalistische Anarchist Henry David Thoreau setzte Emersons Naturreligion in ein lebenspraktisches Experiment um, indem er ein Jahr lang in einer Hütte im Wald lebte.

So einflussreich Emersons Werk und sein persönliches Beispiel für die gesamte moderne Bewusstseinsgeschichte bis heute sind, so wenig bekannt ist er außerhalb der USA. In Deutschland wird er, nach einer kurzen und flüchtigen Rezeptionsperiode nach dem Krieg, inzwischen so gut wie überhaupt nicht mehr gelesen, wahrscheinlich deshalb nicht, weil man hierzulande das idiosynkratische Element seines *personal essayism* – diesen antisystematischen, undogmatischen Freistil – für die Behandlung jener »hohen« Gegenstände als frivol empfindet. Emerson war nie der Sklave irgendwelcher Prinzipien, seiner eigenen schon gar nicht. Seine Theorien sollen dem guten Leben dienen. Und das hat mit folgerichtigem Denken viel weniger zu tun, als man jahrhundertelang angenommen hat und in Deutschland weiterhin annimmt. Wenn eine folgerichtige Idee dem richtigen Leben im Weg steht, fand Emerson, sollte man sie über Bord werfen. In Russland und in Deutschland, wo man im letzten Jahrhundert nie mit der Wimper gezuckt hat, Ideen zur Begründung von Massenmorden und Weltkriegen heranzuziehen, ist diese Einsicht erstaunlich, fast provozierend. Tatsächlich ist sogar der Name der revolutionären Denkbewegung, die von Concord ihren Ausgang nahm, ein produktives Missverständnis, eine Art Denkschlamperei. »Transzendental« stammt aus der Philosophie Immanuel Kants. Das mit diesem Wort bezeichnete erkenntnistheoretische Motiv missverstanden Emerson und seine Freunde in romantisch-essayistischer *inconsistency* als Ermutigung der intellektuellen und lebenspraktischen Selbsttätigkeit des Individuums, auf die es ihnen ankam und die sie der Philosophie der amerikanischen Gründerperiode entgegensetzten.

Was aus Kants Begriff des »Transzendentalen« in Neuengland wurde, mochte ein Missverständnis gewesen sein. Aber das machte nichts. Es kam auf die Resultate an. Eine auf Emerson folgende Generation von Philosophen, Psychologen, Pädagogen, Juristen und Politologen organisierte sich in Boston um William James (den Bruder des Romanciers), um den späteren Verfassungsrichter Oliver Wendell Holmes und den Mathematiker Charles Sanders Peirce (den Bertrand Russell als den größten amerikanischen Denker bezeichnet hat) in einem »Metaphysical Club«. Sie entwickelten die transzendentalistische Denkbewegung weiter und brachten *pragmatism* als den definitiven amerikanischen Denkstil des späteren 19. und frühen 20. Jahrhunderts hervor. Wie Emerson bedienten sie sich für ihre Projekte und Gedankengebäude im Arsenal der europäischen Tradition wie in einem philosophischen Baumarkt, statt sich von der Folgerichtigkeitszumutung europäischer Figuren und Bücher einschüchtern zu lassen. Dieses lässig hemdsärmelige Denken nimmt nicht abstrakte Prinzipien zum Ausgangspunkt, sondern »the infinitude of the private man« (Emerson).

Aber auch diese revolutionäre Kehre ist ursprünglich deutschen Ursprungs. Nach der kulturellen Annäherung zwischen Deutschland und den USA nach 1945 und der deutsch-amerikanischen *horror story* von 1914 lernte ich jetzt eine noch ältere Wendung in der Geistergeschichte meines Arbeitsplatzes kennen. Sie war inspiriert vom Werk und von der Figur Johann Wolfgang von Goethes, auf den sich schon Emerson und seine Nachfolger durchgehend bezogen hatten. Goethe ist ja für die deutsche Tradition insofern völlig untypisch gewesen, als er zwar Zeitgenosse der klassischen deutschen Philosophie und ihres lückenlosen Ableitungsfurors gewesen ist, das alles aber nie so recht ernst nehmen mochte. »Prophete rechts, Prophete links, das Weltkind in der Mitten« – so hat er seine Stellung in den intellektuellen Debatten seiner Epoche lyrisch beschrieben. Schiller war im späteren 19. Jahrhundert unter anderem deshalb der viel glaubwürdigere Kandidat für die Planstelle des Nationaldichters, weil er als typischer und eifriger *fellow traveller* der deutschen Philosophie mit seinen kunsttheoretischen Schriften zu den fiebrigen und esoterischen deutschen Denkbewegungen der Zeit prominent beigetragen hat. Goethe bezog gegenüber alldem eine individualistische, undogmatische, pantheistische, naturreligiöse, unpolitische – eben dem Leben zugewandte – Position. Deshalb hielt er auch geflissentlich Abstand von der nationalrevolutionären Bewegung, die sich – etwa bei Johann Gottlieb Fichte – mit der klassischen deutschen Philosophie verbündet hatte. »Höchstes Glück der Erdenkinder« schrieb er stattdessen, »ist doch die Persönlichkeit.« Dieses Zitat könnte (»the infinitude of the private man«) von Emerson sein; was Goethe in seinem Gedicht und Thomas Mann im Roman »Persönlichkeit« nannten, analysiert und besingt Emerson als »character«. Später freilich wurde in Deutschland dann auch Goethe zum nationalen Führer bestellt. Und während dieser pantheistische Individualist in der Nazizeit – gegen all seine Intentionen – der inneren Wehrertüchtigung dienen musste, verwirklichte sich in Amerika mit dem Werk des Pragmatisten John Dewey eine experimentelle, demokratische, undogmatisch dem Leben, dem Individuum und der Welt zugewandte Weiterentwicklung der klassisch-romantischen deutschen Kunstperiode, mit der meine Eltern nach dem Krieg, verblüfft und befreit, eine Weile lang folgenreiche Bekanntschaft gemacht hatten und die um das Jahr 1989 in meinem eigenen Leben mit Macht wieder aufgetaucht ist. Hier in New York war ich an den Ursprung dieser Motive gekommen, fast ohne es zu wissen und zu wollen, geleitet einzig von den Ahnungen, die einen durchs Leben führen, wenn es ein eigenes genannt zu werden verdient.

Es muss im Herbst 2010 gewesen sein, denn ich wusste schon, dass ich nicht mehr lang in New York bleiben und bald ins georgische Tiflis weiterziehen würde, als ich beschloss, den hier geschilderten Lektüreerlebnissen und Denkentdeckungen geographisch hinterherzureisen. Weit würde ich dafür von New York aus nicht fahren müssen. Denn wie meine württembergische Heimat – und aus vergleichbaren bildungssoziologischen Gründen – ist New England eine der dichtesten Literaturlandschaften überhaupt. Nirgendwo als allenfalls zwischen Schwäbischer Alb und Bodensee kommen literarische Bildungsreisende auf so engem Raum so vielfältig auf ihre Kosten wie zwischen Hudson und Cape Cod. In fast jedem Städtchen und Weiler von New York, Massachusetts, New Hampshire und Vermont haben Schriftsteller gelebt, deren Häuser und sonstige Hinterlassenschaften museal gepflegt und von ganzen Busladungen Bildungsbeflissener ehrfurchtsvoll aufgesucht werden. Ebenfalls wie in Württemberg ist die Prägung dieser

Bildungslandschaft protestantisch. Allerdings unitarisch oder sonstwie sektenhaft, statt orthodox-lutherisch; und deshalb anarchistisch statt, wie in Südwestdeutschland, autoritär und schuldgefühlverpestet. Junge Geistliche und Lehrer sind seit dem 16. Jahrhundert vom Tübinger Stift wie von der Harvard Divinity School aus in die entlegensten Gegenden Württembergs und Neuenglands geschickt und im Lauf ihrer Karrieren dann wieder an andere obskure Orte versetzt worden. So haben Pfarrer, Dichter und Philosophen die beiden Landschaften diesseits und jenseits des Atlantiks mit literarischen Anspielungen, Dichterhäusern, in Büchern verewigten *landmarks* und ins kollektive Gedächtnis eingegangenen Erinnerungsorten auf ganz ähnliche Weise geprägt.

Ich brach an einem sonnigen Frühherbstmorgen auf. Die weibliche Stimme meines Navigators hatte etwas Musenhaftes. Sie nannte mir die Menschen, Städte und Meere der amerikanischen Kulturgeschichte. Von stählernen Autobahnbrücken sah ich auf gigantische Strommündungen. Es ging, der alten Verbindung zwischen Boston und New York folgend, den Hudson entlang nach Norden. Erste Stationen waren der nach Washington Irving benannte Stadtteil von Greenburgh im Westchester County. Und Tarrytown, wo ich Irvings Haus und den »Sleepy Hollow«-Friedhof besichtigte, auf dem seine berühmte Spukgeschichte spielt und er selbst beerdigt ist. Vom Garten seiner hoch über dem Hudson auf einem Steilufer gelegenen Villa sah ich auf den Strom in der Tiefe, der sich hier zu einem seenartigen Binnengewässer verbreitert hat. Der amerikanische Herbstvormittag strahlte. Von einem literarisch bedeutenden Dorf ging es weiter zum nächsten. In Pittsfield sah ich in Herman Melvilles Haus den Schreibtisch, an dem »Moby Dick« entstanden war – und durchs Fenster in der Entfernung einen Berg, dessen Kammlinie dem Rücken eines Wals gleicht. In Great Barrington kam ich zu der Kirche, die Arlo Guthrie in »Alice's Restaurant« besingt. Ich übernachtete in der winzigen Gemeinde Williamstown, wo das Clark-Museum zu besichtigen war, eine der großen Bildersammlungen der Welt. Dann Shaftsbury – und das Farmhaus, wo Robert Frost »Stopping by Woods on a Snowy Evening« geschrieben hatte. Neuengland war wie ein aufzublätterndes Buch. Ich war während dieser Herbsttage in Salem, der Stadt der von Arthur Miller literarisierten Hexenprozesse, und in dem Haus, wo Hawthornes Roman »The House of the Seven Gables« spielt. In Mark Twains düsterer Villa in Hartford. Auf Cape Ann, wo Lovecraft die fiktiven Landschaften und Städte seiner Cthulhu-Mythologie angesiedelt hat. Im berühmten Toadstool Bookstore der Stadt Peterborough, die das Vorbild von »Our Town« von Thornton Wilder ist. In Amherst sah ich die Interieurs und ummauerten Gärten, die Emily Dickinson jahrzehntelang so gut wie nie verlassen hat. Frühmorgens an einem Sonntag kaufte ich in der dortigen Universitätsbuchhandlung ein Lesebuch mit Grundlagentexten der *American pragmatists* und begann in einem studentischen Coffeeshop gleich überm Frühstück mit der Lektüre. Keiner dieser Orte war vom anderen weiter entfernt als eine oder zwei Stunden mit dem Auto. Und zwei strahlende neuenglische Herbsttage hindurch bin ich dann schließlich, zum Abschluss dieser Reise, in dem kleinen Städtchen Concord, schon im Weichbild der Metropole Boston, umhergewandert. Die Stadt ist ein Spiegelbild des Weimar der klassischen Kunstperiode. Ich stand in Ralph Waldo Emersons Studierzimmer und dachte an Goethes Haus am Weimarer Frauenplan. Der Hausstand des amerikanischen Goethe ist viel bescheidener, die Behausung einer fast studentisch-wohngemeinschaftsartigen Patchwork-Familie. Ich wanderte um den in Herbstfarben leuchtenden Walden-Pond, wo die Hütte Henry David Thoreaus rekonstruiert ist, des amerikanischen Werthers. Ich war erstaunt darüber, wie nah Thoreaus angebliche Wildnis bei Concord liegt, nicht weiter als einen Spaziergang vom Stadtzentrum entfernt. Und ich war geradezu geschockt zu erfahren, dass die Bahnlinie, die hundert Meter entfernt vom Standort der Hütte durch den Wald führt, schon damals in Betrieb war. Thoreaus Naturanbetung, das sah ich jetzt mit eigenen Augen, hatte etwas Spielerisch-Ironisches gehabt. Ich stand in der Küche des Hauses von Emanuel Hawthorne, des Christoph Martin Wieland von Concord. Ich ging durch die Kinderzimmer der Alcotts, wo die Jugendbücher »Little Women« und »Little Men« spielen und wo Amos Bronson Alcott, der große Philosoph, Pädagoge und Utopist, nach seinen Töchtern schaute. Hier in Concord hatte sich eine Gruppe von amerikanischen Goethe-Fans im frühen 19. Jahrhundert vorgenommen, eine nationale Kultur zu schaffen, die sich um die Begriffe der Persönlichkeit, des Lebens und der Demokratie kristallisierte. Ihr Mittel dazu (vielleicht war es auch nur eine Art Trick) war das dringende Interesse an den Idiosynkrasien, die authentisch gelebtes Leben hervorbringt. Denn gelebt wird nur von Einzelnen, und wer sich einmal von der klassischen Korrespondenztheorie der Wahrheit verabschiedet hat, lernt anzuerkennen, dass es so viele Wahrheiten über die Welt gibt, wie sich Menschen auf ihr befinden. Im 19. Jahrhundert war in Amerika eine Allianz zustande gekommen zwischen jenen »some old ways of thinking«, die James, Pierce, Dewey und Holmes um 1870 herum, inspiriert von Emerson, Amos Bronson Alcott, Margaret Fuller und David Henry Thoreau, auf den Namen *pragmatism* getauft hatten, und jener Tradition des *personal essay*, die seit Montaigne durch die Literaturgeschichte reist. Allianzen formieren sich um gleiche Interessenlagen. Und das gemeinsame Interesse alles lebenspraktischen Denkens von Castiglione und Montaigne bis Emerson, William James und Richard Rorty besteht in der Parteinahme für die idiosynkratischen, nicht ableitbaren, nicht zurechnungsfähigen und wegen all dieser *wobbliness* und Unzuverlässigkeit eben lebendigen Impulse, Intuitionen, Gedanken, Obsessionen, Träume, Begehrlichkeiten, Perversionen und Verliebtheiten realer Menschen. Der Pragmatismus hat philosophisch wahrscheinlich gemacht, was Hans Castorp im »Zauberberg« instinktiv weiß: dass nämlich weder die Settembrinis noch die Naphtas noch irgendjemand sonst eine Weltformel besitzen. Sondern dass es stattdessen darauf ankommt, Connaisseur möglichst vieler Weisen des Lebendigseins zu werden.

Ich besichtigte das alles und war traurig. Nicht nur, weil das lustige, interessante, tolerante, kreative, individualistische, poetische, polemische, mit einem Wort: essayistische intellektuelle Leben, das die *New England transcendentalists* in die romantische Kunstperiode Deutschlands hineingesehen haben, es bei uns nie dauerhaft in die Wirklichkeit geschafft hat, sondern auch, weil ich ahnte (eigentlich wusste), dass es auch in Amerika schon untergegangen war.

The Art of Cheating

»Irgendwie ist mir das Ethos der Selbstvergottung in der amerikanischen Geistesgeschichte durchaus auch unsympathisch«, lese ich in meinen Tagebuchaufzeichnungen aus Concord, geschrieben auf Hotelpapier des »Concord's Colonial Inn«. »Im Innern vieler Menschen (Charles Manson zum Beispiel) findet man Gott eben nicht. Sondern möglicherweise etwas ganz anderes. Und in der Natur? *Get out of here!* Auch das selbstherrliche Kant-Missverstehen im Wort ›transcendentalism‹ stört mich irgendwie. Ich nehme das alles respektvoll zur Kenntnis. Mehr aber auch nicht. Das Pseudo-Weimar von Concord. *Great American phonies.* Auf der schlimmen Seite des Spektrums amerikanischer Selbstfeier: Wesen und Selbstdarstellung von G. Dann zum Walden Pond. Ich wandere in einer halben Stunde einmal ganz drumrum. Absolut *phony,* schon damals. Er verlor den unmittelbaren Kontakt zur Stadt keinen Moment lang. Eine Eisenbahnlinie verläuft – und verlief damals schon – hundert Meter entfernt von der ursprünglichen Hütte durch die angebliche Wildnis. Irgendwie alles ein bisschen lächerlich.«

Schon während ich im September 2010 die amerikanische Ursprungslandschaft meiner Lebensprinzipien durchwanderte, erwies ich mich als unverbessserlicher *ironist.* Ich hegte »radikale und unaufhörliche Zweifel an dem abschließenden Vokabular«, in das ich mich gerade einlebte – sogar während ich es mir touristisch aneignete. Im Rückblick bin ich fast schockiert über das Ausmaß der ideologischen Treulosigkeit und ironistischen Wackeligkeit meines Innenlebens, die sich in meinen Notizen aus Concord offenbart. Sie fielen nicht nur mir selber auf.

Während meiner amerikanischen Jahre scheiterte an meiner *inconsistency* unter anderem eine vielversprechende Liebesbeziehung (eben die zu jener in der Tagebuchnotiz passim zitierten G.) – woran ich während meiner Concord-Reise insgeheim immer noch sehr litt. Das Scheitern hing mit der Unvereinbarkeit meines *ironism* mit dem zeitgenössischen New York zusammen. *Irony* mochte hierzulande einst philosophisch ausgearbeitet worden sein – im zeitgenössischen geistigen Klima störte sie. Auch ich selber störte in New York, sobald ich den Menschen näherkam. Gerade meiner Freundin war ich, schon während der ersten Verliebtheit, oft zu wenig eindeutig und deshalb begeistert gewesen; mein Hang zur Ambivalenz stieß sie ab. Insgeheim musste ich ihr recht geben. Denn zwiespältig ging ich ja jetzt sogar mit dem Concord-Erlebnis um. Nicht einmal angesichts der Akropolis dessen, woran ich eigentlich glaubte, hörte ich auf, halblaut zu lästern. Aber ich konnte nicht anders: denn auch die peeperkornistische Abkehr von Letztbegründungen ekelte mich, sobald sie selbst als Letztbegründung auftrat und damit zu jener unbeglaubigten Auftrumpfungsgeste individualistischer Selbstbegeisterung versteinerte, die ich, mit welchem Recht auch immer, in »Wesen und Selbstdarstellung« meiner Kurzzeitgeliebten G. am Werk fühlte. Diese Selbstbegeistertheitsversteinerung – eine Art »rasender Stillstand« – schien mir nach vier Jahren New York längst das Lebensgesetz der hiesigen Straßen, Partys, Restaurantinterieurs, Dates, Ausstellungseröffnungen, Garderoben und Sozialtechniken, und ich konnte es oft kaum mehr aushalten. Es war, wie mir immer unabweisbarer wurde, eine Modernitätsintoxikation, die wie alle Süchte nach Steigerung der Dosis verlangte. New York war Emerson auf Speed. »Song of Myself« – als ich die demokratischen Dithyramben Walt Whitmans zum ersten Mal las, kamen sie mir vor wie eine hochkulturelle Nobilitierungsform der *histrionics* der schönen G. Die immer weiter aufgesteilte Flamboyanz der hiesigen Selbstdarstellungsstile, eine Art Lombard-Effekt peeperkornistischer Individualitätsfiktionen – wie in einem Raum, wo viele Menschen gleichzeitig sprechen, alle immer lauter werden –, war etwas, bei dem ich überraschend bald nicht mehr mithalten konnte und wollte. Und die lang geübte intellektuelle Gewohnheit, das sentimentale Erlebnis von Begrifflichkeiten in traditionellen Erinnerungsstücken und Denkbildern innerlich vor mich hinzustellen, ließ mich instinktiv auf die Suche nach etablierten Metaphern gehen, die mir meinen zunehmenden Überdruss an New York anschaulich und handhabbar machen konnten. Ich hatte eine solche Metapher endgültig gefunden, als ich in meinem letzten New Yorker Jahr – bei der Recherche für ein Stück über die ästhetisch-soziologische Figur des New Yorker Hipsters – nach Jahrzehnten wieder in Goethes Roman »Wilhelm Meisters Lehrjahre« blätterte. Es war die Erzählfigur der »Gesellschaft vom Turm«, die mir in New York plötzlich als zeitgenössisch einleuchtete. Ich hatte den Roman des Vorgängers und Vorbilds von Ralph Waldo Emerson in meinen frühen zwanziger Jahren, als Student Heinz Schlaffers, zum ersten Mal gelesen. Schlaffer hatte die »Lehrjahre« zum zentralen Bezugspunkt einer Vorlesung mit dem Titel »Theorie des Romans« gemacht. Er hielt sie im historistischen Hauptgebäude der Universität am Stuttgarter Stadtgarten, und sie war – im Sommersemester 1976, glaube ich – ein gesellschaftliches Ereignis weit über den engeren Kreis der literaturwissenschaftlichen Fakultät hinaus.

Goethes Turmgesellschaft ist ein frühes Bild der Moderne. Die neue Zeit erscheint im Roman in Gestalt jener von der Aufklärung inspirierten Geheimbünde des 18. Jahrhunderts: Freimaurer, Illuminaten, Rosenkreuzer. Mitglieder der »Geheimgesellschaft Moderne« steuern das Schicksal des Helden, jenes Wilhelm Meister, indem sie ihn aus den überkommenen Sozialformen, Illusionen und Gefühlslagen der Vormoderne herauslösen und ihn in eine Utopie der Vernünftigkeit, der Mäßigung, der Verrechtlichung und Rationalisierung des Lebens hineinmanipulieren: Bildung, Berufstätigkeit, Abschied vom Künstlertum, Vernunftheirat. Und das Hauptprojekt der Turmgesellschaft ist nicht zufällig die Übersiedlung aus dem feudalen Deutschland ins bereits bürgerlich-kapitalistisch verfasste Amerika. Die Pointe der Schlaffer'schen Vorlesung bestand darin, dass die Fortschritte der Vernunft, die Goethes Roman schildert, einem Buchtitel des vormärzlichen Spätjakobiners Carl Gustav Jochmann folgend, »Rückschritte der Poesie« bedeuten. Sie sind als ein Untergang der (im Gegensatz zu dem banalen und blassen Turmgesellschaftspersonal) unvergesslichen Buchpersonen gestaltet, als Katastrophe der eigentlich poetischen Figuren. Die Selbstzerstörung des tragischen Harfners ist ein Bild dieser Poesie-Rückschritte, die Karikaturwerdung der erotischen Philine und vor allem das herzzerreißende Dahinsterben des androgynen, nicht zuzuordnenden und nicht erziehungsfähigen Tochterwesens Mignon. Diese Figuren dichten nicht, sie sind Poesie. Es bekommt ihnen schlecht. Die neue Zeit tötet sie. Am schrecklichsten und rührendsten: Mignons Wesen und sogar ihr Körper lösen sich geradezu auf, nachdem sie mit der Gesellschaft vom Turm in Kontakt gekommen ist. Eine Gestalt von der literarischen Leuchtkraft und Unvergesslichkeit dieser Mignon, hatte Schlaffer damals mit einer emotionalen Bewegtheit gesagt, die ich bis heute meinerseits nicht vergessen kann, habe es vor und nach den »Lehrjahren« überhaupt noch nie und auch später nicht mehr in der Literatur gegeben. Die »Lehrjahre«, so Schlaffer, seien eine tief skeptische Schilderung des Modernisierungsschubs um 1795, den Goethe zwar bejaht, aber zugleich auch betrauert habe. Die »Lehrjahre« sind ein poetischer Versuch, die neue Welt, deren Beginn Goethe miterlebte, gleichsam zu unterlaufen oder zu »hintergehen«. Unser Professor machte uns sensibel für die banalen, brutalen, trivialen Züge der Turmgesellschaft, die Generationen von konventionellen Goethe-Lesern als das affirmativ letzte Wort des Dichters missverstanden hatten; und indem ich den Roman jetzt in New York zum zweiten Mal las, glaubte ich in der aufgeklärten Herzlosigkeit der Turmgesellschaft zu erkennen, was mich an New York auf den zweiten Blick zu stören begann. Die Härte der hiesigen Sozialverhältnisse, der Zwang, finanziell auf der Höhe der Mieten und Lebenskosten zu bleiben, die immerwährende Nähe des sozialen Abseits, so schien mir, hatte die Menschen in New York zwar reaktionsschnell, charmant, klug und attraktiv gemacht, aber auch hart, phantasielos und konventionell. Sie schienen mir auf schwer zu beschreibende Weise innerlich ausgehöhlt. Während meine Arbeit in Osteuropa lebendige Freundschaften gestiftet hatte, die sich auch noch nach Jahrzehnten weiterentwickelten, hörte ich von amerikanischen Menschen, nachdem ich monatelang mit ihnen an gemeinsamen Projekten gearbeitet hatte, nach deren Abschluss nie wieder etwas. Nicht weil sie fühllos gewesen wären oder mich nicht gemocht hätten. Sondern weil sie einfach so beschäftigt waren, dass die Zeit und die nächstfolgenden Vorhaben, denen sie sich jetzt schnell zuwenden mussten, über mich hinweggingen und ich in Vergessenheit geriet. Es kam in New York darauf an, jeder Idee, jeder Aktion, jedem Charakterzug unentwegt das Maximum an sichtbarer Wirkung abzupressen, bis zu jenem ohrenbetäubenden Immer-lauter-Werden. Auch der inzwischen in den USA überall zu Politik gewordene Kulturpartikularismus, der sich zu meiner Zeit, soweit ich sehen konnte, nur in Ansätzen gezeigt hat, scheint im Rückblick mit dem New Yorker Lombard-Syndrom zusammenzuhängen. Es dröhnte aus der Kulturindustrie ins Leben und zerstörte das Gewebe einander gutwillig zuhörender Unterschiedlichkeiten, die mir in der Gegend um meine Wohnung auf der East Side so eingeleuchtet hatten. Denn auf Speed hört man schlecht.

Die Altweltdroge Alkohol nahm hier übrigens kaum jemand zu sich. Dafür kam mir bei New Yorker Begegnungen immer öfter der Verdacht, das jeweilige Gegenüber könnte unter Drogen stehen, von denen ich noch nie gehört hatte. Das Antidepressivum »Prozac« zumindest war längst endemisch. Langsam lernte ich zu begreifen, dass meine zunehmende New Yorker Vereinsamung und das Mich-dort-immer-fremder-Fühlen auch ein gesellschaftliches Problem war, nicht nur mein individuelles. Und dass es zusammenhing mit einer ökonomischen Radikalisierung derselben Freiheitsutopie, die mein Leben und Mieten in der 96th Street anfänglich vergoldet hatte. Ich war, begriff ich spätestens 2009, unter Menschen geraten, die von Projekt zu Projekt in einer Ordnung der Dinge lebten, die Luc Boltanski und Ève Chiapello in einem damals vieldiskutierten Buch als den »Neuen Geist des Kapitalismus« bezeichneten. Die Grenzen zwischen Kultur und Unternehmertum – fließend seit jeher – gab es hier nicht mehr. Ich fühlte die Nähe einer zeitgenössischen Turmgesellschaft, den Kellerhauch ihrer Banalität, Berechnungsmentalität, Existenzangst und Geistesverödung. Die allgegenwärtige Selbstbegeistertheit war PR in eigener Sache – das war der Grund ihrer Unglaubwürdigkeit und ständigen Steigerungsbedürftigkeit. Ambivalenz, wie sie an mir auffiel, hätte sich als geschäftsschädigend erwiesen, und man scheute die Ansteckung durch mein schlechtes Beispiel. Denn wenn irgendwo eine Lücke sich auftäte in der allgemeinen Begeisterung, käme die Fragilität der prekären Einkommens- und überhaupt Lebensverhältnisse in den Blick, auf deren Hochseil hier alle balancierten: Absturzgefahr.

Mit mir und meiner Doppelexistenz zwischen essayistischer *wobbliness* und Angestelltenprivilegierung in näheren Kontakt zu kommen, hatte nicht nur G. innerlich bedroht, sondern ich gefährdete das mentale Gleichgewicht auch anderer Gefangener der Projektökonomie. Sie fanden in New York längst genauso wenig einen Zugang zu einem sie innerlich befreienden Studiolo wie ihre Leidensgenossen in der turbokapitalistisch entfesselten Mobilmachung Tokios. Was mir das Wichtigste war, machte mich hier zu einem Fremdkörper. Ich fühlte es: Ich passte nicht her.

So hatte ich unter der Hand bereits nach einem Jahr New York unwillkürlich begonnen, mich nach einem neuen Dienstort zu sehnen und dann auch konkret umzusehen. Er sollte, fand ich, wieder in Osteuropa liegen. Dort war die Vormoderne noch spürbar gewesen, und dort hatte man meine Bedürfnisse nach Emotionalität, Leistungsindifferenz,

Skurrilität, Inkonsequenz, Faulheit und Genuss besser verstanden und zu schätzen gewusst. Ich sehnte mich danach, jene essayistische *wobbliness* meiner Selbstverfasstheit wieder ausleben zu dürfen, meine Langsamkeit, meine poetische Weltauffassung, meinen Hang zu Träumerei und idiosynkratischer Buchgelehrsamkeit, das Pierre-Bear-Syndrom, den Hang zu jenen Sarkasmen und Ambivalenzen, meine altweltliche *weirdness*. Aber so weit, an eine tatsächliche Übersiedlung zu denken, war es damals noch lange Jahre nicht. *Miles to go before I sleep*. Man erwartete etwas von mir während meiner Zeit in New York.

Die Idee, deren hiesige Verwirklichung mich auf den Höhepunkt meiner beruflichen Laufbahn bringen sollte, stammte nicht von mir. Überhaupt ist eine der wichtigsten Erkenntnisse, die ich über die Organisation interkultureller Veranstaltungen im Goethe-Institut gelernt zu haben glaube, dass es in diesem Beruf darauf ankommt, möglichst wenig eigene Ideen zu haben. Der Job besteht eher darin, Personen zu finden und an sich zu binden, die aufgrund ihrer Verwurzelung in einem inhaltlichen Feld und in der jeweiligen kulturellen DNA Deutschlands und zugleich eines Gastlands (nichts davon konnte ich jemals im Ernst selbst beanspruchen) tragfähige Ideen haben und sie mithilfe der Stellung des Goethe-Instituts im Niemandsland zwischen den Kulturen verwirklichen können. Eine solche Konstellation hatte sich im Jahr 2005 hergestellt, als ich – noch von Bratislava aus – den beruflichen Kontakt zu Stefan Kalmár suchte, dem damaligen Direktor des Kunstvereins München. Kalmár, ein kleiner, seinerzeit noch ziemlich dicker, humorvoll-charismatischer Mann Mitte dreißig, ist einer der wenigen genialen Kunstorganisatoren, die ich kennengelernt habe. Seine hervorstechenden Begabungen sind hemdsärmeliger Charme und die damit vielleicht zusammenhängende Witterung für kulturelle Trends, ein instinktives Verständnis für die Zukunftsfähigkeit kultureller Hervorbringungen. Es war in einem Restaurant am Fuß des Burgbergs von Bratislava, wo Kalmár mir den Plan »unseres« New Yorker Projekts entwickelte, die Idee einer Renaissance des auf der Upper East Side sich unter Touristen und Milliardären mit sich selber langweilenden Goethe-Instituts New York. Denn das Publikum, das Heuss, McCloy und Holthusen zu Beginn der sechziger Jahre des vorigen Jahrhunderts im Auge gehabt hatten, war schon längst verstorben oder weggezogen, vertrieben durch die astronomische Steigerung der Mieten und Kaufpreise. Ich hatte Kalmár an jenem Abend in Bratislava gefragt, was er an meiner Stelle in New York denn machen würde. Kalmár, der schon wenige Jahre später zu einem radikalen Reformdirektor des New Yorker »Artists Space« und des Londoner »ICA« werden sollte, dachte zugleich einfach und konkret. Was in New York notwendigerweise hieß: immobilienspekulativ. *Location is the message.* Die Geste, die er vorschlug – nicht ohne sich selbst eine tragende Rolle in ihrer Verwirklichung zuzuschreiben –, bestand darin, eine kunstgeographische Sezession, die das Museum of Modern Art im Jahr 2000 mit der Angliederung des *art space* »PS1« in Brooklyn vollzogen hatte – von der Nobilitierungsgegend in Midtown an die kreativ bewegte Peripherie –, auch dem Goethe-Institut anzuempfehlen. Mit Hilfe der Kulturabteilung von BMW unter Thomas Girst, den er ins Boot zu holen sich anbot, sollte in der Lower East Side ein *art space* des Goethe-Instituts entstehen, der vom Kunstverein München, also ihm selbst, mit Input versorgt, vom Institut aber administriert und von BMW bezahlt werden sollte. Die Vorteile für die drei beteiligten Seiten lagen auf der Hand: Kalmár hätte einen Fuß in New York, das Institut würde einen Ausgang aus der komfortablen Folgenlosigkeit seiner Location gewinnen, BMW für vergleichsweise wenig Geld gute Imagegewinne erzielen. Seltenes Ineinandergreifen verschiedenster Instanzen im Licht dieser einfachen Idee folgte. Das Institut, vertreten durch zwei originelle und weitsichtige Führungskräfte – Klaus-Dieter Lehmann als Präsident und Hans-Georg Knopp als Generalsekretär – stellte administrative Hemmnisse beiseite; BMW gab Geld; Kalmár reiste an; wir mieteten ein winziges Ladenlokal der Ludlow Street in Chinatown; Kalmárs Freund Liam Gillick gestaltete es zu einem Ausstellungsraum um; schon im Februar 2008 ergab sich die Eröffnung des von mir phantasieloserweise auf den Namen »Ludlow 38« getauften Downtown-Institutssatelliten unter überraschend lebhafter Anteilnahme des New Yorker Künstler- und Kuratorenmilieus; sowohl die deutsche Presse wie auch die New York Times nahmen Notiz. Ich befand mich in Gesellschaft der schönen G. und wiegte mich im Triumphgefühl, den Resonanzkörper der Weltstadt einen kleinen und vorübergehenden Moment lang in eine wahrnehmbare Schwingung versetzt zu haben. Die erotisch-karrieristische *peak experience* jenes Tags im Februar 2008 löste sich zwar kurz danach wieder auf, denn G. – von meinem *ironism* in ihrer Selbstfeier gestört – verließ mich. Aber die Programmarbeit des Instituts blühte auf im Magnetfeld unserer Hingezogenheit zur Lower East Side, wo der kulturelle Schwerpunkt der Stadt längst lag.

Ein Zufall kam dieser Blüte während der nächsten Monate entgegen. Denn es stellte sich heraus, dass das traditionsgesättigte Gebäude des Goethe-Instituts an der Fifth Avenue – jahrzehntelang die amerikanische Adresse deutscher Kultur – den feuerpolizeilichen Richtlinien nicht entsprach und bis zu einer aufwendigen Renovierung geschlossen werden musste. An der Ecke Bowery und 3rd Street mieteten wir deshalb ein weiteres Ladenlokal für unsere Programmarbeit und ließen es vom Berliner »Institut für Angewandte Urbanistik« innenarchitektonisch interessant umbauen. Und auch die Büros und die Bibliothek des Instituts fanden Unterkunft downtown, in der Spring Street. Ohne dass ich es geplant oder nur gewollt hätte, war ich kaum ein Jahr nach meiner ersten Nacht auf der Zauberinsel verantwortlich für ein Cluster experimenteller Präsenzen, die zu programmieren in den verbleibenden drei Jahren meine Phantasie, meine deutschen und amerikanischen Kontakte, mein Talent für interkulturelle Programmarbeit ultimativ forderten. Ich erlebte den Höhepunkt meiner Berufslaufbahn jedoch in einer psychosozialen Umgebung, die mich nach meiner Verstoßung vom Gipfel der erotischen und beruflichen »Ludlow 38«-Erhöhungserfahrung erst zu befremden begann und schließlich abstieß.

Ich war in meine New Yorker Beschleunigung auf dem Höhepunkt der ersten globalen Wirtschaftskrise nach 1929 geraten. Schon im Frühsommer 2008 hatte mir meine Vermieterfirma unerwartet und ungebeten eine zwanzigprozentige Mietminderung angeboten. Dergleichen war mir in meinem ganzen Leben noch nicht passiert. Mieten waren in meiner bisherigen Mieterkarriere immer nur nach oben gegangen. Es war vielleicht manchmal gesetzlich geregelt gewesen, dass sie unter bestimmten Umständen eine Weile nicht erhöht werden durften oder nur in einem bestimmten Rahmen. Aber daran, dass Erhöhtwerden nun einmal das war, was Mieten naturgesetzlich tun, hatte ich mich so unwiderruflich gewöhnt wie an die Schwerkraft. Und jetzt das, Mietminderung. Und zwar von Seiten der immer untadelig freundlichen, aber doch erkennbar gefühlsarmen (wenn nicht am Rand der Hartherzigkeit dahinbalancierenden) Geschäftsmänner und *office ladies*, in deren Büroräumen ich jedes Monatsende meinen Scheck abgab. Es hatte jedoch mit sehr realen Marktverhältnissen zu tun, dass meine Wohnung plötzlich zwanzig Prozent weniger wert sein sollte als im Jahr zuvor. Man hatte einfach Angst, dass ich etwas Billigeres finden könnte. Was bedeutete, dass Massen von New Yorker Berufstätigen ihre Wohnungen und gleich die Stadt verlassen haben mussten, nachdem sie eben nicht mehr berufstätig waren. Tatsächlich hatte in den Nachbarwohnungen meines Studiolo zwischen Yorktown und East Harlem die Fluktuation junger Computerfachleute, Sekretärinnen und Managementadjunkte bereits zu vollkommener Unübersichtlichkeit geführt. Die Umschlaggeschwindigkeit der Untermietverhältnisse in den mir benachbarten Wohngemeinschaften unverheirateter *young professionals* war zwar schon zuvor schwindelerregend gewesen. Aber inzwischen war endgültig nicht mehr klar, ob der freundliche, gut gekleidete junge Herr, den man gerade auf der Treppe getroffen hatte, der neue Nachbar, der Briefträger oder ein getarnter Einbrecher war. Lange Perioden offensichtlichen Leerstands unterbrachen den Geschäftsgang eines New Yorker Mietmarkts, der erkennbar ins Stottern geraten war. Auch die rauschenden Partys auf den Nachbarterrassen waren seltener geworden. Und der offenbar ständig unter irgendwelchen Drogen stehende, nämlich entweder manisch grüßende oder depressiv einherschleichende junge Nachbar wohnte wohl auch nicht mehr hier. Kündigung, Arbeitslosigkeit, Wegzug waren von einem Monat auf den anderen allgemein geworden.

Gerade aufgrund ihrer Radikalität jedoch war die Krise, in deren Epizentrum ich mich damals befand, zugleich fast unsichtbar. Denn wer damals in New York kein ökonomisches oder künstlerisches Projekt mehr hatte, war innerhalb Wochenfrist eben nicht mehr hier. Es gab 2008 in New York keinen Wohnraum für Einkommenslose. Man musste wegziehen, aufs Land, zu den Eltern, irgendwohin. In Manhattan eine garagengroße Einzimmerwohnung zu mieten oder irgendwie zusammen mit anderen Leuten zu hausen, kostete mehr als in Berlin damals noch eine gutbürgerliche Vierzimmerwohnung. Das Elend, das in jenen Monaten hier entstand, verflüchtigte sich mit der Geschwindigkeit eines Wassertropfens auf der heißen Herdplatte. Man sah in New York damals nicht deswegen keine Armut, keine Verzweiflung, weil die nicht existiert hätten, sondern weil sie gleich nach ihrer Entstehung so schnell so groß geworden waren, dass sie nicht einmal mehr die Chance hatten, sich zu zeigen. Die Gesellschaft vom Turm hatte die Macht übernommen. Ihr Gesetz war, wie Heinz Schlaffer geschrieben hatte, der »Widerspruch von Liberalisierung und Instrumentalisierung aller menschlichen Verhältnisse«. Das bourgeoise Zwielicht aus hehren Maximen und schäbiger Wirklichkeit, die geisterhafte Doppelbeleuchtung der Gestalten des Turms kam mir jetzt im East Village entgegen, wohin sich mein beruflicher Schwerpunkt verlagert hatte. Der »Neue Geist des Kapitalismus« betrieb downtown eine Tag und Nacht nicht mehr endende Verkleidungsparty mit der Boheme und Künstleravantgarde der fünfziger, sechziger, siebziger und achtziger Jahre. Im Zeichen der Kunst und der Lebenskunst war Ununterscheidbarkeit zwischen Elend und Reichtum, Gefühlskälte und Sentimentalität entstanden, eine paradoxe Uneindeutigkeit, die lang nur ein Kennzeichen des Kunstsystems gewesen war und jetzt als gesellschaftliche Realität herrschte. Der schöne Schein, der die Kunst verlassen hatte, breitete sich auf den Straßen aus. Wohlbestallte Bürgersöhne waren gekleidet wie Punks. Das Prekariat kaufte Second-Hand-Handtaschen von Prada und trug Schuhe aus dem Vintageladen dazu. War die schöne junge Frau, die mich jetzt schon seit einer halben Stunde mit den neuesten Hits jener Theoriemimesis zutextete, die in dieser Saison der New Yorker Kunstwelt gerade konkrete Werke ersetzte, eigentlich auf dem Weg nach oben oder nach unten? Es sieht zauberhaft aus, fragte ich mich, aber was ist es? Und warum kostete eine Einzimmerwohnung der 9th Street, wo sich Ratte, Taube und Kakerlake bei hellichtem Tag gute Nacht sagten, 1500 Dollar im Monat? Wollten diese Menschen so leben oder mussten sie es? War der beneidenswert gut aussehende und beredte junge Mann mit den zu spitzen ungeputzten Wildlederschuhen und den Röhrenhosen, der gerade so freundlich zu mir war, in ernsthaften wirtschaftlichen Schwierigkeiten oder ein junger Millionär, der sich dem Volk zuneigte? War er eigentlich nicht überhaupt auf Koks? Er hörte ja gar nicht mehr auf zu reden, während er fahrig lächelnd aus geweiteten Pupillen durch mich hindurchschaute. Die knapp fünfzigjährige ehemalige Repräsentantin einer Filmgesellschaft, die fünfzehn Jahre jünger aussah und sich mit tatsächlich so alten Männern, Gelegenheitsjobs und allerlei künstlerischen Experimenten nach jahrzehntelanger Berufstätigkeit im East Village »neu erfand« – war sie in Wirklichkeit nicht einfach kürzlich rausgeflogen bei ihrer Filmgesellschaft? War ihre derzeitige Existenz ein Elend, das sich als Glanz kaschierte, oder eine glänzende Karriere, die eine Weile mit dem Elend flirtete, um sich, gleichsam erfrischt, danach auf ihrer angestammten Höhe wieder fortzusetzen? Nichts ist mir immer so bezeichnend für das East

Village vorgekommen wie der verbreitete Nebenerwerbszweig zeitweiser Wohnungsvermietung: Man bezahlte die exorbitante Miete, indem man seine überteuerte Slumwohnung über »Craig's List« eine Woche im Monat noch überteuerter an Touristen untervermietete und sich derweil bei festen Freunden oder flüchtigen Sexualpartnern einquartierte. Not, Geschäftsgeist und Hipsterideologie, hier waren sie dreieinig. Ein vergesellschaftetes Hochstaplertum war das Gesetz dieser Straßenzüge. In diesem Karneval gesellschaftlicher Unzurechnungsfähigkeit versteckte sich die wirkliche Not New Yorks und vieler New Yorker. Das Geheimnis dieses verzwickt verlogenen Treibens bestand darin, dass die Mimikry des Wohlstands mit dem Elend und die Mimikry des Elends mit dem Wohlstand, der sich als Elend verkleidet, nur so lange funktionierten, wie ihre Protagonisten jung waren. Diese Art von Boheme war auch eine Altersfrage. »That is no country for old men«, dachte ich vor mich hin, während ich in der überfüllten U-Bahn morgens von Yorkville in die Lower East Side und meist erst spätnachts wieder zurück reiste.

Es war schon im April des Jahres 2011, im Herbst würde ich nach Tiflis ziehen, und Stefan Kalmár war schon zwei Jahre lang Direktor des traditionsreichen »Artists Space« in der Greene Street, als ich dort eine *performance lecture* Luc Boltanskis erlebte, des schon erwähnten Analytikers des »Neuen Geists des Kapitalismus« und des intelligentesten Porträtisten, wie mir vorkam, der Turmgesellschaft, als deren Beobachter ich mich in New York in den hinter mir liegenden Jahren gefühlt hatte. »Er ist ein geschrumpft wirkendes, etwas rumpelstilzchenartiges, sehr beweglich und originell redendes Männlein«, lese ich im Tagebuch. »Souverän. Im Extemporieren hin und her gehend. Unberechenbar. Seine Formulierungen wirken in den englischen Versionen der (stark überforderten) Dolmetscherin noch überraschender als im Französischen. Manchmal baut er sich direkt vor jemandem, der eine Frage stellt, auf und schaut ihm oder ihr forschend ins Gesicht. Großes Theater. Die ›Welt‹, sagt er (mit Wittgenstein), sei alles, was der Fall ist. Die ›Realität‹ dagegen sei nur ein Ausschnitt der Welt, eine subjektiv oder gesellschaftlich begrenzte Auswahl von Weltinhalten. ›Kritik‹ bringe ausgeschlossene, ignorierte, verleugnete Inhalte von ›Welt‹ in ›Realität‹ ein und dort zur Geltung. Über den Umgang mit institutionellen Apparaten. Er postuliert die ›Art of Cheating‹. Wer außerhalb der Institutionen verbleibe, sei bald nichts mehr. Wer sich dagegen von den Apparaten vollständig erfassen lasse, habe bald keine Ideen mehr. Man müsse in den Apparaten bleiben, sie aber betrügen, unterlaufen, benutzen. Das sei der Weg Voltaires gewesen. Der sei ein In-/Outsider gewesen. Die Bologna-Reformen, das Benchmarking der Eliteuniversitäten verhindere ›The Art of Cheating‹, das Doppelleben. Man müsse deshalb auf die kleinen, marginalen Universitäten setzen. Von ihnen kämen die Talente. Ein unsicherer, vom Blatt ablesender und offensichtlich deutschstämmiger junger Mann stellt die wichtige Frage nach ›semantic insecurity‹ von Kunstinstitutionen, die – wie eben der ›Artists Space‹ jetzt – Soziologen einlüden, um ihre Situation zu diskutieren. Boltanski: Die globale Zirkulation der Kunstwerke schneide die Kunst von ihren angestammten Kontexten ab: von den Galerien, den Sammlern, der Kritik, der Lebenswelt ihrer Rezipienten und ihrer Hervorbringung. Er und andere Soziologen würden deshalb eingeflogen, um die verlorene Kontextualisierung nachträglich wiederherzustellen. Kontext werde unterdessen durch Kodierung ersetzt. Beuys' Hut sei die Kehrseite seiner Multiples. Jeder Mensch sei ein Künstler, aber nicht jeder trage einen Hut und arbeite mit Filz, wodurch allein man noch Beuys von allen anderen Menschen / Künstlern unterscheiden (und seine Kunst entsprechend bezahlen) könne. ›Concept art is full of analytic philosophy.‹ Über die Gier der Institutionen nach Kunst, nach einer ›Philosophie‹, nach einer sie umgebenden Theorie, nach *lecture* (auf Französisch). Über die studentischen und jugendlich proletarischen Revolten in Frankreich. Sie seien gegen die *selection procedures* gerichtet. Viele Menschen zwischen fünfundzwanzig und vierzig hätten exzellente Noten, aber keinerlei berufliche Aussichten. Nur kleine Jobs und *state grants*. Projekte. Leben in besetzten Häusern. Eine neue Klasse gut ausgebildeter, perspektivloser junger Leute, die keine Gewerkschaft oder Partei vertritt. Ihr Leben sei eine Revolte gegen und zugleich ein Arrangement mit dem Kapitalismus. Die eigentlichen Probleme dieser Klasse begännen, wenn sie jenseits der vierzig seien. Sie seien die soziale Basis einer kommenden anarchistischen Revolte, die Boltanski sehe und vor der das Establishment sich fürchte. Dessen Albtraum sei das Bündnis zwischen der akademischen Jugendklasse und den arabischen Perspektivlosen der Banlieue.«

Luc Boltanskis Begriff der »Art of Cheating«, eine wie aus der Wirklichkeit ausgestanzte Bestätigung meines essayistisch-kulturfunktionärshaften Doppellebens, stand über den Wochen meiner Abreise aus New York und aus Amerika. Es war tropisch heiß und feucht. Vor meinem Haus wurde unter tag- und nächtelang nicht aussetzendem Lärm die U-Bahn-Station 96th Street gebaut. Ein freundlicher Amtsarzt bestätigte mir die für Georgien erforderliche Tropentauglichkeit, und nachdem meine Möbel, wieder einmal, in jenen braunen Kartons verschwunden waren, fegte ich meine Räume aus und quartierte mich für meine letzte amerikanische Nacht in einem Hotel in Midtown ein. Der letzte Vormittag in Manhattan – ich konnte schon nichts mehr mit ihm anfangen. Ich war innerlich weit weg. Schon am frühen Vormittag nahm ich den Flughafenbus nach Newark. Als ich im Irish Pub der dortigen Abflughalle über einem Guinness zur Unzeit saß und melancholisch in die Klimaanlagenkühle der dortigen Rollkofferwelt hinaussah, kam niemand anderes als meine amerikanische Möchtegerngeliebte G. an mir vorbei. Sie sah mich ebenfalls, ein langer Blick ergab sich, aber sie ignorierte mich auch später in der Abfertigungsschlange und im Flugzeug während des gesamten Transatlantikflugs nach Deutschland beharrlich. Auch ich sprach sie nicht an. *The road not taken.* Ich bin nie wieder nach New York zurückgekehrt. Und die Stadt verändert sich so schnell, dass ich sie nicht wiederfinden würde, wenn ich irgendwann noch einmal an die Stelle käme, wo für mich zwischen 2007 und 2011 New York gewesen ist. Realität ist weniger als alles, was der Fall ist. Das hatte ich spätestens während meiner vier Jahre dauernden Exkursion nach New York gelernt.

Das vergessene Tal

Der Kaukasus erscheint, wenn das Flugzeug die graue Fläche des Schwarzen Meeres verlässt und in die grün heraufleuchtende Kolchische Tiefebene einfliegt, linkerhand als eine kompakt schwarzbraune Wand, in fast derselben Höhe wie das Flugzeug; tief unter einem steht rechts der viel niedrigere Bergzug, der Georgien von Armenien trennt. Noch dramatischer ist die Annäherung auf der Nordroute über die Krim und die südrussische Steppe: von Norden her gesehen missversteht man den dunklen, kaum durch unterscheidbare Gipfel gegliederten Hochgebirgsriegel, zu dem der Flug ins Innere des Kontinents halbstundenlang Abstand wahrt, zunächst als entfernte Wolkenbank, so hoch ist er. Bis die Maschine eine Rechtskurve vollführt und man über schneebedeckte Fünftausender hinweg in ein Gewirr aus Bergzügen und Schluchten einschwenkt, wo unter einem, bis die Millionenstadt Tiflis / Tbilissi erscheint, weder Weg noch Haus oder irgendwelche anderen Zeichen menschlicher Anwesenheit zu sehen sind. Im August 2011 überflog ich – von Istanbul übers Meer kommend, auf dem Flug in eine Stadt, die ich mir als künftigen Dienstort ausgesucht hatte, ohne je da gewesen zu sein – eine ungefähr bayerngroße, sich zwischen Hoch- und Mittelgebirge langsam verengende dreieckige Talebene, in deren Scheitelpunkt schließlich, indem das Flugzeug sich über löwenfellgelbe Vorberge herabsenkte, die georgische Hauptstadt in den Blick kam, zwischen enggerückten Bergzügen entlang des Mtkwari in verschiedene Seitentäler ausgreifend, von oben deutlich erkennbar als Gebirgsansiedlung.

Es war etwas Mediterranes weitab vom Mittelmeer, was sich mir tags darauf am Frühstückstisch des Hotels zeigte. Es lag auf dem Höhenrand über der Stadt. Ich saß – der erste Gast – allein im morgendlichen Spätsommersonnenschein zwischen aus Kübeln wachsenden Palmen und Oleanderbüschen auf einer Terrasse. Efeuüberwucherte Brüstungen umschlossen mich. Ich sah über halsbrecherisch steile Schluchten, gewundene Gassen, prekär an steile Abgründe gebaute Anwesen unter mir. Hügellandschaften im Mittelgrund waren mit Hütten, Hochhäusern, Stadtautobahnen, Zypressen, Feigen- und Pomeranzenbäumen dicht angefüllt. Und über sie hinweg öffnete sich das Panorama bis zu dunkelblauen oder schneebedeckten Gebirgszügen in der Entfernung.

Ich war glücklicher, New York entronnen zu sein, als ich hätte begründen können. Dann bergabwärts ins Institut, ein ehemaliges deutsches Konsulatsgebäude der Kaiserzeit auf halber Höhe am Hang, gelegen um einen Hof mit den hier traditionellen hölzernen Innenbalkonen. Eine von Glyzinien überwachsene Pergola neben hohen und verzweigten Schirmpinien beherbergte das Institutscafé. Das georgische Kollegium war weiblich bis auf den Fahrer, den Drucksachendesigner, einen einzigen Lehrer unter zwei Dutzend Kolleginnen und zwei Hausarbeiter. Ich war, wie ich bald erfahren sollte, in ein Land gekommen, das zwar eine patriarchale Fassade zeigte, in Wirklichkeit aber von Frauen administriert und gesellschaftlich zusammengehalten wurde. Unbefangene Eleganz, zutrauliche, fast zärtliche Freundlichkeit, unbezweifeltes weibliches Selbstbewusstsein vergoldeten schon meine ersten Gespräche am neuen Arbeitsplatz. Beiläufig, atmosphärisch, ohne dass es vieler Worte bedurft hätte, gab man mir zu verstehen, dass es mir hier als Chef gutgehen würde – vorausgesetzt, ich würde mich als männliche Repräsentations- und Beschützerfigur der hier angestammten weiblichen Herrschaft bewähren, statt sie in Verkennung der Situation und westlicher Unkenntnis (wie in der Vergangenheit offenbar öfter vorgekommen war) in Frage zu stellen und durch unnötiges Dominanzgehabe zu stören. In Georgien, spürte ich mit dankbarer Verblüffung, war man längst daran gewöhnt, dass Frauen reale Macht innehatten und dass sie von Männern nichts Größeres – aber auch nicht weniger – erwarteten als deren Duldung, Sicherung und konventionell patriarchale Außendarstellung.

Diese Ordnung der Dinge, würde ich in den nun folgenden Jahren lernen, hatte sich in den gesetzlosen Bürgerkriegs- und Entbehrungsjahren der neunziger Jahre des letzten Jahrhunderts hergestellt (allerdings war staatliche Förderung weiblicher Emanzipation schon eine der wenigen positiven Seiten der Sowjetmacht gewesen), als die Männer kämpften und Frauen Land, Haus und Familienleben, so gut es eben ging, in Gang hielten. Nachdem die Veteranen aus dem Bürgerkrieg zurückgekehrt waren, gab es für viele von ihnen keinen Platz mehr. Auf den Kommandohöhen von Politik, Wirtschaft und Armee herrschten Männer zwar noch vor. Aber schon in der höheren Verwaltung, auf den Universitäten, der Arbeitsebene der Ministerien und eben in den kulturellen Institutionen herrschte mindestens Parität. Vollends in der Familie hatten vor allem die Großmütter das erste und das letzte Wort. Dabei achteten die georgischen Frauen sorgfältig darauf, ihren Männern, Vätern, Boyfriends, Söhnen und Brüdern deren konventionelle Privilegien auf einer symbolischen Ebene nicht streitig zu machen und den patriarchalen Schein aufrechtzuerhalten.

Ich bekam in den nun folgenden Jahren ein realutopisches Gefühl dafür, wie entlastend, erheiternd und befreiend es für Männer ist, Frauen den Machtvortritt zu lassen, wenn Geschlechterparität nicht eine Behauptung oder Forderung darstellt, sondern selbstverständliche, durch Leistung erworbene und allgemein anerkannte gesellschaftliche Tatsache. Weil ich von außen kam, weil mir nichts weggenommen wurde, sondern ich nur darauf verzichten musste, den großen Max zu spielen und in alles Mögliche hineinzuregieren, wovon ich nichts verstand, kam ich in Georgien von Anfang an in den Genuss schon längst emanzipierter Geschlechterverhältnisse. Wobei allerdings die georgischen Frauen ihre neue Stellung mit hoher Arbeitsbelastung, Verantwortung und Risikobereitschaft bezahlen mussten.

Das georgische Scheinpatriarchat als Fassade real wirksamer Beinahe-Gynarchie leuchtete mir schon in meinen ersten georgischen Monaten als grundsätzlich bedeutsame Gegebenheit ein. Indem traditionelle Männerdominanz zu symbolischer Wesenlosigkeit vergeistigt und unter der Hand durch ein undeklariertes Halbmatriarchat ersetzt worden war, hatte sich auch auf anderen Lebensfeldern ein Zwielicht hergestellt, das ich bald als die in diesem vergessenen Tal herrschende geistige Beleuchtung zu verstehen lernte.

Schon im Gewebe der Hauptstadtstraßen verschränkte sich Widersprüchlichstes. Die Modernisierungsadministration der Regierung Saakaschwili hatte begehbare Sinnbilder ihrer politischen Absichten als architektonische Monumente ohne viel Sinn für Kontexte in den Stadtraum hineingestellt: zum Beispiel ein hochmodern helles, leidenschaftlich kundenfreundliches – geradezu wohnliches – One-Stop-Shop-Verwaltungszentrum aus hochaufragenden weißen Pilzdächern auf Betonstelzen; eine wie aus Lichtreflexen zusammengesetzte gläserne Brücke über den Fluss; zwei gigantische stählerne Röhren, die ins Tal hinausragten und Veranstaltungssäle aufnehmen sollten; und schließlich einen Präsidentenpalast auf einer von überall her sichtbaren Höhe über der Stadt. Mit den kolossalen Säulenordnungen seines Portikus und einem gläsernen Kuppelbau zitierte er das Weiße Haus in Washington und den Berliner Reichstag zugleich. Rings um diese hochmodernen Solitäre breitete sich die einem langsamen Verfall preisgegebene Altstadt des orientalischen Mittelalters aus, mit weinlaubumrankten Holzarchitekturen, orthodoxen Kirchen, halbverfallenen Karawansereien und Moscheen; sogar die Ruine eines zoroastrischen Feuertempels gab es. In Restaurants und Bars, deren Interieurs man sorgfältig das Aussehen eines orientalisierenden Fin de Siècle gegeben hatte, sah man von Balkonen, die aus Jugendstilfassaden ragten, auf verwunschene Plätze hinaus. Die Plattenbauten der Außenbezirke wiederum waren auf halsbrecherische Weise realen Bedürfnissen angepasst durch Erweiterungsbalkone, Vorbauten und Zusatzschuppen, die ein georgischer Künstler unter dem Titel »Kamikaze Loggia« 2013 auf der Architekturbiennale von Venedig rekonstruiert hatte – der Beitrag Georgiens zur zeitgenössischen Hybrid-Architektur.

Die Modernisierungsadministration der Saakaschwili-Regierung verwirklichte mit ihren architektonischen Macht-Solitären einen prägnanten politischen Stilwillen. Sie verfolgte ihre modernen Ziele als *ingenieur* im Sinne des Ethnologen Claude Lévi-Strauss, also mit den professionellen Methoden westorientierter Architektur und Verwaltungskunst. Der charismatisch-erratische Präsident Micheil Saakaschwili hatte als Modernisierungsingenieur bereits weithin beachtete Erfolge erzielt: die Beseitigung der Alltagskorruption, eine weitgehende Digitalisierung des staatlichen Handelns, radikale Steuersenkungen, eine neoliberale Industrieansiedlungspolitik und flächendeckende Instandsetzung der maroden postsowjetischen Infrastruktur gehörten zu seiner Bilanz. Die georgische *civil society* derweil konterkarierte und ergänzte das modernistische Staatshandeln als *bricoleur*: Sie nahm, was zur Hand war, kümmerte sich nicht um technologische oder ideelle Folgerichtigkeit und bastelte sich die Bestandteile ihres Ausdruckswillens so zusammen, wie es ihren Lebensanforderungen entsprach. Als ich 2011 nach Tbilissi kam, war wütende Klage über den zunehmenden Autoritarismus Saakaschwilis zwar schon allgemein. Aber man konnte nicht übersehen, dass die Mischung aus Staatlichem und Gesellschaftlichem, die Ineinanderschachtelung widersprüchlicher Herangehensweisen in dieser Stadt und diesem Land funktionierte. Die Menschen waren reicher, selbstsicherer, kreativer, lebensfroher, die Frauen emanzipierter und machtbewusster, die Presse freier und das staatliche Handeln konsequenter auf den Westen ausgerichtet als irgendwo sonst in der postsowjetischen Sphäre.

Das Lieblingsbuch fast jeder Georgierin, die man fragte, stammte aus dem Jahr 1937 und hieß »Ali und Nino«. Der Roman eines aserbaidschanischen Juden namens Lew Nussimbaum, der im Berliner Exil zum Islam konvertiert war und in den zwanziger Jahren unter dem Nom de Plume »Kurban Said« für Willy Haas' »Literarische Welt« schrieb, ist die Liebesgeschichte zwischen einem schiitischen Moslem und der georgischen Christin Nino – sie hat im russischen Tiflis den Westen und seine Emanzipationsmöglichkeiten schätzen gelernt. Über nichts können sich die beiden einigen als nur eben auf ihre Liebe, das prekäre Konstrukt eines gemeinsamen Lebens zwischen den ideologischen und religiösen Fronten. Der allgegenwärtige Frauenname Nino war für die Leserinnen des Jahres 2011 nicht nur derjenige der georgischen Zentralheiligen – einer christlichen Missionarin des vierten nachchristischen Jahrhunderts –, sondern er war auch die literarische Chiffre zeitgenössischen weiblichen Strebens nach Emanzipation und Westorientierung geworden.

Wobei wiederum sich dieses Streben durchaus nicht widerspruchsfrei durchsetzte. Die erwähnte Großmütterherrschaft im Dorf, in der Plattenbausiedlung, im Familienverband zwang junge Frauen zu einem Balanceakt zwischen Tradition und Fortschritt, der dem jener Nino glich. Überhaupt hatte ich den Eindruck, dass georgische Menschen aus zwei verschiedenen Körpern und Seelen bestanden: einer Seite ihres Wesens, die sie – durchaus nicht irgendwie heuchlerisch oder halbherzig – der Moderne zuwandten, die in Tbilissi spielte; und einem Aspekt ihrer selbst, der dem Dorf verhaftet war, aus dem sie gekommen waren und wohin sie am Wochenende oft zurückkehrten – in die Großfamilie, zur Kirche, in Geborgenheit, Authentizität, Horizontlosigkeit und in den »Idiotismus des Landlebens«, wie es Karl Marx und Friedrich Engels genannt hatten. Das »Säftesteigen« aus der Vormoderne reichte schon ein paar hundert Kilometer außerhalb der Metropole noch viel weiter hinab in den Brunnen der Vergangenheit, nämlich durch jenes Dorf-Mittelalter hindurch in die Antike hinunter, und es förderte viel ältere als christliche Energien zutage: Im vorletzten Sommer meiner georgischen Zeit würde ich im westgeorgischen Hochgebirge bei Sonnenaufgang einem nur schwach christlich maskierten Stieropfer beiwohnen, das unverkennbar an den Mithraskult anknüpfte. Die zoroastrische *old-time religion* war in den ersten Jahrhunderten der Zeitrechnung, aus dem persischen Kulturkreis kommend, in den hiesigen Landschaften und bis ins römische Reich hinein verbreitet gewesen und lange eine ersthafte Konkurrenz zum Christentum. Die georgische Kulturen-Multiperspektivität, die sich in Krisen zu Zerrissenheit und fast so etwas wie Wahnsinn radikalisieren konnte, war, fand ich, eine privilegierte Position: gleichgewichtiger Sinn für Moderne und Archaik war der Kern hiesiger Seelen und Lebensläufe.

Es würde nicht lange dauern, bis ich mit ihnen in nähere Berührung kam. Die allgemeine Unbefangenheit im Beginnen von Gesprächen und Knüpfen von Kontakten, eine verschwenderische Freundlichkeit und Interessiertheit, kam dem Fremden entgegen. Mir sind in meiner georgischen Zeit so viele und so authentische persönliche Verbundenheiten zugewachsen wie in keiner anderen Zeit meines Lebens. Ein psychosoziales Netzwerk entstand, das mich heute noch trägt. Ich erfuhr in all diesen Beziehungen, noch einmal, jenen seltsamen und nirgends als in Osteuropa erfahrbaren Gleichgewichtspunkt zwischen Vergeistigung und erotischer Anziehung, Körper und Seele, Moderne und Vormoderne, Dorf und Stadt, Religion und Weltzugewandtheit, Distanz und Nähe, den ich unbewusst oder halbbewusst in meiner Westwelt immer vergeblich gesucht hatte. In Deutschland oder Amerika hatte ich als Erwachsener nicht einmal in seine Nähe kommen können. Allenfalls Traumzimmer hatten mir Bilder dieses Balancezustands gezeigt. Oder, Jahre zuvor in Polen, die Gedichte Czesław Miłosz': jene Sehnsucht des polnischen Modernisten nach der Vormoderne inmitten seiner zeitgenössischen Welt, die er bewohnte, bejahte und zugleich doch, im Interesse schwer zu begründender – eben »poetischer« – Bedürfnisse, zu hintergehen wünschte. *The »Art of Cheating«, again.* Ich war, noch einmal, an die Leerstelle geraten.

Als Typus ihrer georgischen Ausprägung hat mir schon in meinem ersten Jahr dort der damalige Kulturminister Nika Rurua eingeleuchtet, den ich kennenlernte, nachdem ich ihm anbot, meine deutschen Verbindungen zu mobilisieren für den Plan Georgiens, 2018 als »Gastland« bei der Frankfurter Buchmesse aufzutreten. So fuhr ich als Mitglied seiner Delegation im Herbst 2012 nach Frankfurt und arrangierte im Gewimmel der Messestände, Verlegerpartys, Lesungen und Podiumsgespräche für Rurua und seine Kolleginnen allerlei Begegnungen, Essen und Hintergrundgespräche mit Mitgliedern des deutschen Pressecorps, die ich aus meiner Zeit als PR-Funktionär in München kannte. Sein Ministerium seinerseits lud die deutschen Kolleginnen und Kollegen in den folgenden Jahren in wechselnder Zusammensetzung zu Exkursionen nach Georgien ein. So hatte das Land, als es 2018 tatsächlich in Frankfurt zu Gast war, schon Gelegenheit gehabt, seinen seit Sowjetzeiten berühmten Charme zu entfalten, und war in Deutschland bekannter als aufgrund seiner Größe, objektiven Bedeutung und jahrzehntelangen Verschlossenheit zu erwarten gewesen wäre.

Rurua war ein kompakter, jungenhaft wirkender Mann Anfang vierzig, dem einerseits der Ruf vorausging, besonders intelligent, aufgeschlossen und weltläufig zu sein. Andererseits aber umgab ihn eine Aura unbestimmter Gefährlichkeit. Denn er war in den bewaffneten innerstaatlichen Konflikten der neunziger Jahre Mitglied der »Sakartwelos Mchedrioni« (»Ritter Georgiens«) gewesen, einem zu Recht gefürchteten paramilitärischen Freicorps, das am Putsch gegen den ersten postsowjetischen Präsidenten Georgiens Gamsachurdia und an seiner Ersetzung durch Eduard Schewardnadse beteiligt gewesen war. Aber diese Ritter erpressten auch Schutzgelder, begingen alle möglichen Straftaten und führten sich überhaupt auf wie bewaffnete Männerbünde seit jeher, wenn sie von niemandem kontrolliert werden. Die Verdienste der »Mchedrioni« um die Erhaltung und Konsolidierung einer georgischen Staatlichkeit im Chaos des postsowjetischen Bürgerkriegs waren allerdings auch unbestreitbar. Freiheitskampf und Verbrechertum, Moderne und Vormoderne, Männerbund und Reformwille verbanden sich in ihren Auftritten, Feldzügen und Politstrategien unentwirrbar. Die Ungesetzlichkeit, aber auch die Faszination des »heroischen Weltzustands« ragten in Ruruas geistiger Physiognomie bis in die Reform- und Modernisierungsperiode des neuen Georgien hinein.

Mir war der Minister spontan außerordentlich sympathisch. Wir trafen uns vor seinem frühen und überraschenden Tod gelegentlich zu ausgedehnten Abendessen, bei denen er mich, obwohl er selber keinen Tropfen trank, mit den exquisitesten georgischen Weinen traktierte. Ich blättere im Tagebuch: »20.4.2015. Sushi mit Nika Rurua. Er müsse sich in der Stadtlandschaft sehr vorsehen und fahre nie dieselben Wege, angeblich weil er Anschläge des russischen Geheimdienstes fürchtet, vermutlich aber auch aus Angst vor innenpolitisch motivierten Racheakten. Wunderbarer Abend. Wieder der extrem kluge, optimistisch-kämpferische Eindruck von ihm. Man müsse weitergehen auf dem Weg nach Westen. ›Wir haben schon zu viel geopfert, um jetzt noch aufzugeben.‹ Er erzählt von seiner Studienzeit bei dem Philosophen Mamardaschwili, über die Prozesse der neuen Regierung gegen seine abgewählten Regierungskollegen: alles Leute, von denen ich einerseits gehört habe, dass sie enorm viel für das Land und seine Modernisierung getan haben, andererseits aber auch dämonische Geschichten über ungesetzliche Übergriffe. Die Mischung aus Reform und Mafia, das undurchdringliche Gewebe, aus dem dieses Land besteht. Er gibt sich optimistisch für die nähere Zukunft. Seine Selbstsicherheit, aber auch sein jungenhafter, fast ein bisschen pubertärer Primitivismus. Eine geschossartige Geschlossenheit seines Wesens. So reden Bürgerkriegsteilnehmer. Er monologisiert viel. Das Politische nimmt ihn ganz ein. Extrem charmant, er flirtet mit der Kellnerin, zitiert den Besitzer an unseren Tisch, die Freundschaftlichkeit, fast Zärtlichkeit unter georgischen Männern. Später setzt sich ein Filmemacher zu uns, dessen Namen ich nicht verstanden habe und der ihn im Verlauf des Abends ausführlich über die neunziger Jahre befragt, welche Pistolen die Mchedrioni benutzt hätten etc., worüber er sehr offen – sichtlich ein bisschen stolz auf seine dubiose Vergangenheit – Auskunft gibt. Noch später über seine politischen Zukunftsvorstellungen: Es werde sich eine politische und auch militärische Front aus Georgien und der Ukraine gegen Russland herstellen, unterstützt durch die USA und die EU. Dann werde eine Farbenrevolution in Russland ausbrechen. Eine Verständigung mit Putin sei unmöglich. ›But they will never succeed in creating the Soviet Union again.‹ Seltsame Mischung aus beeindruckend, gefährlich, sympathisch, naiv, charmant und verbohrt. Spät fährt er mich nach Hause.«

Rurua, wurde mir beim Wiederlesen meiner Notizen klar, war zugleich ganz Freischärler und ganz westlicher Reformer – etwas, das es eigentlich gar nicht geben konnte. Die georgische Fähigkeit, völlig Gegensätzliches im eigenen Leben auszubalancieren, schockierte mich immer wieder. Sie war ein koloniales Erbe. Die hiesige Lebenswelt hatte sich zeit ihres Bestehens neben den ideellen Staatsapparaten verschiedenster Okkupanten aufrechterhalten müssen. Nach Römern, Arabern, Persern, Byzantinern, Mongolen, Petschenegen, Chasaren in Antike und Mittelalter war es seit zweihundert Jahren das russische Reich gewesen, erst in zaristischer, dann in sowjetischer Gestalt. Hier lebte man lang vor Ankunft des Westens schon in denkbar konträren inneren Universen. Die Georgier überließen die öffentliche Sphäre – nolens volens – den Russen und konzentrierten sich auf ihre »Identität«. Sie waren, wenn sie das Eigene behalten wollten, auf mentale Bastelei angewiesen. Die in ihrer Nischenposition auch etwas Skurriles und Verbohrtes annehmen konnte. Der in Georgien besonders auf dem Dorf und bei den Älteren virulente – mich fast körperlich abstoßende – Kult um den aus Gori stammenden Großverbrecher Joseph Stalin zum Beispiel, war – ich verstand es langsam und widerwillig – seit 1953 eine subversive Möglichkeit gewesen, stolz auf etwas Einheimisches zu sein, das die »sozialistische Völkergemeinschaft« seit dem Sturz des Tyrannen nicht mehr gelten lassen wollte. »Stephan, *Stalin – genius!*«, lautete eine Art Mini-Festansprache, die eine ältere – übrigens herzensgute und hochsympathische – georgische Dame eines geselligen Abends an mich richtete. Ich wusste, dass sie in der sowjetischen Vergangenheit eine Zitrusplantage in Westgeorgien geleitet hatte und sich heute mit einer kärglichen Rente mühsam durchs Leben half. Das angebliche Genie Stalin war ihr Sinnbild einer verlorenen Jugend, einer verpufften Lebensleistung und ihrer Verzweiflung an der Gegenwart. Unterwerfung unter die orthodoxe Kirche war zugleich Widerstand gegen den Leninismus gewesen. Patriarchale Fassaden verbargen matriarchale Realitäten. Archaische Kriegerbünde hatten der Demokratie eine Bresche geschlagen. Die in Nika Rurua, aber auch in anderen georgischen Bekannten und Freundinnen sinnfällig gewordene Unentwirrbarkeit von Mafia und Moderne, heroischem Weltzustand und westorientierter Reformbereitschaft gab mir von allem, was mir auf meiner Lebensreise bisher begegnet war, die genaueste Anschauung darüber, was Rorty mit *irony* gemeint hatte. Denn es war ja eins wie das andere glaubhaft vorhanden, sogar in derselben Person. Ideologisch passte hier nichts zusammen, aber als Ausdruck des Lebens und seiner Bedürfnisse war es folgerichtig.

Die Mehrfachbelichtung aller Fragen, Intentionen und Zustände konnte westliche Kollegen ratlos und geradezu wütend machen. Meinem Wesen jedoch entsprach sie auf verblüffende Weise. Ich bewegte mich in dieser »poetischen« Ideendämmerung mit einer Art Dankbarkeit. Meine neuen Freunde und Freundinnen, schien mir, waren nicht »unvernünftig« – was die Abweichung von Rationalitätsstandards vorausgesetzt hätte, die man als Westmensch für unabdingbar hielt. Sie waren vielmehr »vernunftanforderungsindifferent«. Wenn Max Weber den modernen Menschen nachsagte, sie seien »religiös unmusikalisch«, dann konnte man die Georgier und Georgierinnen »rational unmusikalisch« nennen. Oft verstanden sie mich gar nicht, wenn ich ihnen vorhielt, dass viel von dem, was sie behaupteten, sich doch völlig widersprach. In ihrer Sozialisation hatten sie so viel Sichausschließendes glauben müssen, dass sie sich jetzt nur noch an das Naheliegende hielten. Sie mochten kein Konzept haben. Aber dafür und vielleicht deswegen befanden sie sich in dichterem Kontakt mit ihren Gefühlen und Lebensinteressen, als es in Deutschland oder den USA üblich war. Eine mir nirgends sonst untergekommene Impulsivität führte einerseits zu Katastrophen, andererseits zu einem Wirklichkeitskontakt, dessen Intensität ins Auge stach. Als

Beispiel für das Gemeinte herhalten könnte Präsident Saakaschwilis Befehl, am 8. August 2008 die südossetische Hauptstadt anzugreifen, obwohl die russische Armee an den Grenzen der abtrünnigen Provinz nur auf einen Vorwand zum Losschlagen lauerte. Oder – als Spaßvariante – die Geschichte einer Freundin, die nach dem Anschauen von Scorseses Film »Casino« so begeistert war, dass sie stehenden Fußes eine ererbte Goldkette ins Pfandhaus und den Erlös in eine der eleganten Spielbanken der Altstadt trug, wo er am Roulettetisch auf Nimmerwiedersehen verschwand. Was sie keinesfalls zu Reue oder auch nur Bedauern veranlasste. Im Gegenteil. Sie konnte gar nicht aufhören, mir in glühenden Farben auszumalen, wie toll es dort gewesen sei, welche interessanten Menschen sie getroffen hatte und welche extravaganten Garderoben zu sehen gewesen waren. Und tatsächlich: Wer von uns vernünftigen Westlern konnte schon von sich sagen, eines dieser faszinierenden Etablissements jemals von innen gesehen zu haben? Wussten wir eigentlich, wovor wir warnten? Ich jedenfalls nicht. Vielleicht war ein goldenes Familienerbstück gar kein zu hoher Preis gewesen für den Weltgewinn, der einer jungen Frau mit diesem Ausflug in eine lockende Fremde zuteilgeworden war. Sie hatte etwas unternommen, das sie noch ihren Enkelinnen erzählen würde. Und was ihre Großmutter (von der sie die Kette hatte) bestimmt nicht gewagt hätte. Erleben war für sie an diesem Abend mehr wert gewesen als Gold. Man pokerte hoch in diesem Land, verstand ich, gewann oder verlor, und dann ging es eben weiter. Man lebte. Meine Westseite irritierte der hier herrschende Mangel an Vorsicht, Überlegtheit und Folgerichtigkeit zwar oft. Aber ich fühlte zugleich, dass die georgische Mentalität einen Aspekt meines Wesens ansprach, der im Westen keinen Widerhall gefunden hatte. Auch ich selber, erfuhr ich, hatte eine nichtmoderne Seite. Hier war ich in ein Land gekommen, wo sie zwar nicht mein bewusstes Handeln und meine durchdachten Meinungen bestimmte, aber doch fühlbar wurde.

Es gibt ein sehr seltsames Bild des 1994 ums Leben gekommenen georgischen Malers Karlo Katscharawa. Er war dreißig, als er nach dem sinnlosen und brutalen Angriff eines Unbekannten auf den Straßen Moskaus in einem georgischen Krankenhaus an einer unerkannten Gehirnblutung starb. Sein malerisch-graphisches, kunstkritisches und poetisches Werk aber ist seit seinem Tod Referenzpunkt einer ganzen georgischen Kunstgeneration geworden. Seit ich dieses Ölgemälde Katscharawas in der winzigen sowjetischen Dreizimmerwohnung seiner Schwester zum ersten Mal gesehen habe, bringt es die dortzulande in mir virulent gewordene Schwingung meines Wesens für immer auf den Punkt: »Mama i Kalischwili«, heißt es, »Vater und Tochter«. Wir sehen in eine Stadtlandschaft hinein: Straßenlampen, Häuserreihen, rauchende Schornsteine, ein weiter Himmel – der über Tbilissi, wie man sich vorstellt. Im Vordergrund steht ein mit Hut, Mantel, Bart zugleich hipster- wie auch ein wenig pennerhaft aussehender Mann und schaut ratlos auf eine zu ihm hochblickende junge Frau. Sie ist ein Elfenwesen der gleichen Anmutung, wie es auch viele andere Leinwände

Katscharawas bevölkert, zugleich unschuldig und erotisch, unwirklich und präsent, magisch und einleuchtend, androgyn, umgeben von einer Aura anziehender Ungreifbarkeit und Ambivalenz. Auf der freien Fläche zwischen den beiden steht in schwarzen Lettern und auf Deutsch (Katscharawa verehrte die deutsche Kunst, Sprache und Literatur wie keine andere), was sie zu ihm sagt: »Vater! Komm mit mir! Vater! Vater!« Es war mir sofort klar, welches halbverwischte deutsche Zitat auf dieser Leinwand auftauchte. Goethes »Lehrjahre« kamen wieder herauf in meinem Inneren, und die Atmosphären dieses unerschöpflichen Buchs standen mir vor Augen. Katscharawa hatte in dieser Szenerie im Tbilissi der neunziger Jahre ein Lied zitiert, das Mignon – jenes halb kindliche, halb weibliche, manchmal aber auch wieder männlich »lesbare« Wesen – im Roman dem Helden vorsingt. Es geht darin um das »Land, wo die Zitronen blühn«: Italien vielleicht. »Dahin! Dahin möcht ich mit dir, o mein Geliebter ziehn!«, singt Mignon, »und ihr Laß uns ziehn«, schreibt Goethe, »wußte sie bei jeder Wiederholung dergestalt zu modifizieren, daß es bald bittend und dringend, bald treibend und vielversprechend war.« Der Erzähler betätigt sich im Roman gleichsam als Kulturwissenschaftler, der poetische Outsider-Art aufzeichnet. Er betont, dass der Zauber dieses Gesangs, von dem er »die Worte nicht alle verstehen konnte«, rationale Verfahrensweisen – Verschriftlichung, Einführung von Folgerichtigkeit, Herstellung von Zusammenhang – übersteigt oder unterläuft. »Die kindliche Unschuld des Ausdrucks verschwand, indem die gebrochene Sprache übereinstimmend und das Unzusammenhängende verbunden ward. Auch konnte der Reiz der Melodie mit nichts verglichen werden.« Etwas beispiellos Anziehendes ist im Augenblick von Mignons Singen in die Welt getreten, lautet das erzählerische Fazit. Aber die Vernunft kann es nicht fassen. Der niedergeschriebene, in rationale Sprache übersetzte Text ist nur ein Schatten jenes unwiederholbaren Lebensmoments, den die Erzählung, befangen in ihren Vernunfthorizonten, »nur von ferne nachahmen« kann.

Die ideellen Verhältnisse New Yorks hatten mir ein paar Jahre zuvor als zeitgenössische Wiederkunft der »Gesellschaft vom Turm« eingeleuchtet. In Georgien – verstand ich vor diesem Bild, ohne es doch ganz zu verstehen – war ich an den Ort des Mignon-Komplexes geraten. Eine Romanfigur aus dem 18. Jahrhundert wurde für mich zur Allegorie einer Mentalität und eines Landes. Mignon war auf dieser Leinwand das Sinnbild der georgischen Rationalitätsunmusikalität. In Goethes Bildungsroman ist sie ein Fremdkörper: denn »she don't need no education«. Wilhelm Meister, dem sie sich als ihrem »Vater« anschließt, liebt sie zwar und will für sie sorgen, aber er versteht sie nicht. Aus seiner rationalen Welt heraus und auf seinen sich zunehmend banalisierenden Karrierewegen bemitleidet er sie immer ein wenig. Meister versucht, wohlmeinend und ahnungslos, Mignon einzugemeinden in seine und des Erzählers Rationalitätssphäre. »Er stellte ihr vor, daß sie nun herangewachsen war und daß doch etwas für ihre weitere Bildung getan werden müsse. –

Ich bin gebildet genug, versetzte sie, um zu lieben und zu trauern.«

In vielen Momenten meiner georgischen Freundschaften stieg die Erschütterung, die ich angesichts dieser in den Roman wie hereingestürzt wirkenden Sätze als Student erfahren hatte, als lebendige zwischenmenschliche Realität wieder herauf. Ich erlebte in der hierzulande weitverbreiteten Rationalitätsindifferenz die Priorität des Lebens gegenüber der Vernunft, »The Priority of Democracy to Philosophy«, wie der einschlägige Aufsatz Rortys heißt. »Die Vernunft ist grausam«, sagt Mignon, »das Herz ist besser.« Und, zu Wilhelm Meister: »Behalte mich bei dir, es wird mir wohltun und weh.« Als lebendige Gestalt ging mir in Georgien und an georgischen Menschen in jenen Momenten eine Lebensintensität oder – altmodischer, aber besser – Lebensinnigkeit auf, die ich bisher nur als literarisches Bild für möglich gehalten hatte. Westlichen Freunden, aber auch meiner eigenen westlichen Wesensseite, erschien sie fast als eine Art Irresein. Es tat sich ein Erfahrungsunterschied – eigentlich ein Abgrund – von einer Tiefe auf, wie ich sie weder in Japan noch in Polen, weder in der Slowakei noch in New York erlebt hatte und vermutlich auch in der Zukunft und irgendwo sonst nicht mehr erleben werde. In manchen Augenblicken meines Nachdenkens scheint mir heute, als sei ich zuerst und zuletzt in Georgien dessen ansichtig geworden, was »Leben« heißt – seiner Unerklärlichkeit, Verwirrung, Irrationalität, seiner »Gestaltungskraft linker Hand« (nämlich mit Hilfe von Zufall und Intuition), seiner unfreiwilligen

Tragikomik, seiner Resilienz, seinen Glücksmöglichkeiten und jener Gewalt »wohlzutun und weh«. Aber auch von der anderen Seite her gesehen war der Lebendigkeitsabgrund zwischen Georgien und dem Westen erfahrbar: Eine andere Freundin, die zum ersten Mal in Berlin gewesen war, beschrieb nach ihrer Rückkehr die dort herrschende Coolness als eine Art Theateraufführung. Die deutschen Menschen, sagte sie – »they play cool, because they are afraid to get hurt«. Sie hatte die Turmgesellschaft gesehen und durchschaut.

Dass aber auch mir selber in den georgischen Intensitätsverhältnissen nicht nur wohl-, sondern auch wehgetan wurde, war Grund und Anlass dafür, dass mir dort eine Frau begegnete, von der ich lernen konnte, solche Intensitäten in den Dienst des Rationalen zu nehmen. Es war, fast vierzig Jahre später, ein Wiedersehen mit der Psychoanalyse – freilich in einer unorthodoxen Form. Meine erste Begegnung mit Gestalttherapie hatte Jahre vor der mit zunftgerechter Psychoanalyse stattgefunden. An einem Wintertag in den siebziger Jahren hatte mein bester Freund, ein ehemaliger Mit-Seminarist, Besuch von seinem Bruder, der in den USA eine Ausbildung zum Gestalttherapeuten absolvierte. Eine Ausbildung wozu? Dringlich befragten wir ihn darüber. Nach Gestalttherapeutenart praxisorientiert bot er kurzerhand an, uns einfach mal eine Demonstration zu geben. Im WG-Zimmer meines Freundes stellte sich mit Hilfe zweier Stühle die von den Psychoanalyse-Mavericks Fritz und Laura Perls, Ralph Hefferline und Paul Goodman 1951 erfundene therapeutische Standardsituation her. Und der Bruder aus Amerika entführte uns beide nacheinander binnen weniger Minuten in eine theatrale Arena von Gefühlen, Selbstbildern und Introjekten, die sich bisher nur am Rand unseres Bewusstseinsfelds herumgetrieben hatten, jetzt aber anschauliche Kontur gewannen. Sie saßen als phantasierte Figuren vor uns auf dem leeren Stuhl. Dann wieder wurden sie von uns selbst verkörpert und während alldem gleichsam erkannt: »Ach, du bist das!« Es war die erste Berührung mit einer neuen und aufregenden Dimension des Selbsterlebens. Sie führte uns damals einen Nachmittag lang hinaus über den leibfeindlichen und gefühlsfernen protestantischen Bannkreis moralischen und pseudopolitischen Intellektualisierens, in dem das Evangelisch-Theologische Seminar uns erzogen hatte, aus der Papierwelt ins Leben. Unsere innere Wirklichkeit war uns zum Greifen nahegekommen. Heute noch ist mir gegenwärtig, wie ungewohnt real die verschneite Stadtlandschaft vor dem Fenster aussah, als ich – gleichsam erwacht und noch halb betäubt eine Zigarette rauchend – wieder aus dem Theater meiner Introjekte in die Wirklichkeit zurückfand. Die schneebedeckten Autos und Straßenlaternen da draußen, die fast unmerklich sich bewegenden Zweige der Bäume, die Intensität der Farben in der langsam fallenden Dämmerung, das Gesicht meiner hinter mir stehenden Freundin, als ich mich wieder ins Zimmer hinein umdrehte. Alles hatte neue Konturen gewonnen, eine ungewohnte visuelle Eindringlichkeit. Als sei es jetzt erst in die volle Sichtbarkeit getreten und ich in mich selbst zurückgekehrt. Ein Mini-Satori hatte sich begeben.

Das georgische Wiedersehen mit diesem langvergessenen Gefühl begann an einem frühen Wintersamstagnachmittag im Gesprächsraum der Psychologieprofessorin Tea Gogotischwili, einer entwaffnend freundlichen Dame, in deren Ausstrahlung und Sprechweise das Elegant-Intellektuelle sich mit gesundem Menschenverstand und realistischer Lebensnähe so unkompliziert und heiter verband, dass ich vom ersten Augenblick an größtes Zutrauen fasste. Jene weibliche Autorität, die mir in Georgien von Anfang an so eindrücklich gewesen war, saß in vertrauenerweckender Wesensplausibilität mir gegenüber und wandte mir uneingeschränkte Aufmerksamkeit zu. Ich war vor die rechte Schmiede gekommen. Auch, wie mir gleich klar war, über die emotionale Krisensituation hinaus, die mich zu ihr geführt hatte. Ich begriff, dass ich in diesem Zimmer etwas lernen würde, um dessentwillen ich aus Deutschland für Jahrzehnte in die Welt hinausreisen und bis hierher in den fernen Kaukasus hatte kommen müssen.

Gogotischwilis Büro lag im Parterre eines leicht vernachlässigten Hauses. Aus den Fenstern des Erdgeschosses waren von Holzbalkonen umgebene obere Stockwerke in ersten Stadien des Verfalls zu sehen. Das Anwesen gehörte seit der Sowjetzeit dem Institut für Psychologie der Staatlichen Universität; heute war es nach dessen Gründer Dimitri Usnadse benannt. Sein Porträt (von der Hand des georgischen Modernisten Lado Gudiaschwili) betrachtete ich im Warteraum. Usnadse war nach seiner Teilnahme an der Revolution von 1905 nach Deutschland geflohen, wo er in Leipzig bei

Wilhelm Wundt, einem neukantianisch orientierten Pionier experimenteller Psychologie, auf Deutsch seinen Doktor gemacht hatte. Nach der Oktoberrevolution kehrte er nach Tbilissi zurück, gehörte zu den Gründern der dortigen Universität und entwickelte in den folgenden Jahrzehnten einen eigenständigen Zweig seiner Wissenschaft, den er »Psychologie der Einstellung« nannte. Georgien war während der Sowjetzeit auch in anderen Disziplinen eine von den jeweiligen Parteichefs geschützte Oase experimenteller Wissenschaft in der marxistisch-leninistischen Ödnis des offiziellen Universitätsbetriebs. Zum Beispiel auch die derzeit im Westen diskutierte Bakteriophagentherapie Georgi Eliavas verdankte sich diesem Freiraum. Nach 1990 dann hatten Tea Gogotischwili und ihr Mann die experimentellen und therapeutischen Ansätze Usnadses weitergeführt und sie international vernetzt mit der Gestalttherapie, die im Berlin der Zwischenkriegszeit aus denselben Intuitionen heraus wie das »Attitude«-Konzept Usnadses ihren Ausgang genommen und nach 1933 im amerikanischen Exil und bis in die sechziger Jahre hinein zu einer weitverbreiteten Form humanistischer Psychologie und Therapiepraxis geworden war.

Verglichen mit den Tiefenbohrungen in meine Vergangenheit, die ich in jenem Stuttgarter Analysezimmer seit dem Herbst 1979 betrieben hatte, war Gogotischwilis Verfahren entschuldigungslos oberflächlich und gegenwartsorientiert. Meine Probleme mochten frühkindlichen Erlebnissen entstammen. Aber diese Herkünfte interessierten sie nicht besonders, und sie pflegte sich mit meinen Erörterungen über Mama, Papa und kleine Schwester nicht allzu lange aufzuhalten. »What do you feel now?«, lautete abseits von alldem ihr Mantra. Die Erkundungsreise, die mir jetzt vorgeschlagen wurde, ging in die Tiefendimension nicht der erinnerten Lebensgeschichte, sondern der realen Gegenwart, bis in die körperlichen Begleitumstände aktueller Gefühlslagen hinein. Sie wurden unterm Lichtstrahl dieser Aufmerksamkeit so stark, dass ich das Usnadse-Institut in der Paolo-Iaschwili-Straße mehr als einmal in der erleichtert-aufgeweichten Gemütsverfassung verließ, die überstandenen Ausbrüchen kathartischen Weinens folgt. Immer aber beschenkt mit einem Mini-Satori von der Art, wie ich es an jenem Winternachmittag in den siebziger Jahren vor dem WG-Fenster meines Freundes erlebt hatte. Trainiert wurde in Gogotischwilis Büro der Tigersprung aus dem Vergangenheitsgerede in die lebendige Arena gegenwärtiger Gefühle und Wahrnehmungen. »Lose your mind and come to your senses« – so hatte Fritz Perls seine Methode zusammengefasst, nachdem er sich in den sechziger Jahren im kalifornischen Esalen aus dem vornehmen Berliner Psychoanalytiker mit Praxis am Bayerischen Platz in einen verzauselten Hippieweisen mit – durchaus auch fragwürdigem – Guru-Appeal verwandelt hatte. Für mich war mit seiner Maxime eine Verfahrensweise gefunden, mich in die Nähe dessen zu bringen, was ich an georgischen Menschen bewunderte – an einen realironistischen Ort jenseits aller *final vocabularies* und dicht an dem, was mich wirklich bewegte. Gesundung und Realitätskontakt waren für Tea Gogotischwili nicht als

Überwindung toxischer Vergangenheiten und Introjekte denkbar, sondern nur als Verhandlung mit ihnen. »We have nothing but negotiation«, sagte sie oft. Die Umrisse eines »Seelenparlaments« wurden sichtbar, wo verhindernde Introjekte in produktiven Konflikt mit Lebensregungen kommen und Kompromisse ausgehandelt werden konnten, ein Schauplatz psychischer Demokratie. Auch dieser Ort in mir, ich fühlte es, war in den Leerstellen Polens und der Slowakei schon spürbar gewesen – als Masaryks »kleine Arbeit« abseits der angeblich großen Revolutionen und Perspektiven, als die lebendige Aufmerksamkeit im Blick Adam Michniks, als die Wesenssorgfalt Ryszard Krynickis, als das prägnante Chaos der Gärten und Interieurs von Bratislava, als »Leben in der Wahrheit«.

Eine dichte Annäherung an die Wirklichkeit wurde möglich. Ich begann die Zügel meines Selbst in die Hand zu bekommen. Ein innerer Kapitän war plötzlich an Deck. Ich begann als Regisseur einzugreifen in meinen Lebensfilm. Eine Aufrichtung ereignete sich. Oft in jenen Wochen fühlte ich im plötzlichen und unwillkürlichen Geradewerden meines Oberkörpers, wie ich mich nach den Sessions mit Tea Gogotischwili aus einer Buchperson in einen Menschen aus Fleisch und Blut zurückverwandelte. Ich fand langsam in meinen Körper zurück. Was in Krakau, Bratislava, New York während ganzer Jahrzehnte nur Intuition und Sehnsucht geblieben war, wurde in Tbilissi gegenwärtiger Inhalt meiner Sinne – für immer ausgedehntere und dem Alltag beispielgebende Momente.

Erst Jahre später, wieder zurück in Deutschland, über der Autographie von Fritz Perls und anderen Beschreibungen seines Werdegangs, würde mir die tiefe Verwurzelung dieser Gefühlserkenntnis- und trainingsmethode im präfaschistischen Berlin aufgehen, in den Erfahrungen Perls' als Schauspieler bei Max Reinhardt, im ganzheitlichen Denken des Frankfurter Psychoanalysepioniers Kurt Goldstein, in der Beachtung psychosozialer »Felder« durch den Berliner (später Bostoner) Sozialpsychologen Kurt Lewin, im Expressionismus, der Phänomenologie, der Lebensreformbewegung und in den längst vergessenen Lehren des dadaistischen Schriftstellers Salomo Friedländer. Dessen Begriff der »schöpferischen Indifferenz« zeigte so deutlich in die historische Erfahrung der Leerstelle zurück wie voraus in das zenbuddhistische Vakuum im Zentrum dessen, was Fritz Perls als Kern authentischen Fühlens und Handelns vorschwebte. Wie Ernst Mach, wie Tomáš Garrigue Masaryk und Václav Havel sahen die Anreger und intellektuellen Quellcodeerfinder der Gestalttherapie nicht von den Höhen eines Systems auf die Wirklichkeit herab; vielmehr dachten sie »von unten«, vom Moment her, ausgehend vom Detail, vom Individuum und dessen konkretem Gefühl. Und auf dem Weg der Gestalttherapie nach New York, wo der von Susan Sontag bewunderte anarchistische Universalgelehrte Paul Goodman 1951 den theoretischen Teil ihrer kanonischen Grundlegung »Gestalt Therapy: Excitement and Growth in the Human Personality« geschrieben hatte, waren auch die Intuitionen Emersons, William James', John Deweys und Richard Rortys in sie eingeflossen. Im Umgang mit Ulrich Simon, John Berger, Adam Michnik und Ryszard Krynicki war mir die Leerstelle als menschliche Anmutung fasslich geworden, in Bratislava als Stadtlandschaft, in Emersons säkularen Predigten als *inconsistency*, im Essay als Literaturgenre und im Studiolo als Interieur. »Gestalt« brachte mir die »schöpferische Indifferenz« zwischen Rationalität und Gefühl als Lebenstechnologie nahe.

Auf dem Abaschidse-Boulevard, einer belebten, zu jeder Tages- und Jahreszeit unterm Geäst großer Platanen in romantisches Dunkel getauchten Durchgangsstraße des Tifliser Stadtteils Wake, lag damals noch ein sehr glaubwürdig pariserisch ausgestattetes Bistro, das »Tartine«, in dem sich in jenen Jahren ein Großteil meines Privatlebens abspielte – Lektüre, Notizenmachen, Dates, Geschäftstermine, Flirts mit schönen Unbekannten, Begegnungen mit Freunden oder auch nur einsames Nachsinnen über einem georgischen Bier. Aber auch sehr gut essen konnte man dort. Nachdem man in Georgien ja fast überall exzellent kochte, hatte der französische Besitzer zwei älteren georgischen Damen, erfahrenen Meisterinnen ihres Fachs, die sich nur selten und verlegen im Gastraum zeigten, gründliche Kenntnisse der französischen Alltagsküche nahegebracht, und die Charcuterien, das Steak frites, der Salade Basse-cour, die Quiches und Escargots dort waren von einer Einfachheit, Raffiniertheit und Frische, die ich in meiner Berliner Gegenwart oft schon schmerzlich vermisst habe.

Ein paar Häuser neben »Tartine« befand sich die Einfahrt

in einen der großen Hinterhöfe, die während der sowjetischen Jahrzehnte eine Institution gewesen waren. Noch heute war das psychogeographische Klima des sowjetischen »Mini-Rayons« unter den Bäumen, zwischen den Mülltonnen, Parkplätzen und Sandkästen spürbar. Am Grund dieses unter dichtem Baumschatten wie ein riesenhaftes Terrarium wirkenden Innenhofs wohnte zu meiner Zeit in einer winzigen ebenerdigen Zweizimmerwohnung der deutschgeorgische Schriftsteller und Philosoph Giwi Margwelaschwili, den ich – manchmal in dienstlicher Mission, meistens aber aus persönlicher Sympathie und Neugier – ein paarmal im Jahr zu besuchen pflegte. Margwelaschwili war, als ich ihn in diesen beiden mit Büchern und Manuskripten dicht angefüllten Räumen zum ersten Mal antraf, 84 Jahre alt – und man sah es ihm an. Der früher für seine südländischen *good looks* bewunderte Mann ging mühsam und weit vornübergekrümmt, verließ das Haus nur noch im äußersten Notfall und kultivierte, gleichsam umweht von schütter gewordenem schulterlangem Haar, eine zum Teil dämonische, zum Teil verschmitzt koboldhafte Außenwirkung. Während uns seine Haushälterin in der kleinen Küche mit georgischen Speisen bewirtete, empfand ich meine Besuche bei ihm, die teils zeremoniellen Audienzen, teils philosophischen Disputationen glichen, als Durchblicke oder Durchstiege in die Berliner zwanziger Jahre. Die wurden schon von Margwelaschwilis Sprechweise aus der Vergangenheit heraufbeschworen. Es war jenes halb schnodderige, halb gravitätische Idiom, dessen Klang ich aus den Gesprächen mit Ulrich Simon zu Beginn der achtziger Jahre im »King's College« noch im Ohr hatte. Margwelaschwili war wie mein Londoner Mentor in Tuchfühlung mit dem Kurfürstendamm jung gewesen, als halboppositioneller Wilmersdorfer Anhänger der Swingjugend in den vierziger Jahren, als Bewunderer der Berliner Bar- und Tanzklubszene, die noch bis weit in die Nazizeit hinein existiert hatte, und als Sohn des alleinerziehenden georgischen Geschichtsprofessors und antibolschewistischen Exilpolitikers Tite von Margwelaschwili. 1946 wurden Vater und Sohn vom NKWD in den sowjetischen Sektor gelockt und verhaftet. Tite wurde, was die Familie erst nach 1989 erfuhr, noch im selben Jahr erschossen, der Sohn kam ins sowjetische Speziallager Sachsenhausen und später in die Obhut von Verwandten in Georgien, einem Land, das er noch nie gesehen hatte und von dessen Sprachen – Georgisch und Russisch – er kein Wort verstand. Man kann sagen, dass Giwi Margwelaschwili, obwohl ihm bald eine komfortable Sinekure an der Georgischen Akademie der Wissenschaften zufiel, sein Leben lang aus dem Exil nicht mehr herausfand. Seine Heimat wurden einerseits die philosophischen Bücher seiner deutschen Jugendzeit, vor allem die Edmund Husserls und Martin Heideggers, die ihm erst im sowjetischen Tbilissi zugänglich wurden – ein weiteres Beispiel für die relative Liberalität des sowjetgeorgischen Wissenschaftsbetriebs. Und andererseits spann er sich in seiner Vereinsamung in ein sehr merkwürdiges und idiosynkratisches literarisches Lebenswerk ein, das etwas Närrisches mehr als streifte und für mich, wie ich zugeben muss, leider ungenießbar geblieben ist. Seine Romane und Erzählungen basieren auf der in den Romanen Goethes und Novalis' zum ersten Mal aufgetauchten Idee, dass das Leben der Menschen als Verwirklichung oder leibhaftige Ausgestaltung von Büchern verstanden werden kann. Margwelaschwili projizierte diesen poetologischen Einfall aus der Frühromantik auf die Unterscheidung zwischen »Sein« und »Seiendem«, die Martin Heidegger in seinem Hauptwerk »Sein und Zeit« getroffen hatte. Margwelaschwili zufolge war der Verständnishorizont, der allem Realexistierenden Sinn gibt – eben Heideggers »Sein« –, als die Welt der Bücher gegeben. Das »Seiende« derweil, also wir Menschen und unser Leben, vollzog sich einerseits nirgendwo anders als in den von Literatur vorgezeichneten Horizonten, andererseits aber führten in seinen Romanen auch die »Buchpersonen«, wenn sie gerade nicht gelesen wurden, in ihren zugeklappten Büchern ein »unthematisches« Eigenleben, und es ergaben sich gelegentlich sogar Begegnungen zwischen Buch- und Realpersonen, die dem Autor zufolge ja auf den zweiten Blick sowieso ein und dasselbe waren.

Das seltsame Welt- und Literaturverständnis Giwi Margwelaschwilis, das er im Verlauf unserer jahrelang fortgesetzten Gespräche zum Teil auf eine drollig-befremdliche Weise voraussetzte, teils explizierte und philosophisch begründete, löste weit zurückreichende lebensgeschichtliche Echos in mir aus. Hatte ich meinerseits nicht schon seit meiner buchpersonalen Wohngemeinschaft mit Pierre Bear (also schon bevor ich überhaupt lesen konnte) die deutliche, aber mir selten bewusst eingestandene Empfindung gehabt, mein eigentliches Leben in Büchern zu führen? Als schon etwas größeres – und damals ziemlich unglückliches – Kind war es mir beispielsweise zu einer verschwiegenen Gewohnheit geworden, mich in Tagträumen und besonders vor dem Einschlafen halbstundenlang in die Handlung bestimmter Kinderbücher und später in die Romane Karl Mays hineinzukopieren, so dass ich in diesen Träumereien plötzlich Teil der Handlung des »Fliegenden Klassenzimmers« oder von »Durchs wilde Kurdistan« wurde. Beruhte nicht auch mein erwachsenes Leben inzwischen auf der Idee, dass dessen Sinn für mich ebenso wie der Sinn meines Schreibens in essayistischem Experimentieren mit auf Büchern beruhenden Lebensformen und – ebenfalls nirgendwo als in Büchern niedergelegten – Ideen bestand? War ich nicht, ohne mir darüber bewusst Rechenschaft zu geben, selbst seit langem eine »Buchperson« in Margwelaschwilis Sinn? In seiner Philosophie begegnete mir die Pluralität von Überzeugungsformationen, die mir 1989 als Rortys *irony* eingeleuchtet hatte, als ontologische Eigenschaft einer Welt, die in Wirklichkeit aus Büchern bestand.

Ein weiteres Element im Weltverständnis Giwi Margwelaschwilis wiederum berührte sich mit den Lebendigkeitserfahrungen, die ich im Umgang mit georgischen Freundinnen und Freunden machte und in der Gemütsarbeit bei Tea Gogotischwili reflektierte. Es war seine philosophische Ausdeutung des Jazz. Neben den poetischen und philosophischen Büchern nämlich war es seit seiner Jugend die Musik gewesen, die Giwi Margwelaschwili während seiner Lebensknechtschaft unter den Totalitarismen des 20. Jahrhunderts über Wasser gehalten hatte – und Giwi wäre nicht der Mensch gewesen, der er nun einmal war, wenn er Fan der Tanzmusik Tullio Mobiglias und Eddie Rosners geblieben wäre, ohne eine Philosophie daraus zu machen. Für ihn war der Rhythmus eine ontologische Gegebenheit, die Offenbarung einer Lücke im Sein, durch die das Neue und die Freiheit ins Leben traten. In ein Leben, das allzu oft durch falsche Bücher in etwas hineingezwungen gewesen war, das er »Monothematizität« nannte. Monothematizität im nationalistischen, kommunistischen oder sonstwie totalitären Sinn verfehlte die »polythematische Offenheit«, die dem Sein dadurch zuwuchs, dass gelungenes Leben im Gegensatz zum verfehlten nicht nur durch das eine Buch bestimmt ist – Hitlers »Mein Kampf«, Lenins »Was tun?« zum schlimmen Beispiel –, sondern durch die lebendige Diversität der vielen, vielfältigen und auch widersprüchlichen Bücher. Das wahre Sein war offen, das falsche auf ein einziges Buch beschränkt. Einem entlaufenen Pietisten und Spartakisten wie mir musste man das nicht zweimal sagen, es formulierte meine entscheidenden Lebenserfahrungen. Unvergesslich ist es mir, wie Margwelaschwili die Erfahrung des Rhythmus mit seinen Knöcheln auf die Platte seines Küchentischs trommelte. Jazz, Musik überhaupt, das Dionysische, das »Laster« – er intonierte das Wort mit einer unnachahmlichen, zugleich abgründigen wie sybaritischen Färbung – war ontologisch, das falsche, monothematische Leben logisch. Und Ontologie war stärker als Logik – seiner Ansicht zufolge der Grund, warum sowohl das nationalsozialistische wie das kommunistische System dem Untergang geweiht gewesen waren.

Rhythmus, Gefühl, Intuition, Spontaneität, Körperlichkeit, Folgerichtigkeitsindifferenz, Kontakt statt Konzept, das Leben mit einem Wort: Es ist stärker als die bösen Bücher. Die Kunst besteht darin, das Buch des Lebens so zu verfassen, im Seelenparlament eine solche Politik zu verfolgen, dass es gut ausgeht mit uns. Das war die Lehre, die mein vorletzter Dienstort mir auf meinen weiteren Weg mitgab. Das in Georgien für immer verstanden zu haben, war mir so wichtig, dass ich eine Zeitlang nicht nur erwog, sondern konkret plante, für den Rest meines Lebens hierzubleiben. Ein Grundstück in einem Dorf abseits der Großstadt war schon gekauft. Von einer Mauer umgeben, mit Walnuss-, Kirsch- und Kakibäumen an einem Zufluss des Aragwi vor Bergen gelegen, bot es Aussichten wie in ein Landschaftsgemälde Nicolas Poussins. Erst nachdem ich mich ein paar Jahre auf die mit diesem Besitz verbundene Perspektive gefreut hatte, wurde mir klar, dass sie eine Illusion war. Oder eine Gefahr. Es war der Wunsch, endgültig heimzukommen. Aber für mich und mein Wesen, verstand ich langsam und bruchstückweise, würde es eine Heimat nur in meinem Kopf und in meinen Büchern geben. Und gerade für mein Schreiben hätte das Pensionärsleben in Georgien eine Begrenzung und zuletzt Beschädigung bedeutet. Ich würde hier so wenig eine Heimat finden, wie ich in Polen Pole oder in den USA Amerikaner geworden war. Ich verstand, dass ein dauerhafter Aufenthalt für mich nur möglich war im Sprachraum meiner Bücher und in möglichst weiten Zwischenräumen konträrer Sprachspiele und Seelenländer. Also allenfalls in Berlin, wo sich das Sozialistische mit dem Kapitalistischen, das Deutsche mit dem Türkischen, das Polnische mit dem Arabischen, das Bürgerliche mit dem Anarchistischen mischte – wo einzig in Deutschland die verschiedenen Zeiten, Herkunftsländer und Ideologien den unentwirrbaren Lebensmarmorkuchen bildeten.

Abschied war unumgänglich. Einen wüstenheißen Julitag des Jahres 2017 lang ging ich zum letzten Mal die Wege durch das bergige Macchialand hinter meinem Haus; ich tauchte noch einmal in die langen Nächte mit meinen Freundinnen und Freunden. Ein bis zu Tränen emotionaler Abschiedsempfang im Institut, und am Morgen danach trat ich, noch im Schlafanzug, auf meinen Balkon, in der bangen Erwartung, das offizielle Ende von dreißig Jahren Berufstätigkeit werde das vielberufene »Loch« in mir hinterlassen. Die Abhänge voller Einfamilienhäuser, Schuppen, Bäume, Treppen, Weinranken und Geröllhalden vor mir glühten in der Sonne. Ein wildes Gefühl der Befreiung kam über mich. Es hielt meine letzten Tage in Georgien über an und ist jedes Mal, wenn ich seitdem wieder dort war oder auch nur an das Land dachte, in mir aufgetaucht. Die Umzugsleute kamen, die braunen Packpapierkartons erfüllten meine Wohnung und verschwanden. Fast alle meine Möbel und die Hälfte meiner Bücher hatte ich verschenkt. Noch ein paar Tage im Hotel, und an einem strahlenden Sommermorgen fuhr mich der mir unwiderruflich in Georgien ans Herz gewachsene Lebensmensch in meinem alten Mercedes – und auch der würde hierbleiben – zum Flughafen. Ich nahm die Maschine nach Minsk, wo ich noch ein Jahr lang kommissarischer Institutsleiter sein sollte. Unter dem mir verbliebenen Hausrat in den Containern der Umzugsfirma befand sich – in Luftpolsterfolie fest verschnürt – Karlo Katscharawas Gemälde »Mama i Kalischwili«.

Auf dem Unabhängigkeitsboulevard

Die ersten belarussischen Nächte während der Minsker Wohnungssuche verbrachte ich im Hotel »Monarstyrski«. Man tanzte auf den Straßen. Es störte mich nicht, es freute mich. Ich sah in dem sommerlichen Lebensfest, das in den Straßen der schönen alten Stadt ausgebrochen war, den Anfang vom Ende der letzten kommunistischen Diktatur in Europa. Allerdings vermutete ich die belarussischen Menschen in der ersten Phase eines langandauernden Reformprozesses, nicht am Vorabend eines Umsturzes und dessen blutiger Niederschlagung. Die Barrikaden des Sommers 2020 lagen noch in der Zukunft. Wir – die feiernden Massen in der Minsker Altstadt ebenso wie der gerade aus Tbilissi eingeflogene Beobachter – lebten im August 2017 in einer vorrevolutionären Situation. Aber wir wussten es nicht.

Im Gegenteil. Während meines Jahres in Belarus schien ich in eine Zone vorsichtiger Öffnung gekommen zu sein, in eine Zeit langsamer Fortschritte, eines taktischen Rückzugs der Diktatur und immer deutlicherer Selbstbewusstseinsbekundungen der Mittelklasse. Zwei Jahre später, im August

2020, trat sie auf die politische Bühne. Sie bestand aus zugleich entschlossenen und besonnenen, von ihrem plötzlichen Mut selbst überraschten Menschen, vor allem und besonders prominent: Frauen. Jetzt füllte die belarussische Zivilgesellschaft die Straßen nicht mehr, um zu tanzen, sondern mit der Forderung nach vollständiger demokratischer Freiheit, und ich fieberte mit in meiner komfortablen Berliner Entfernung. Eine andere Zeit schien in die Gegenwart eingebrochen: der Herbst 1989. Ich drückte ihnen in Hoffnung und Angst die Daumen: Natascha und Olga, Ludmilla und Oksana, Wassily und Sascha. Meine Minsker Freunde waren mir jetzt viel näher als all die aufgeklärten Bekannten und wohlinformierten Westkommentatoren, denen sie so lang egal gewesen waren. Denn der bundesrepublikanische Politikbeoachtungsbetrieb war überrascht, geradezu schockiert. Ausgerechnet Belarus? Wo lag das überhaupt? Als ich – noch im Frühling 2018 – mit deutschen Freunden, deren Vorliebe für abenteuerlich ausgefallene Reiseziele im Bekanntenkreis notorisch ist, von Minsk aus zu einer vierzehntägigen Autoreise zwischen Witebsk, Gomel, Pinsk und Brest aufbrach, erreichten uns aus Deutschland WhatsApp-Nachrichten, die ironisch der Vermutung Ausdruck gaben, dass wir jetzt ja wohl endgültig verrückt geworden seien. Ob wir demnächst auch Nordkorea bereisen wollten? Wir flachsten auf unseren Mobiltelefonen zurück während einer Paddeltour durch die Pripjet-Sümpfe. Es herrschte lückenlose Internetabdeckung in einem der einsamsten Landstriche Europas. Wir fuhren auf gut ausgebauten Straßen dahin, fanden fast überall ohne Voranmeldung komfortable Hotels und bewunderten die nach der sowjetischen Zerstörung wiederaufgebauten Kathedralen von Witebsk – die Skyline aus Chagalls Gemälden war neu erstanden. Wir durchwanderten die exquisit renovierten Schlösser in Gomel, Mir und Njaswisch, aßen zum Abschluss unserer Reise hervorragend im »Café de Paris« in Minsk und verbrachten die noch verbleibenden gemeinsamen Abende in den Bars und Bistros der Innenstadt. Sie lagen in Straßen, die nach Lenin, Engels und Dserschinski benannt waren – aber wir begegneten dort modernen, freundlichen, zugewandt-interessierten und auffallend stilvollen jungen Menschen. Sie hatten in Vilnius, New York oder Boston studiert, vorzugsweise Mathematik und Informatik.

Wer wusste damals, dass Belarus einer der weltweit erfolgreichsten IT-Standorte ist? Das Geheimnis dieses unbekannten und unterschätzten Landes lag schon seit Jahrzehnten darin, dass dort eine junge, bestens ausgebildete, unterbezahlte und politisch mundtot gemachte Mittelschicht von einem Staatsapparat regiert wurde, der die Mentalitäten der Breschnew-Ära in die globalisierte Moderne verlängerte. Der Kontrast war während meines Minsker Arbeitsaufenthalts fast surreal: einerseits der öffentlich meist unsichtbare Despot in seinem martialisch gesicherten Palast – architektonisch irgendwo zwischen saudiarabischer Moderne, Versailles und Ceaușescus Bukarester »Haus des Volkes«. Und andererseits die interessanten, bescheidenen, für ihre Jobs und Saläre überqualifizierten Menschen, mit denen ich dort zu tun hatte, die mir eine elegant möblierte kleine Wohnung in einem Plattenhochhaus vermieteten, mir in hipsterhaft eingerichteten Salons die Haare schnitten, bei »Zara« einen neuen Mantel verkauften, um die Ecke Sushi servierten, als seien wir in New York. Sie waren angezogen wie ihre Pendants in den angesagten Gegenden von London oder Paris. Ganze Straßenzüge weit waren in Minsk aufgelassene Fabriken verwandelt worden in Co-Working-Spaces, Galerien, Cafés und Musikveranstaltungsorte. In einem dieser Clubs unterhielt ich mich eines Nachts mit einer Dame, sie war vermutlich Mitte zwanzig. Ihr Kopf war auf einer Seite kahlgeschoren, auf der anderen Seite wallte hüftlang eine neonblau gefärbte Mähne, und als ich sie fragte, was sie beruflich so mache, versetzte sie fast wegwerfend, sie stehe der Entwicklungsabteilung einer Softwarefirma vor. Das, dachte ich damals sofort, ist die Lage in Belarus.

Innenpolitisch ließ sich das Land am genauesten beschreiben mit einem Begriff, den der australische Politologe John Keane geprägt hat: als »Neue Despotie«. Die Neuen Despotien haben – vom Westen weitgehend ignoriert und fehlinterpretiert – eine explosiv dynamische Wachstumsregion zwischen China, Russland, Aserbaidschan, Saudi-Arabien, Kasachstan und Belarus etabliert. Sie ist das Zentrum eines nicht-okzidentalen Wirtschaftswunders. Auf dem Minsker Flughafen werden An- und Abflüge nicht nur auf Belarussisch und Englisch angezeigt, sondern auch auf Chinesisch. Chinesische Konzerne hatten zwanzig Autominuten entfernt auf der grünen Wiese einen hochmodernen Wohn-,

Produktions-, Kongress-, Messe- und Bürokomplex errichtet, eine chinesisch-belarussische Stadt zwischen Wäldern und Kolchosen. Modernste IT-Entwicklung und Gaming-Industrie koexistierte mit Fünfjahresplänen und Staatsbetrieben, die nicht anders funktionierten als 1985. Die für dieses paradoxe Entwicklungsmodell notwendigen Mittelklassen sind hervorragend ausgebildet und das Rückgrat der Nationalökonomie. Die Neuen Despotien bieten ihnen alle Freiheiten außer den bürgerlichen. Sie können Geld verdienen und ausgeben. Aber sie haben weder freie Presse noch freie Wahlen oder eine unabhängige Justiz. Und so ist ein Unsicherheits- und Kippmoment in diese Entwicklungsdiktaturen eingebaut, das einen an die klassische marxistische Analyse des französischen Bonapartismus im 19. Jahrhundert denken lässt: »Bonaparte als die verselbständigte Macht der Exekutivgewalt«, schrieb Karl Marx im »18. Brumaire des Louis Bonaparte« über den historischen Vorgänger Alexander Lukaschenkos, »fühlt seinen Beruf, die ›bürgerliche Ordnung‹ sicherzustellen. Aber die Stärke dieser bürgerlichen Ordnung ist die Mittelklasse. (…) Er ist jedoch nur dadurch etwas, daß er die politische Macht dieser Mittelklasse gebrochen hat und täglich von neuem bricht. (…) Aber indem er ihre materielle Macht beschützt, erzeugt er von neuem ihre politische Macht.« Marx hatte in seinem Aufsatz 1852 nicht nur die paradoxe Innenpolitik Napoleons III. analysiert, sondern auch die Staatsführung des belarusssischen Diktators.

Außenpolitisch dagegen praktizierte Lukaschenkos Staatsapparat damals noch ein Spiel, das der amerikanische Sicherheitsexperte Nikolas Gvosdev witzig und treffend als »Eurasian Shuffle« bezeichnet hat. Es war die rhetorische Schaukelpolitik zwischen Annäherung an die EU und Angst vor jenen »Farbenrevolutionen«, für die Neue Despotien aufgrund ihrer immanenten Instabilität sehr anfällig sind. Lukaschenkos politische Angebote in Richtung EU sind bekannt. Und heute Geschichte. Niemand weiß mehr, dass er sich 2014 zum Beispiel geweigert hat, die russische Annexion der Krim völkerrechtlich gutzuheißen. Seit dem Februar des Jahres 2022 nimmt seine Armee an der militärischen Zerstückelung und Zerstörung der Ukraine tätigen Anteil. Seine EU-Orientierung zeigte sich während meiner Minsker Zeit aber auch in einer erstaunlich weitgehenden Bereitschaft, in kulturellen Fragen lange Leine zu lassen. Als Leiter des Minsker Goethe-Instituts hatte ich keinerlei Eingriffe, Zensurmaßnahmen oder Ähnliches beobachten können. Und während frühere Kolleginnen und Kollegen berichteten, dass der Geheimdienst unter anderem immer wieder demonstrativ in ihre Wohnungen einbrach, zeigte man mir nur einmal die Instrumente, als eine meiner Vorgängerinnen mich anrief. Da brach das Gespräch plötzlich ab, und eine Aufnahme dessen, was wir einige Minuten zuvor gesagt hatten, wurde mir vorgespielt.

Die Minsker Zentrale des KGB, wie der Geheimdienst dort allen Ernstes heute noch heißt, liegt am zentralen Unabhängigkeitsboulevard. Ein wunderschönes Gebäude des stalinistischen Klassizismus, ein Palladio-Pastiche. In einer

Gasse dahinter war eine Tapas-Bar, wo ich mit Partnern und Gästen nach Veranstaltungen einzukehren pflegte. Von Tischen auf dem Bürgersteig sah man, wenn man die Blickrichtung ein bisschen änderte, die stacheldrahtbewehrte Mauer des Gefängnisses, das sich hinter der architektonisch berückenden KGB-Straßenfassade versteckt. Dort, dachte ich damals, wohnt das Monster der Vergangenheit, und es liegt im Sterben. Heute ist klar, dass es nur geschlafen hatte.

Lukaschenko entschied sich im Spätherbst 2020, nachdem er grünes Licht aus Moskau erhalten hatte, die politischen Ansprüche der jungen Mittelklasse, die er in den letzten Jahrzehnten selber erzeugt hatte, mit Hilfe seines intakten postsowjetischen Militärapparats zunichtezumachen. Offenbar waren die Würfel, die Wladimir Putin in der Hand hielt, damals schon gefallen: Krieg gegen den Westen. Wir wussten es nicht, und ich hätte es damals auch nicht glauben wollen. Es widersprach dem Augenschein. »Nur noch die Gesellschaft vom 10. Dezember kann die bürgerliche Gesellschaft retten«, hatten sich die Machthaber in Moskau inzwischen jedoch längst überzeugt, »nur noch der Diebstahl das Eigentum, der Meineid die Religion, das Bastardtum die Familie, die Unordnung die Ordnung« (noch einmal Karl Marx im »18. Brumaire«). Man musste 2020 nur Facebook befragen, um zu wissen, dass die belarussische Mittelklasse nicht mehr von Lukaschenko regiert werden wollte. Die offene Frage war nur, ob er sie weiter regieren konnte, und diese Frage ist im Kreml entschieden worden, irgendwann zu Beginn der zwanziger Jahre. Lukaschenko würde jetzt mit

Gewalt regieren. Es war die gleiche Gewalt, die zu Stalins Regierungszeit offen terroristisch geherrscht hatte, später in grauer Bürokratenverkleidung unter der Hand. Nach der Niederschlagung des friedlichen Aufstands fällt sie, aus langer Ankettung befreit, jetzt wieder her über meine Freundinnen und Kollegen. Meine Mails und Messages erreichen sie nur noch selten.

Ich aber ging in Berlin spazieren während der revolutionären Sommer- und Herbsttage des Jahres 2020 – als das Schicksal des Landes noch in der Schwebe war – und dachte an die Straßen und Parks von Minsk, die jetzt voller Menschen, Blumen, Spezialkräfte, Lichterketten, selbstgemalter Transparente und weiß-rot-weißer Fahnen waren. Man weiß im Westen nicht, wie schön diese Stadt ist, und wie architekturhistorisch aussagekräftig als durchwanderbare Enzyklopädie der Sowjetmoderne. Erinnerungen an meine erste Fahrt durch das verschneite Minsk, spätnachts im Winter 2014, tauchten auf in mir, meine erste, noch flüchtige Bezauberung durch die Architekturen, der erste *coup de foudre* von vielen, die noch folgen sollten. Noch dem einsamen, übernächtigten Reisenden auf der Taxifahrt vom Flughafen musste in jener Winternacht auffallen, dass die von Scheinwerfern angestrahlte Folge historistischer Paläste, die sich theaterkulissenhaft in immer phantasmagorischerer Prächtigkeit zu Seiten des Champs-Elysées-breiten Unabhängigkeitsboulevards von Minsk entfalteten, geradezu bestürzend schön war. Obwohl sich die sanften Hügel der belarussischen Landschaft bis in die Innenstadt fortsetzen, sind die

Traufhöhen der champagnerfarbenen, von weißen Porticos, Säulen, Pilastern und Freitreppen gegliederten Ministerien, Wohnpaläste, Universitätsgebäude, Fabriken und Museen so genau aufeinander abgestimmt, dass sich der Eindruck geschmeidehafter Einheitlichkeit ergibt – Resultat einer, wie ich später erfuhr, ausgepichten staatlichen Planungsästhetik, die in den späten vierziger und frühen fünfziger Jahren keine Straßenecke, keine Dachform, keine Fensteranordnung unbedacht gelassen hat. Höchst individuell durchgestaltete Baukörper, deren formale Muster der italienischen Renaissance und dem russischen Klassizismus entstammen, erzeugen ein prägnantes Gesamtbild. Angeleuchtete Balustraden hoben sich hoch auf neobarocken Fassaden gegen den schwarzen Himmel ab. Unter dem Straßenniveau gelegene Parks taten sich dunkel hervor hinter Begrenzungsmauern, wo in regelmäßigen Abständen eisschrankgroße Vasen standen. Das Taxi überquerte eine von gusseisernen Geländern eingerahmte Brücke. Man sah auf eine weite nächtliche Wasserfläche hinab, an deren Ufer ein Monopteros weiß schimmerte und zu der zwischen großen Zierkugeln breite Treppen von den Parkbäumen zu dem hier aufgestauten Fluss hinabführten. Hinter durchsichtigen Winterwipfeln standen die Säulen eines klassizistischen Schlosses auf einem Hügel im Scheinwerferlicht: das Dienstgebäude der Generalität der belarussischen Sowjetrepublik, wie ich am folgenden Tag im Reiseführer las. Ein neogotisch aufstrebender Turm rechts davon trug den Sowjetstern.

Später würde ich mir aber auch die modernistische Querachse erwandern, die der Masterplan von 1965 projektiert hatte und die nicht fertig geworden ist während der historischen Frist, die dem Sozialismus noch blieb. Die Lücken aber, die der stalinistische Bauboom in der Innenstadt offen gelassen hatte, komplettierte man in den sechziger und siebziger Jahren durch modernistische Musterbauten, die inzwischen von internationalen Architekturhistorikern geflissentlich studiert werden. Das historische Minsk ist durch die deutsche Eroberung – und während der Gegenoffensive nach 1942 von der sowjetischen Luftwaffe, die die Besatzer ohne Rücksicht auf die eigene Zivilbevölkerung mit Flächenbombardements belegte – so gut wie völlig zerstört worden. Die Rote Armee befreite im Sommer 1944 einen Schutthaufen, in dem nur noch wenige Tausend Menschen lebten und nur noch ein paar Hundert der Juden, die vor der Invasion ein Drittel der Großstadtbevölkerung ausgemacht hatten. Der Wiederaufbau von Minsk war das urbanistische Nachkriegsprestigeprojekt der Sowjetmacht. Anders als im unzerstörten Moskau, dessen mittelalterlicher Kern, dessen barocke und klassizistische Viertel das urbane Idiom des Stalinismus immer schon relativierten und verunklarten, konnte es sich hier rein verwirklichen. Diese Stadtlandschaft sendet bis heute sozusagen an jeder Straßenecke ideologische Botschaften aus.

Eine Bedeutsamkeitsdichte, die auf das 19. Jahrhundert und weiter zurück auf die Renaissance verweist, ist der entscheidende Unterschied zwischen dem sozialistischen und dem westlichen Bauen in den späten vierziger und den frühen fünfziger Jahren gewesen. Es gab im stalinistischen Bauen, ebenso wenig wie in anderen Genres des damaligen Kulturlebens, nichts Zufälliges oder Harmloses. Wer demnach konkret wissen, zeitgenössisch anschauen und sich mit den eigenen Füßen erwandern will, was die Sowjetunion war, muss nach Minsk fahren. »Terror und Traum« – mit dem Titel seines Buches über das Jahr 1937 hat Karl Schlögel die gültige Formel für das Widersprüchliche dieses Staatswesens geprägt. Die aufständische junge Mittelklasse von Minsk hatte 2020 das stalinistische Paris in die Stadt der französischen Revolutionäre von 1830 und 1848 zurückverwandeln wollen, in die Stadt der Kommunarden von 1870. Aber die Boulevards der sowjetischen Haussmanns hatten sich für die Antiinsurrektionsstrategien Lukaschenkos dann als genauso ideal erwiesen wie die des Pariser Stadtbaumeisters 1871 für das Vorhaben des Staatspräsidenten Adolphe Thiers', die Commune zu massakrieren. Es war, als würde ich im Herbst 2017 und Frühling 2018, teils zur Strafe für meine marxistischen Jugendverirrungen und teils zur Belehrung über sie, am Ende meiner Lebensreise durch Straßen geführt, die mir die Eleganz und zugleich die Toxizität philosophischer Konsequenz und Eindeutigkeit rein vor Augen führen sollten. Die Straßen von Minsk waren ein Modell dessen, was ich durch Leben und Arbeiten in sieben Ländern zu verlernen mich bemüht hatte. »Streets that follow like a tedious argument / of insidious intent / to lead you to an overwhelming question«, wie es in T. S. Eliots »The Lovesong of J. Alfred Prufrock« heißt. Meine Frage aber war, wohin ich mich jetzt wenden sollte und was ich dort lernen würde. »Let us go then, you and I.«

Dabei war die – mich zeitweilig tatsächlich fast überwältigende – Frage meiner Rückkehr schon so gut wie beantwortet, mein Rätsel der Ankunft eigentlich gelöst. Nachdem ich den Georgien-Plan verworfen und nur eine Weile noch mit der Idee geflirtet hatte, mich vielleicht in der liberalen Stadtlandschaft von Bratislava anzusiedeln, war die Intuition, dass es mit mir nach Berlin gehen müsse, stärker als alle anderen Überlegungen. Berlin ist, man weiß es, eine sehr seltsame Stadt: größer als fast alle und uneinheitlicher als jede andere in Europa. Die Welthauptstadt der *wobbliness*. Lang war Berlin mindestens zwei Städte, inzwischen, stellte ich bei Besuchen fest, wenn ich aus meinen verschiedenen Dienstorten hierherkam, hatten sich die Städte, die »Berlin« hießen, unübersehbar vervielfältigt – von den arabischen und türkischen Boulevards in Neukölln und Kreuzberg über die Start-up-Hinterhoflandschaften an der Spree zu den altweltlichen Villen des Grunewalds, dem »deutschen Minsk« der Karl-Marx-Allee und des Alexanderplatzes, den postsozialistischen Quartieren von Köpenick, Spandau oder Pankow und den linksgrünen Bürgeralleen des Prenzlauer Bergs. Berlin war ein Museum aller politischen und lebenspraktischen Dialekte, die in der jüngeren Geschichte des Landes gesprochen worden waren.

In den Jahren seit 2018, nachdem ich mich am Engelbecken auf dem Terrain des ehemaligen Todesstreifens etabliert hatte, ging ich in Berlin spazieren, besonders intensiv während der winterlichen »Lockdowns« der Jahre 2020 und 2021, als ich außerhalb meiner eigenen vier Wände nichts tun konnte, als durch das Weltmuseum der Berliner Straßen zu wandern. Es waren Streifzüge durch menschenleere Straßen, auf denen ich mein Wissen über die Geschichte der Stadt mit den konkreten Ansichten verglich, die sich mir boten. Aus Ruinen entwickelten sich in meinem Innern die unsichtbaren Städte, die hier einmal gestanden hatten. Obwohl viele der Schlösser, Museen, Opernpaläste und Bürgerhäuser des Zentrums um die Spreeinseln nach verschiedenen Geschichtszerstörungen wieder rekonstruiert worden waren, umgab sie Gespensterluft. Manchmal bestand das untergegangene Berlin nur aus einem Straßennamen, wie zum Beispiel in der auf den Spreekanal zuführenden Sperlingsgasse, die in Wilhelm Raabes literarischen Genreszenen ein komplettes Kleinbürgeruniversum gewesen war und jetzt nur noch kahle Plattenbaufassaden zeigte. Auf dem Forum Fridericianum, vor dem barocken Palast der Humboldt-Universität, gedachte ich der Konzeptionsdebatten der Brüder Humboldt, Schleiermachers und Friedrich Wilhelms III. vor der Gründung im Jahr 1809. Dann wieder stand ich im rekonstruierten historischen Viertel um die Nikolaikirche, das mich an die Altstadt von Warschau erinnerte, oder stolperte frierend in den kein Ende nehmenden Ausfallstraßen des Ostens herum. Sie führten nach Minsk und Moskau weiter, »like a tedious argument of insidious intent«, durchs winterlich verlassene Eurasien. Auch wenn für mich Berlin in meinen ersten Jahren von der Pandemie für Monate in eine Geisterstadt verwandelt worden war und sich davon bis heute nicht ganz erholt hat: In der Vielfalt seiner *urban vocabularies*, aber auch in der unsnobistischen Promiskuität der Milieus dieser Stadt war die deutsche Metropole der Ort, an dem Europa der Idealstadt nahekam, die sich in New York immer wieder verwirklicht hat. Man musste nicht das Bonmot des Kunsthistorikers Karl Scheffler bemühen, der die Stadt dazu »verdammt« sah, »immerfort zu werden und niemals zu sein«, um zu verstehen, dass gerade Berlin ein urbanistischer Inbegriff dessen war, was ich in der Welt erfahren zu haben glaubte und wo ich nach meiner Zeit in sieben Ländern folglich hingehörte.

Kurz vor meiner Ankunft in Berlin starb mein Freund Michael Rutschky, dessen Lebenswerk – er selbst hatte sein Genre bezeichnet als »Kunst der soziologischen Feinmalerei« – ein deutsches Pendant von *pragmatism* und »kleiner Arbeit« gewesen war. Unter den deutschsprachigen Schriftstellern ist er bis heute ein unterschätzter. Sein inneres Bild hatte mir beim Schreiben jahrzehntelang über die Schulter gesehen. Der erste Gast in meiner Berliner Wohnung war unser gemeinsamer Freund Kurt Scheel, der mich als Herausgeber des »Merkur« jahrzehntelang gedruckt hatte. Auch er war über all die Jahre meines Schreibens, wie Rutschky, ein zuverlässiges Korrektiv gewesen, wenn ich in Gefahr war, mich einer großen Lösung hinzugeben, statt kleine Fragen zu stellen und genau hinzusehen. Wir saßen auf meinem Balkon in der hochsommerlichen Abendsonne, sahen in den ehemaligen Todesstreifen hinab und tranken Champagner.

Er konnte nicht aufhören, darüber zu reden, wie herzlos Rutschky ihn in seinen posthumen Tagebüchern – Scheel hatte sie in jenen Tagen druckfertig gemacht und mit einem Vorwort versehen – intellektuell und menschlich herabwürdigte. Er kam mir bei dieser Begegnung vor wie ein durch den deutschen Bildungssnobismus tödlich Verwundeter. Zwei Wochen später erreichte mich die Nachricht, dass er sich das Leben genommen hatte. Und nachdem der Tod meiner Mutter 1990 den Beginn meiner Lebensreise im Ausland überschattet hatte, starb, als sie im Sommer 2018 zu Ende ging, auch mein Vater. Ich fuhr zwischen Berlin und dem Bodensee hin und her, löste seinen Haushalt auf, verkaufte die bibliophilen Teile seiner Bibliothek an einen Baseler Antiquar, verschenkte die meisten Antiquitäten meiner Mutter, begrub ihn, verkaufte sein Haus und verschickte die Einladung zu einer Trauerfeier an Familie und Freunde. Mein Vater war 1922 in dem oberschlesischen Pfarrhaus zur Welt gekommen, wo der große Theologe, Philosoph und Bildungspolitiker Friedrich Schleiermacher seine Kindheit verbracht hatte, und das Bild des liberalen Frühromantikers wurde während der nachmittäglichen Spaziergänge vom Engelbecken ins Stadtzentrum, denen ich mich in meinen ersten Berliner Pensionärsmonaten hingab, zu einem väterlichen Inbild. An Schleiermachers Grab auf dem zweiten Dreifaltigkeitsfriedhof im südlichen Kreuzberg – er hatte ihn 1825 selbst eingeweiht, als reformierter Prediger der verschwundenen Dreifaltigkeitskirche, auf dessen Grundstück heute die nordkoreanische Botschaft steht – schauten mein

Sohn und ich oft vorbei, wenn wir uns zum Mittagessen, Spazierengehen oder Kaffeetrinken trafen. Ich konnte mich von der seltsamen Vorstellung nicht freimachen, dass es auch der Einfluss des großen Toten war, durch den sich die politischen Streitgespräche zwischen Vater und Sohn in den Jahren nach meiner Heimkunft zunehmend besänftigten. So gut wie alles jedenfalls, was ich von Schleiermacher wusste, gelesen hatte und jetzt genauer studierte, schien mich zu betreffen und berührte mich als Parallele und Vorbild meiner Lebensgeschichte. Seine Reformgesinnung, die den Freiheitskern des Pietismus und der Französischen Revolution in einen Begriff umfassenden Fortschritts zu vereinigen suchte. Seine lebenslang andauernde und immer wieder innerlich umkämpfte Emanzipation von den Herrnhuter Pietisten. Der Widerspruch zwischen dem Vernunftkult seiner aufgeklärten Erziehung und der Unvernunft seiner religiösen Familiengeschichte. Die »Verwendung christlicher Muster zu unchristlichem Zweck« (Heinz Schlaffer) in seiner Philosophie, Theologie, Kulturpolitik und Lebenspraxis: Echos der osteuropäischen Leerstelle. Seine Kleinwüchsigkeit, der er nicht erlaubte, ihn zu behindern. Seine Begabung für Freundschaft, sein platonischer Erotizismus. Das durchgängige Primat der Gedanken- und Wortfreiheit in allen seinen Überlegungen und Vorstellungen. Seine unerschöpfliche gesellschaftspolitische Zuversicht. Kommunikation, Verstehen, Hermeneutik als Lebensthema. Sein Universalismus, der ihn gegen die nationalistischen, völkischen und sonst wie identitären Versuchungen des frühen 19. Jahrhunderts letztlich immer immun gemacht hatte. Die Betonung des Lebens in jeder philosophischen Diskussion. Aber als seine eigentliche Leistung bewunderte ich Schleiermachers virtuose Mobilisierung aller Denkmöglichkeiten seiner Zeit von Spinoza über Kant bis hin zu Fichte und Schlegel: dieses nonchalante und tief charmante Desinteresse an Konsequenz und Eigentlichkeit inmitten eines von Letztbegründung besessenen intellektuellen Milieus.

Philosophische Sprezzatura inspirierte vor allem seine intellektuellen Feldzüge gegen den Berliner Professorenkollegen Johann Gottlieb Fichte, der mit seiner »Wissenschaftslehre« zum Ahnherrn des deutschen Letztbegründungswahns geworden ist, mit seinen »Reden an die deutsche Nation« zum Vorläufer der völkischen Bewegung und mit seinem »geschlossenen Handelsstaat« zum Propheten des realexistierenden Sozialismus. Schleiermacher konnte Fichte nicht ausstehen, das fand ich gut. Die für mich aussagekräftigste Schleiermacher-Anekdote war die Idée fixe, die ihn als Kind in Anhalt quälte und erheiterte: Die Antike und alle antiken Schriftsteller seien in Wirklichkeit nicht vergangene Tatsachen, sondern erfunden. Das intuitive Wissen schon des kleinen Jungen um die Kontingenz aller Ideologien, schien mir in dieser Kindheitsobsession zum Ausdruck zu kommen. Meine Berliner Corona-Spaziergänge führten mich mehrmals auch zu Schleiermachers Berliner Pfarrhaus in der Taubenstraße, einem der wenigen unzerstörten barocken Gebäude der Stadt, und auf all diesen Wegen gab ich meinem Bild von ihm die Züge eines *liberal pragmatist* vor der

Zeit – mit welcher fachphilosophischen Berechtigung, muss ich offen lassen. Als deutscher Liberaler muss man sich seine historischen Vorbilder eben manchmal auch ein bisschen zurechtkonstruieren. Nicht einmal Schleiermachers nationalistische und antisemitische Ausrutscher während der Befreiungskriege konnten meine Phantasie verdunkeln, dass mein Sohn und ich auf dem Dreifaltigkeitsfriedhof am Grab einer Vorläufergestalt des deutschen Progressismus standen. Dass wir uns auf Schleiermacher irgendwie einigen könnten, soweit wir uns überhaupt würden einigen können. Jedenfalls haben Reformation und Revolution – die bösen Feen an meiner Wiege, deren Fluch ich bis heute nicht losgeworden bin – in Schleiermachers Bild und Werk für mich eine Art Begütigung gefunden. Sie leben noch, aber sie tun mir nichts.

Eine eher mütterliche Sinngebungsgestalt meiner Lebensreisen wiederum erschien mir, als ich im Frühling 2019 in der Berlinischen Galerie unweit meiner Wohnung zum ersten Mal Bilder von Lotte Laserstein sah. Ihr Foto im Malerkittel vor ihrem großen Gemälde »Abend über Potsdam« war am Eingang in die Ausstellung zu sehen – und als geradezu unheimlich erschien mir eine Ähnlichkeit in Habitus und Selbstdarstellung der Künstlerin mit Jugendfotografien meiner Mutter, einer Mode-Illustratorin der vierziger und fünfziger Jahre. Aber es gab auch eine Ähnlichkeit der Bilder. Die Parallelen machten den entscheidenden Unterschied zwischen der Malerin und meiner Mutter freilich nur noch deutlicher. Überlebensgroß war die nach langem schwedischen Exil heute wiederentdeckte Künstlergigantin der zwanziger Jahre für mich nicht nur, weil sie eine unvergleichlich ehrgeizigere und größere Künstlerin gewesen ist als Margot Wackwitz, sondern vor allem, weil zwar Lasersteins Leben, nicht aber ihre Kunst von den Nazis verunstaltet worden war. Während man sich angesichts vieler Bilder meiner Mutter aus den dreißiger und vierziger Jahren sagen muss, dass auf ihnen, so schön sie sind, nichts historisch Erfreulicheres zu sehen ist als die Kleidung modebewusster junger Bürgerinnen des »Dritten Reichs«. Als meine Mutter, Tochter eines Esslinger Nazifunktionärs, sechzehnjährig nach Berlin kam, um sich am Lette-Haus als Modezeichnerin ausbilden zu lassen, war Laserstein schon seit drei Jahren im schwedischen Exil. Das rettete ihre Kunst und ihr Leben. Sie war 1937 durch die Nationalsozialisten schon schrittweise um ihre künstlerische und wirtschaftliche Existenz gebracht worden, bis dahin, dass sie als Jüdin keine Leinwand mehr kaufen durfte – und deshalb die seit Edgar Degas selten gewordene Technik der Ölmalerei auf Papier wiederbelebte. Die Unzerstörbarkeit und der Einfallsreichtum dieser Frau, wenn es um ihre Kunst ging, ihr nicht beirrbares Weitermachen unter jeder denkbaren Schikane und sogar Lebensgefahr, das war der Unterschied ums Ganze. Laserstein ließ ihr Werk ihr Leben tragen und führen, statt dass sie sich einbildete, ihr Werk tragen zu müssen. Denn Kunst ist, wenn sie ins Leben der Menschen tritt, viel stärker als das Leben der Menschen für sich allein. Und die Bilder, die ich 2019 in der Berlinischen Galerie sah, strahlten ein Leben aus, das ich kaum je in anderen gesehen hatte. Diese Leinwände glorifizierten Körperlichkeit und weibliches Selbstgefühl. Sie waren Jazz. Rhythmus, Schönheit, »das Laster«, wie Margwelaschwili es verstand, war auf ihnen mit altmeisterlicher Kunstfertigkeit ausformuliert.

Lasersteins autobiographische Malerei war ein Beispiel der Befreiung durch Kunst. Eine unbeirrbare Strategie der Selbstrettung ermöglichte ihr eine Karriere in der männlich geprägten Akademie- und Kunstbetriebswelt der zwanziger Jahre und ließ sie auch in der Isolation des schwedischen Exils nicht untergehen. Auch ihre Ablehnung der Ehe war Konsequenz dieses Selbsterhaltungstriebs – während das Verheiratetsein meiner Mutter in den fünfziger Jahren die Künstlerträume endgültig ausgetrieben hatte. Laserstein rettete sich. Aber sie fiel durch alle Raster. Die »kleine Arbeit« der Ich-Erkundung in ihren »Selbstbewusstseinsbildern« (Annelie Lütgens) erschütterte und tröstete mich. »Der existentielle, selbstdefinitorische Stellenwert, den das Kunstschaffen für Laserstein (zeitlebens) hatte« (Anna-Carola Krausse). Eine weibliche Selbstreflexion, die Selbstbewusstsein hervorbrachte und deren Fehlen meine Mutter in ihre latente Depression getrieben hatte. Nicht nur die Doppelporträts mit ihrer Muse Traute Rose verwirklichten durchgängige Anwesenheit der Künstlerin auf der Bühne, sondern auch die Bilder, auf denen sie gar nicht zu sehen war. Auch wo sie sich ganz auf die Wirklichkeit vor ihr konzentrierte, unternahm sie Selbstversuche.

Die halb experimentelle Aufbereitung der Sammlung der Nationalgalerie durch den Kurator Dieter Scholz (»Die

Kunst der Gesellschaft. 1900-1945«) gab Lotte Lasersteins Hauptwerk »Abend über Potsdam« von 1930 seit August 2021 den Platz, den es lange schon verdient hatte: im Kunsttempel Mies van der Rohes neben den abstrakt konstruktivistischen »Bogenschützen« des ebenfalls nach langer Verschollenheit von Scholz wiederentdeckten Sascha Wiederhold. Ich begleitete als Museumsbesucher während der Sommer- und Herbstmonate des Jahres 2021 Scholz' behutsame Berliner Relativierung des lange Zeit unhinterfragten New Yorker MoMA-Kunstgeschichtsnarrativs mit Staunen und Sympathie. Das Massiv Laserstein war nur der bedeutendste Gipfel, der durch Scholz' Verschiebungen sichtbar geworden war. Bei einem der Charlottenburger Salons, die in Berlin inzwischen Mode sind – und eine gelungene zeitgenössische Anknüpfung an die Kulturgeschichte der Stadt –, kam ich schließlich mit einem Rechtsanwalt ins Gespräch, der mir erzählte, er habe eine große Leinwand Lasersteins aus der schwedischen Zeit für seine Kanzlei angekauft. Es sei derzeit einiges von ihr noch auf dem Markt.

Ich traf den schwedischen Kunsthändler an einem sonnig-kalten Oktobertag des Jahres 2021 in der Suite eines Schöneberger Hotels. Zwischen zehn und zwanzig Zeichnungen, Ölskizzen und Gemälde Lasersteins, die er einer gebogenen Fensterfront entlang aufgestellt hatte, verwandelten das anonyme Hotelzimmer. Die Porträtskizze einer jungen Frau war für mich sofort der Mittelpunkt des Raums. Ich konnte nicht aufhören, verstohlen hinzuschauen. So etwas besitzen zu können, dachte ich und wagte es kaum zu denken. Der sympathische Mann aus Schweden aber nannte einen Preis, der für meine Verhältnisse zwar hoch, aber irgendwie zu machen war. Als ich das Hotel verließ, war ich prospektiver Besitzer eines Bilds von Lotte Laserstein: »Frau mit dunklen Haaren, den Kopf aufstützend (Portraitstudie), 1940er Jahre, Öl auf Papier, 33x45 cm, Signiert unten links«. Nach Überweisung der Kaufsumme sollte ich das Bild bei der Berliner Laserstein-Expertin Anna-Carola Krausse abholen, die auch eine im Preis inbegriffene Expertise mit Echtheitsbestätigung und Beschreibung verfassen würde. Ich trat wie im Traum auf die Straße. Mir war klar, dass dieser Kauf etwas vom Wichtigsten war, was ich in meinem Leben gemacht hatte. Plötzlicher Bewegungsdrang überkam mich, das Bedürfnis, die untergegangene Topographie von Lasersteins Stadt unter die Füße zu nehmen. Ich überquerte den Landwehrkanal, tauchte in den Tiergarten ein, aß irgendwo in Charlottenburg eine Suppe, stand plötzlich vor dem Charlottenburger Schloss und wusste kaum, wie ich dort überall hingekommen war. »Unverständliches und schwer zu beschreibendes Glück, das mit dieser Ölskizze in mein Leben gekommen ist«, steht im Tagebuch. Es hatte sich, wie bei der Begegnung mit Ulrich Simon 1982 im *staff restaurant* des Londoner King's College, ein Funkenübersprung ereignet. Eine elektrische Verbindung zu den zwanziger Jahren meines Landes war plötzlich wieder in Betrieb, ein imaginärer Kontakt zum Berlin Fritz Perls' und Herwarth Waldens, Ulrich Simons, Samuel Fischers, Walter Benjamins und Walther Rathenaus. Ein Bild der Leerstelle gehörte jetzt mir.

Der Einzug des Gemäldes, das ich ein paar Tage später abgeholt und mit dem Taxi in meine Wohnung gebracht hatte, veränderte die Atmosphäre dort, als hätte alles darin nur auf dieses letzte Mosaiksteinchen gewartet, das einen bisher verborgenen Sinn freigab. »Die fast unheimliche Präsenz der Ölskizze, die auch auf die Sturuas und Maghalaschwilis über meinem Bett abstrahlt, und auch auf die Bilder meiner Mutter, sehr seltsam. Als würden sie durch diese Präsenz magnetisiert und lebendig. Ich kann fast nicht aufhören, das Gesicht dieser mir ganz unbekannten Schwedin anzuschauen.« Eine Erbschaft, der ich ein Leben lang durch die ganze Welt nachgereist war, hatte einen Platz in meiner Wohnung und in meinem Leben gefunden.

Und dann war plötzlich alles ganz anders. Weihnachten, Neujahr und ein paar Krankheitstage mit Corona waren schon gekommen und gegangen, als ich zu Beginn einer Woche, die die Welt verändern würde, ungläubig und wütend vor dem Rechner saß und den Präsidenten der Russischen Föderation betrachtete. Es war Montagabend, der 21. Februar 2022. Ein Moment nicht enden wollender Fassungslosigkeit. Wladimir Putin gab eine Geschichtsstunde. Er saß demonstrativ entspannt, zurückgelehnt, fast ein bisschen flegelnd, vor Telefonen und Flaggen in einem seltsam hotelrezeptionsartigen Interieur. Nach Art genervter Studienräte stöhnend und seufzend – als müsse er einer begriffsstutzigen Schulklasse einen einfachen Sachverhalt zum fünfzehnten Mal erklären –, stellte er sich vor der Fernsehnation und vor der Welt in eine Reihe zwischen Lenin und Stalin. Putin machte eine historische Kontroverse vom September 1922 zu realer Gegenwart. Er bezog Stellung in einer Auseinandersetzung zwischen Lenin, der sich damals gerade von seinem ersten Gehirnschlag erholte, und dem Generalsekretär Stalin. Es war die »Georgienkontroverse« – die aber auch die Ukraine betraf. Schon damals ging es um die beiden heute noch prominentesten Abtrünnigkeitskandidaten unter den künftigen Sowjetrepubliken. Stalin und Lenin stritten im September 1922 um die Rechte der Mitgliedsstaaten in einer Union, die sich bald gründen sollte. Lenin setzte damals die grundsätzliche Gleichberechtigung aller Sowjetrepubliken durch – vor allem aber ihr Recht, die Union zu verlassen. Ohne formellen Rechtstitel, hatte er damals geschrieben, sei »es ganz natürlich, dass sich die ›Freiheit des Austritts aus der Union‹, mit der wir uns rechtfertigen, als ein wertloser Fetzen Papier herausstellen wird, der völlig ungeeignet ist, die nichtrussischen Einwohner Russlands vor der Invasion jenes echten Russen zu schützen, des großrussischen Chauvinisten, ja im Grunde Schurken und Gewalttäters, wie es der typische russische Bürokrat ist«. Stalin befürwortete einen Einheitsstaat. Putin aber sagte an jenem Montag im Februar 2022 – genau hundert Jahre später –, dass er gewillt sei, den »Fehler« Lenins jetzt zu korrigieren. Man stürze in der Ukraine doch so gern Leninstatuen, höhnte er: bitte schön, gern – aber dann doch richtig. Man werde der Ukraine jetzt zeigen, was authentischer Antileninismus sei. Ich saß vor dem Gerät, es war mir kalt in der Magengrube, und ich verstand: So geschichtsbewusst und zugleich brutal, so ordinär, zynisch und zugleich auf einem so hohen geschichtlichen Reflexionsniveau hatte zuletzt Stalin selber gesprochen – und seither eigentlich kein Politiker mehr. Putin, wurde mir klar, war bereit, Ernst zu machen mit Stilen des Redens und Handelns, die man ihm in seinen sowjetischen Geheimdienstjahren beigebracht hatte. Sie waren seit Iwan dem Schrecklichen die DNA des russischen Staatskults. Zwei Tage lang konnte man den angekündigten Handschlag zwischen Putin und Stalin über das Jahrhundert hinweg noch für historische Wichtigtuerei halten. Aber als ich am Donnerstagmorgen zum Handy auf meinem Nachttisch griff, war auch diese Illusion hinfällig. Der russische Einmarsch in die Ukraine hatte begonnen. Die Entscheidung Lenins aus dem Jahr 1922 war mit Bomben, Panzern, Militärfahrzeugen, Feldlazaretten und Spezialeinheiten rückgängig gemacht worden. Putin hatte Stalin mit hundert Jahren Verspätung recht gegeben.

Der 27. Februar 2022, der nun folgende Sonntag, war einer der sehr wenigen Tage – in meinem Leben jedenfalls sind sie bisher kaum ein Dutzend Mal vorgekommen –, an dem ich mit meiner Regierung ganz und gar einverstanden war und mich in meiner Stadt vollkommen richtig fühlte. Kalte Wintersonne. Möwen im porzellanblauen Himmel über Kreuzberg. Ich hatte mich mit Freunden am Neptunbrunnen auf dem Alexanderplatz für eine Demonstration gegen den russischen Einmarsch verabredet. Die zurückliegende Woche hatte an jedem Tag Entwicklungen mit sich gebracht, die vor einem Monat noch undenkbar gewesen waren. Die gerade erst ins Amt gekommene deutsche Regierung, aber auch die Opposition – sie hatten ein Rendezvous mit der Geschichte des Totalitarismus. Jahrzehnte von Halbwahrheiten und Wunschdenken waren seit Donnerstagmorgen Makulatur. Noch in der Nacht von Samstag auf Sonntag poppten Nachrichten auf dem Handy auf, die in Aussicht stellten, was ich nicht erwartet hatte: Die »Ampelregierung« schien der Situation gewachsen. Russland sollte vom internationalen Zahlungsverkehr ausgeschlossen, der Ukraine Kriegsgerät zur Verfügung gestellt werden. Und für Sonntagvormittag war der Bundestag einberufen.

Es war tatsächlich ein Glücksgefühl, das mich gegen elf Uhr vor meinem Fernsehgerät übermannte. Die Innenseite dieses Glücksmoments jedoch bestand nicht aus Kriegslüsternheit, sondern aus Philosophie. Aus *pragmatist liberalism*. Nicht, weil mich die angekündigte Waffenlieferung in ein Spannungsgebiet und die Einrichtung eines Sondervermögens für Rüstungszwecke per se glücklich machen, war ich glücklich. Im Gegenteil. Diese Lieferung, da sprach mir Robert Habeck eine halbe Stunde später aus dem Herzen, war vielmehr ein riskanter, mulmiger, im Wortsinn fragwürdiger Moment. Von dem ich trotzdem an diesem Morgen unwillkürlich wusste: Das ist jetzt richtig. Wir können so nicht weitermachen. Wir können die Ukraine nicht mit diesem Stalin-Impersonator allein lassen. An diesem Morgen war eine gemeinsame Lebensentscheidung der sozialdemokratischen, ökologischen, liberalen und konservativen Fraktionen plötzlich wichtiger als unsere jeweiligen ideologischen Erbstücke. Es war so, wie es uns Richard Rorty zuletzt im Revolutionsjahr 1989 vor Augen geführt hatte: finale Überzeugungen (Liberalismus, Konservatismus, Ökologismus, Sozialdemokratie) sind für Bürgerinnen und Bürger freier Gesellschaften nicht Selbstzweck, sondern »Werkzeuge verschiedener Art« zur Bearbeitung nicht von philosophischen Problemen, sondern von solchen des Lebens. Und sie brauchen »so wenig eine Synthese (...) wie Malerpinsel und Brecheisen«. Wenn es wirklich etwas zu tun gibt, das uns allen wichtig ist – am 27. Februar 2022: jemanden nicht durchkommen zu lassen, der sich für die Begründung von Angriffskriegen auf Josef Stalin beruft –, dann packen wir alle mit den Werkzeugen unserer jeweiligen Ideen gemeinsam an. *Achieving our country*: Es war ein Moment des spontan gelebten *pragmatism*, und darin bestand mein Glücklichsein.

Es setzte sich während des nun folgenden kalt-sonnigen Nachmittags zwischen Alexanderplatz und Siegessäule fort. Ich hatte so viele offensichtlich bewegte – von Politik bewegte – Menschen nicht mehr beieinander gesehen seit den Bonner Abrüstungsdemonstrationen meiner mittzwanziger Jahre. Es war kaum Polizei da. Die Route schien mehr oder weniger improvisiert. Unheimliche Stille setzte ein während des Vorbeizugs an der Russischen Botschaft unter den Linden. Alle Sprechchöre verstummten wie auf geheimes Kommando, und das Schweigen eines gemeinsamen traurigen Zorns herrschte. Auf der Höhe des Brandenburger Tors kamen dem Zug ebenso viele Menschen entgegen wie gerade in Richtung Tiergarten strömten. Rücksichtnahme, Freundlichkeit und allgemeines gegenseitiges Wohlwollen. Lächeln, Gespräche mit Bekannten, die man lange nicht mehr gesehen hatte und mit denen man jetzt überraschend einig war. Die schwarzen Fahnen des revolutionären Blocks gingen neben den gelb-blauen der ukrainischen Diaspora. Die große Stadt war plötzlich eine Polis. Sie hatte in ihrem freundlichen Nebeneinanderhergehen – ohne dass sie irgendjemand dazu aufgefordert hätte – eine gemeinsame Aussage hervorgebracht, eine Art spontanes Konzeptkunstwerk darüber, was in diesem Moment von allen zu wünschen war. Nämlich, dass die da in ihren Panzern und der da mit seinem Stalin aus dem Jahr 1922 nicht durchkommen sollten, aus welchen letzten Gründen auch immer das zu wünschen sein mochte. Berlin hatte die Leerstelle der Länder zwischen Deutschland und Russland, wo ich so viele Jahre meines Lebens verbracht hatte, politisch entdeckt, und Deutschland, das war mein Gefühl und der Grund meines merkwürdigen Glücklichseins, den *pragmatist liberalism*.

Hinter dem Brandenburger Tor beschlossen wir – hungrig, müde und unpolitisch –, in Richtung Kreuzberg abzuschwenken. Auch die Seitenstraßen waren fast lückenlos angefüllt mit Menschenmassen, ukrainischen Fahnen, Parolen, Blumenkränzen, blau-gelben Garderoben und Gesichtsbemalungen, selbstgebastelten Transparenten. Vor allem aber mit jenem diffusen Aufgeregt- und Glücklichsein. Es schien plötzlich außer mir und in mir zugleich zu herrschen. Und als wir schließlich durchgefroren am Kanal in einem griechischen Restaurant saßen, ein Bier tranken und auf unser verspätetes Mittagessen warteten, wusste ich, dass die Transparente und Letztbegründungen, die sich auf der Demonstration plötzlich so einig gewesen waren wie die Fraktionen im Bundestag, in Zukunft so notwendig sein und zugleich so wenig eine Synthese brauchen würden »wie Brecheisen und Malerpinsel«. Die kommenden Aufgaben, dachte ich, sind größer, als wir uns jetzt vorstellen können, und so wenig vorhersehbar wie die Woche, die hinter uns lag.

Es ist keine Übertreibung zu sagen, dass sich die geistigen Verhältnisse des Landes nach diesem Sonntagvormittag substanziell geändert haben. Auch wenn die »Zeitenwende«, wie der Bundeskanzler den Moment taufte, in realer Außen- und vor allem Militärpolitik lange Monate nicht über das Ankündigungsstadium hinauskam, bedeutete andererseits schon die Tatsache dieser Ankündigung eine Entwesentlichung und Enteigentlichung fast aller zuvor mit narzisstischer Halsstarrigkeit festgehaltenen ideologischen Besitzstände. Die politische Lebensnotwendigkeit der Republik, einen antitotalitären Befreiungskrieg zu unterstützen, ließ die ideologischen Fronten unrettbar durcheinandergeraten. Unrettbar – oder eben auf die schöne und nahrhafte Weise einer Marmorkuchenhaftigkeit, die sich überall herstellt, wenn das Leben eingreift, wirksam wird und eine Wendung nimmt. Es war abenteuerlich. Es erheiterte mich tief. Es war etwas in Fluss gekommen. »Eigentlich mochte ich diese Menschen nie besonders«, hatte ein Freund gesagt, mit dem ich – fünfzig Jahre nach der Gründung des MSB Spartakus – im Sommer 2022 zu einem Veteranentreffen der politischen Studentensekte fuhr, die unser beider Jungmännerleben bestimmt und in vieler Weise ruiniert hatte. Spätabends an der Bar eines Kölner Hotels sprachen wir bis spät in die Nacht hinein darüber, dass die Menschen, mit denen uns das Herz aufgeht, nie mit politischen Milieus identisch waren. »Es sind immer nur Einzelne«, sagte Michael Wuliger, »und sie sind, wie wir, immer allein.«

Ein neues Abenteuer hat begonnen. Mit siebzig Jahren bin ich – immer noch, jetzt wieder in Deutschland – auf der Suche nach »meinen Leuten« – und nach Begrifflichkeiten, die ich sentimental erleben kann, ohne dass die offenen Horizonte dieses Erlebens durch die Identitäts-, Abschottungs- und Schließungsoperationen bedroht wären, die uns seit alters her und in der Gegenwart immer noch nahegelegt werden. Schleiermacher, Laserstein und die Reden im Bundestag am 27. Februar 2022 sind für jetzt gute Anfänge und Vorbilder. Ein Unabhängigkeitsboulevard hat sich aufgetan in meinem Inneren. Und irgendwann, vielleicht früher als ich mir jetzt denke, wird die Freiheit auch wieder in den Minsker Straßen am Svisloch-Ufer unterhalb des Hotels Monarstyrski tanzen. Und auf dem Maidan in Kiew. Und vor dem Parlament in Tbilissi. Wenn ich noch eine Weile durchhalte, bin ich wieder dabei. Wir geben nicht auf. Wir fangen noch einmal an. Vielleicht. Hoffentlich. Bald. (Fortzusetzen)

Einzelne Passagen dieses Buchs sind – in anderen Zusammenhängen und Versionen – seit 2005 in Zeitungen und Zeitschriften veröffentlicht worden. So im »Merkur«, in »Theater heute«, in der »Zeit«, der »Frankfurter Allgemeinen Zeitung«, der »Welt«, »Sinn und Form«, in der »Neuen Rundschau« und in der »tageszeitung«.